U0005053

台灣原住民49

原住民神話大系05

文化・生活・哲學

排灣族
神話與傳說
〔新版〕

田哲益（達西烏拉彎・畢馬）
───── 著

晨星出版

推薦原序

1995 年田哲益君應廣西民族研究所，邀請台灣學者到廣西從事學術交流，並展開壯族與苗族的田野考察，從此我們建立了良好的持續性的學術交往。

1996 年吾亦經國務院對台辦公室批准，到台灣進行學術訪問，考察台灣原住民的歷史文化與風俗習尚。在台期間承蒙哲益君鼎立相助，研究順利，收穫豐碩。深情厚誼，刻骨銘心，終生難忘也。

哲益君是吾所認識在民族文化沃野辛勤耕耘的學者之一。哲益君是研究民族文化與民間文學著作頗豐的台灣布農族學者，其已出版成書的著作有二十多部，著作類型非常廣泛，研究領域包括台灣原住民、中國少數民族、中國民俗學、中國科學等。

哲益君海郵寄來五千頁的書稿，是其已經撰述完成的巨型著作之一，是一套台灣原住民神話與傳說口傳文學叢書，計分為十冊：《泰雅族神話與傳說》、《賽夏族神話與傳說》、《布農族神話與傳說》、《邵族神話與傳說》、《鄒族神話與傳說》、《魯凱族神話與傳說》、《排灣族神話與傳說》、《阿美族神話與傳說》、《卑南族神話與傳說》、《達悟族神話與傳說》等。

知悉哲益君又完成了多部著作，心裡非常欣奮，哲益君要我寫個序文，樂意之至。在大陸雖然也有一些有關台灣原住民民間口傳文學的著作，但是由於並非實地調查，對於台灣原住民文化的認識不夠，因此，閱後總有隔山望水之感。台灣也有一些台灣原住民的民間口傳文學著作，不過都是「總」的撰述，對於各族的民間口傳文學只能予人模糊而不完整的輪廓與概念。

無疑的，哲益君撰寫多年的這套台灣原住民神話與傳說口傳文學叢書，是目前大陸與台灣地區，用力最多也最深切的著作，而且是十族分別撰述與詮釋，對於研究台灣原住民文化將是最重要的參考資料。

　　仔細拜讀後，有以下體會，略寫於後，供海內外讀者與學術界、文化界參考：

　　原住民神話與傳說叢書具有龐大的訊息量與資訊，包含巨大的學術容量，給人以多方面的啟迪，方便吾人以後繼續作深入的研究。

　　原住民神話與傳說叢書收集龐大的材料，不管是書籍的、報章的、雜誌的、日據的、現代的、日人的、國人的、作者的皆所收錄，為目前原住民民間口傳文學收錄最多者，是作者數十年來收集積累的成就。

　　原住民神話與傳說叢書的每一則神話傳說故事都是實錄，沒有增添臆測或加油添水，忠於事實的真相與本質，這是民族人類學研究者最基本的學術態度。

　　原住民神話與傳說叢書以族群為主體分別撰述，作者把握該族群的文化特色，加以詮釋與註解，便於族外人理解。

　　原住民神話與傳說叢書的每一則神話傳說故事，作者皆作分析與說明，使故事的意義明朗易解。

　　原住民神話與傳說叢書對於同類型式的神話傳說故事會作比較之研究，使故事內涵更明白易懂。

　　原住民神話與傳說叢書，作者運用了夾敘夾議的手法，適度的提出批評與討論，有時亦會褒貶撻伐故事中的人物，體現了正直學者的學術良知。

　　原住民神話與傳說叢書，作者善於運用該族的文化以解釋該族傳說故事的內容與意義，此種以文化解釋民間口傳文學的功力，實非長期研究與觀察者所能為之。

　　原住民神話與傳說叢書，作者以該族文化為主體釋意，這樣對於口傳文學的解釋就不致偏離軌道，甚至牛頭不對馬嘴。因此作者對於該族口傳文學的詮釋，無懈可擊。

　　原住民神話與傳說叢書，作者會投入民族情誼，表示讚賞與認同，並且有積極性的建議與觀點。表明了作者身為原住民的一員的鮮明態度，表

達了作者崇高的情操和深切的人文關懷。

原住民神話與傳說叢書，作者均投入民族感情，又不帶民族偏見與民族溢美。作者雖有原住民布農族身分背景，而最大的忌諱之一便是以民族偏見去研究本民族，而導致只視優長之處而無視於缺點的溢美問題，作者顯然正視此問題，對於其所見之缺點，絕不護短，該指責則貶之。體現了作者作為一個學者的科學、求實的態度。

原住民神話與傳說叢書，貫寫了作者濃郁的民族憂患意識，表達了一位原住民學者對民族文化發展前途的殷切期望，對於他深厚的民族責任感，我們深受感動。

原住民神話與傳說叢書，作者建立了理論體系，台灣原住民民間口傳文學的理論構架系統從模糊臻於明確化。

原住民神話與傳說叢書，分類獨具一格，符合台灣原住民各族的歷史實際，為學術界深化對原住民歷史與文學的認識有所斐益，也為民族人類學界和歷史學界研究中國和世界各民族民間口傳文學提供了頗有典型意義的實例，豐富了中國少數民族研究的資料寶庫。

原住民神話與傳說叢書，從各書章節的標題可以看出，結構設置條理基本掌握住了原住民各族群的社會與文化的主要內容，構思是全面與周詳的。對讀者了解台灣原住民歷史發展的脈絡頗具參考價值。

原住民神話與傳說叢書，作者謀篇布局周詳，與作者對材料的熟悉程度密切相關，這又得益於作者長期研究與厚實田野調查的積累，體現一個民族學者的特殊觀注。

原住民神話與傳說叢書，表現了一個客觀的人類學者調查和研究各民族的文化，需要正確對待和慎重處理的態度，顯然作者的論述，符合了這個條件。

原住民神話與傳說叢書，作者運用了社會學、語言學、文化人類學、醫學、地質學、考古學、歷史學、地理學、科學等學科旁證，以增加說服

力。這些特點在各書中都有生動的體現。作者正是依靠多學科材料的梳理辨析，從線索中解釋口傳文學，得出科學、可靠的學術結論。

原住民神話與傳說叢書，作者十分重視這些神話傳說故事中蘊藏的歷史真實與史料價值，透過分析考證某些具體的歷史問題，是民族學者習用的研究方法，作者能夠得心應手，運用自如，加以辯證之。

原住民神話與傳說叢書，作者微觀論析具體，顯然做到了駕馭和使用各類原始材料的能力。如果作者沒有很好的文學修養，顯然是不行的。因此閱讀作者的每一部著作，文筆流暢，讀之順暢無礙。

原住民神話與傳說叢書，作者既有宏觀的整體把握，又有微觀的細部深入，宏觀與微觀兩者進行辯証統一的研究，構成了這位原住民學者的一個顯著研究特色。

原住民神話與傳說叢書，作者發揮其身為原住民布農族的優勢，為民族文化與文學的發展、繁榮作出了重要貢獻。

原住民神話與傳說叢書，作者以樸實、流暢的文字為我們描繪了一幅幅生動鮮活的畫卷，一步一步導引我們走入原住民的心靈世界，使我們深切地感受到原住民的生命意識與熱愛生命的氣息。

原住民神話與傳說叢書，作者收錄材料豐富，描述細緻、具體，但沒有給人以臃贅之感，實力難得之佳作。作者論述頗中肯綮，實力不刊之論。

總而言之，我從哲益君的著作中，獲益匪淺，我們對於哲益君這部台灣原住民神話與傳說叢書這部著述的評語：這是一部台灣布農族學者寫作的台灣原住民族民間口傳文學優秀的民族學與文學著作，作者體現了他熱愛民族的抱負。台灣原住民神話與傳說叢書是頗有學術份量與說服力的巨著，在中國民族學學科領域增添了新鮮的材料，作出了可貴的貢獻。我們也看到了台灣少數民族學術隊伍的實力，我們衷心地祝賀哲益君的學術成就。

覃聖敏 序於廣西民族研究所

作者原序

　　從日治時代至今，不知有多少中外人士在不同的時間與空間進入了台灣土著原住民族的生活領域，進行人類學研究調查訪問，搜集原住民族的口述歷史文化史料與文學材料，俾便整理出原住民的發展來源與進化的歷史過程，經過科學分析與研究，從而整理出原住民的發展史、來源、語言、藝術、文學、宗教、信仰、道德、法律、風俗、習慣等，將研究成果公諸於世，原住民神秘的的歷史文化於是日臻明朗化，這些成果皆歸功於這些默默辛勤調查研究的前輩學者們。

　　人文社會科學研究，總是在前賢的基礎上前進的，有了前人篳路藍縷的開拓荊棘，後人才有平坦寬廣的大道；有了前人種樹，後人才有陰涼的地方乘涼；有了前人深入不毛之荒涼境地開拓學術領域，才有後人綻放開花而結果。

　　前賢探索原住民的民間口傳文學，或從宏觀的角度去研究，或從細部的微觀深入，兩者都已經有了相當的成績，從而自民間口傳文學中獲得一個民族的族群發展、社會制度、經濟生活、信仰祭儀、生命禮俗、生活習尚、藝術表現、邏輯思維等等的大致輪廓。

　　後人便踩踏著前人的足跡，就前賢的成績，繼續豐富之，又據新的材料使之更為充實與完整。這一套台灣原住民神話與傳說叢書即是前賢研究成績的完滿呈現，是前賢們的集體成就。

　　台灣原住民自古以來即無書寫文字，因此口耳相傳的神話傳說故事就成了傳遞民族文化、歷史薪火相傳的唯一工具，所以研究原住民的文化歷史，研究民間口傳文學是最直接的途徑之一。

　　冀望本叢書能夠對於台灣原住民的文學、歷史與文化的研究有所助益，願望原住民繁衍不息，如烈日般熊熊發亮，原住民的智慧永續承傳，原住民的生活快樂健朗。

　　謝謝恩師政治大學中文研究所黃志民博士引領進入中國民俗學的研究領域，謝謝曾經指導過我田野調查的俄羅斯漢學家李福清 B.Riftin 博士。

　　謝謝逢甲大學歷史與文物管理研究所陳哲三教授對於拙著台灣原住民神話與傳說叢書，提出許多寶貴的意見，使本書更具價值；亦謝謝廣西民族研究所研究員覃聖敏先生的飛函推薦，使筆者備感榮幸。

　　台灣原住民神話與傳說叢書，得以成書，感謝內子全妙雲女士不畏風雨與辛勞陪伴著我到部落田野訪查，充擔我的私人司機，使我能夠安心從容的從事民族文化的研究工作。更感謝的是長期觀注原住民的晨星出版社陳銘民先生，以及編校筆者台灣原住民神話與傳說叢書的薛尤軍小姐。

　　筆者資材駑鈍，恐多疏漏與未逮之處，祈願拋磚引玉之效，尚祈海內外專家學者與讀者，不吝指導與糾正，祝福您生活美滿。

　　　　　　　　　　　　　　田哲益 序於山水居

作者新序

王明珂《華夏邊緣：歷史記憶與族群認同》說：「記憶是一種集體社會行為，人們從社會中得到記憶，也在社會中重拾、重組這些記憶」。

每一個民族都有其社會群體的集體記憶，藉此該記憶得以凝聚與延續，但是對於一個沒有文字的民族而言，對於過去發生的事情，因為太多了，繁不勝記，因此常常是採取選擇性的，或合理化的建構。這種心理傾向使我們無法全面性的徹底理解該民族的原始社會文化與歷史脈絡及傳承。

許多人類學家多承認一個原始民族的文化、生活、信仰、歷史、習俗、觀念、器物、服飾、技藝、哲思等，從其神話傳說故事中，就可以得知該民族的歷史與文化傳承與延續的大概輪廓，可以這麼說，神話傳說故事是一個原始民族創建文化的基礎，也是保護民族繼續繁衍生存的憑藉。

台灣原住民族各族群，無憂無慮的居住在此地數千年，所以在這塊土地擁有最早的生活經驗，累積最原始集體記憶，創造了綿延的文化至今。部落的肇建、領袖的形成、家族的建立、社會習俗之遵行、社會制度的推廣、民族意識之建構等等，都能在神話傳說故事的敘述中找到相關的證據。即使敘述的是相當久遠的故事，連結到現實的情境，已經跟具體的歷史產生連結。

從人類最初的起源傳說，該族就建立了天地宇宙觀，接著生養於天地山川之間，不論是個體微小的存在，以及聚落整體生命的維繫，以迄最後生命的終止，神話傳說故事都有完整而特殊的安頓型態。

　　這些文化內涵，在聚落成員共同傳續的口碑中獲得不斷的詮釋、增添與調整，是永不停滯一直前進的活水泉源脈絡。這些初始的共同思維，渾融著自然與人類複雜的心理，深刻的鑿刻在該族群與聚落生活的空間領域。神話傳說口碑是原始民族奇特的經歷，與跟這塊土地最綿長密切的關係與盟約。

　　然而在現實面上，神話傳說故事口碑的採錄與研究還是遠遠不足的，這使得我們架構一個族群的歷史與文化仍然有很大的限制。

　　有一回，我與台中晨星出版社的胡文青編輯討論原住民族的口傳文學議題，我提出了台灣原住民族口傳文學的採錄實在是非常少，因此到目前為止，原住民族的歷史與文化都還沒有清晰完備的建構，補足的方法就是大量的採集原住民各族的口碑文學，以作為該族歷史文化構建的輔助，相信對於原住民各族群遠古的歷史才會揭開神秘面紗，有所裨益。

　　我也順便提議原住民十族的《神話傳說大系》十部（本套書曾榮獲2003年聯合報讀書人最佳書獎），是否可以增修，出版社毫不猶豫的應允了。因此開始增修十族的神話大系新版。各族都增加了許多內容，在編次上也有所調整，相信會讓讀者或研究者讀之能有更明朗清晰的意念與理解。是為序。

田哲益 又序於南投水里山水居

2021 年 11 月 20 日

目錄

原住民神話與傳說

導讀

　　「文化」一詞，可以說是生活的總稱，是一個綜合的整體，為一個民族的根與文治教化。人類社會由野蠻而至文明，其努力所得之成績，表現於各方面者，為科學、藝術、宗教、信仰、道德、法律、風俗、習慣等，以及其他作為社會一份子所獲得的任何能力與習慣，其綜合體，則謂之「文化」。

　　文化可看作是成套的行為系統，而文化的核心則是由一套傳統觀念，尤其是價值系統所構成，由此而形成一個民族的特殊表現。

　　一個民族，「文化」正是其根本命脈。一個民族如果沒有文化，便等同滅族了，相對的，一個民族要興旺，必須讓自己的文化特質，使之發揚光大。

　　原住民的歷史信史時代雖然只不過只有短短的四百年，但是其神話與傳說故事內涵稱得上博大精深、淵遠流長。

　　不過原住民與漢系文化交融以及在西洋文化的衝擊下，原住民文化的內涵，幾乎就要漸漸淡出，如何讓固有優良文化，得以保留和傳承，甚至發揚光大，確實有待吾人努力。

　　台灣原住民是沒有文字的民族，其文化的傳承即是僅靠口耳相傳的神話與傳說故事。原住民神話與傳說故事是先民走過的路和累積的經驗，是地方發生過的事件與歷史，曾經造成原住民生活上的重大影響。

　　因此，原住民的文化是可以透過整理，編成史料傳承下來，為先代保存歷史的見証，為後代點燃開創的啟示。亦可補充原住民史前時代之空白歷史。

　　原住民神話傳說故事是台灣文學重要的部分，原住民的口傳文學，包括神話、傳說、民間故事、笑話、諺語、民間歌謠及祭辭等等。原住民口

傳文學的起源，首先是因為原住民沒有文字，文學傳述的方式都是口耳相傳，很容易被遺忘，在這樣的情況之下，原住民一定要在歷史文化的脈絡裡面建構出自己的系統。台灣的文學如果沒有原住民的文學，尤其是神話傳說之類的作為基礎的話，對台灣文學的發展是一個非常嚴重的遺憾。

今日時局，原住民文化的內容多只強調文物的展示而已，而忽略了文物內涵中的「風化」與「教化」作用。換言之，在整個文化內涵的表現上，只有實物等部分的呈現，而風化與教化的影響，卻一點都看不出來。族人的文化氣質並沒有提昇，原住民社會依然充滿了各種迷惑、失落與媚外的現象，令人擔心與憂懼。

台灣原住民文化從何緣起？其文化特色為何？有趣的是，台灣本島原住民族群並非由單一民族所構成，按語言、風俗、習慣、生理特質與民族性，都有其截然明顯的分界。本套叢書則是以各族群為主體，透過個別化來處理，以避免在理論架構上犯了概念籠統的忌諱。

神話是一個民族的夢，台灣原住民的神話傳說非常純真與無邪，是追求理想與企圖突破困境的渴求。原住民的神話與傳說故事是構成其文化的最主要依據，內涵豐富繁多，其有諸多之特色：

原住民的神話與傳說故事在許多不同之族群或地方上的觀念是共通的，也有許多神話與傳說故事是相同的。

原住民的神話與傳說故事大多小巧玲瓏，但是情節豐富複雜，長篇巨構的神話傳說故事並不多見。

原住民的神話與傳說故事不離於道，即「真理」與「因果」，凡事皆顧慮到「天理人情」，闡明因果真理，因此能夠產生移風易俗的風化與教化作用。

原住民的神話與傳說故事強調群性的勸戒與教化，絕少標榜個人與師心自用，以免陷入自我為主與不顧天理人情、不講因果，甚至違背真理之事實。

　　照現代台灣原住民的生活上面觀察，原住民同胞很開朗、健壯、誠實、擅長歌舞與運動等等，其神話傳説故事亦粗獷、原始、幽默有趣、真心誠摯。

　　原住民神話傳説故事是原住民日常生活實踐行為的準則，傳説中有許多禁忌信仰與宗教儀式故事等，皆是族人的行儀規範。原住民的禁忌信仰蘊藏著經驗智慧的思考，他們就是靠著這些傳説故事避過一次又一次的天災人禍。古代原住民知識未開，沒有辦法以進化論和生物學的觀點告誡子孫，因此藉神話傳説故事禁忌信仰，告誡子孫不要違反自然的規則。這樣的思考，以今天生態學的發展過程來看，是非常進步的一種生態思考。

　　原住民的神話傳説故事蘊藏著很獨特的思維模式，其中蘊含了一種對上天的尊敬。人只是生命網路中的一部分，不是生命界的全部，只有和自然界保持和諧，才能夠找到救贖。

　　原住民神話傳説故事多具勸戒性，這顯然就是希望藉諸一些人為的創作來從事改變部落社會的塑造功夫，當然，成效如何，關鍵就在於人為的力量怎樣去強力實施與實踐。

　　原住民神話傳説故事裡祖先的教訓，是無時無刻存在的，以強化口傳的權威性與實踐面。族人的行為習俗有了既定的規範，和可循的方針，就不致發生驚世駭俗逆倫之事。

　　原住民神話傳説故事可以説是原住民各族群整個歷史動力的來源，原住民各族群皆有豐富的族群創世説、來源説及發展説等神話與傳説故事。

　　原住民神話傳説故事是一種集體性的創作力量，並且進而成就一個族群作為主體所具的「個體性」。原住民各族群難免有許多相似或重疊的神話與傳説故事，但是其所具的意涵卻是不盡相同，有其個別特殊的意義。

　　原住民神話傳説故事有其個別的、具體的獨特性。三百多年前，西班牙及荷蘭時代便用懷柔愚惑政策，企圖以宗教教義歸化原住民，明鄭及有清時代雖略有經營，但成效不彰。日治時代之隔離與奴化政策，使「順良

日本臣民」的「皇民化」陽謀也付諸東流，原住民文化千百年的傳統獨特性，卻沒有消失或變質，僅是在生活起居上微波蕩漾，稍有變異而已，這就是靠著神話傳說故事繼續著其文化的延續。

原住民神話傳說故事具有外塑的力量，潛移默化，讓部落族人一體遵行，並且有因果與神罰的意識。

原住民神話傳說故事具有「人文化成」的人格論，著重個人的修養、努力與成就，例如織布、狩獵、道德修養、英勇禦敵等的成績，皆為族人所敬重。

原住民神話傳說故事，男子狩獵於林野間等於是他們生命與自信的泉源，狩獵文化對原住民而言，扮演了生命禮俗及社會組織化的實質過程。透過生態教育認清自己的渺小，而更謙卑仁厚地跟萬物相處，尊重每一物種的生存權，適度地運用而不巧取豪奪。

原住民神話傳說故事，歌謠與舞蹈是原住民族長久以來情感與肢體協調及精神氣度活化的結晶。原住民的歌舞與神話傳說文化的脈絡有著緊密關係，他們唱歌不僅僅只是要表現個人的情感，很多的部分其實是集體向天神去表達虔誠的心聲。

原住民神話傳說故事，自古以來即重視男女兩性教育，實施軍事教育、宗教教育、禁忌教育、倫理教育、工藝與技藝教育、生活教育、狩獵漁撈與農耕教育等等。不容否認的，原住民神話傳說故事中的宗教教育與禁忌教育，影響原住民最深刻也最重大。

▲ 載歌載舞的排灣族人壁畫／田哲益提供

原住民神話傳說故事，祖靈崇拜（祭祖）涵蓋著原住民的人生觀、價值觀與社會觀和邏輯觀。

　　原住民神話傳說故事如日常生活所用的服飾、裝飾與器用等等具物質性介體之背後，都有其象徵意涵。可惜原住民豐富的文物，在缺乏認識、鑑賞及運用下，失去文化推廣、教育與利用功能，殊為遺憾，畢竟人類諸多偉大的藝術與發明，都是啟發自這些智慧文物。

　　原住民神話傳說故事具有道德與倫理的涵育與實踐，例如：親情的倫理與道德、民族的倫理與道德、父子的倫理與道德、母子的倫理與道德、兄妹的倫理與道德等等。

　　原住民神話傳說故事具有生命境界的培育，大凡一個人自出生開始即必須透過各種生命儀式進階人生的生老病死，死後還有「善界」、「祖靈之境」、「鬼界」、「鬼靈之界」等概念。

　　原住民神話傳說故事對於整體人類具有反省、有批判、有想像、有創意、且有特色的反應。

　　原住民神話傳說故事對於勤儉善良者予以褒獎，暴戾者予以懲罰，甚至使之消聲匿跡，隔離人寰。

　　原住民神話傳說故事的本質是具集體性的，所以其內容則必然是跨世代的，即從上一代傳給下一代，而且，可以連續好幾代一直流傳下去。

　　原住民神話傳說故事可知古代原住民是過著群體生活的社會，服從、互助、協調性極高，是樂天知命的民族。

　　原住民神話傳說故事具有用集體的力量來成就整體，基本上是運用透過種種具體性的社會制裁來推動，最後付之實踐，使它具形化。展現這樣具形化的現象，最具體而微的就是表現在生活方式上面。

　　原住民神話傳說故事具有企圖透過神話政治的手段來捍衛土地與經濟利益，推動部落政治體制的基本歷史形式。

　　某些原住民神話傳說故事具有創造階級屬性的特殊形式，例如排灣族、魯凱族之貴族與平民制度。卻帶動了整個部落的活潑氣息與發展，舉凡雕刻藝術、建築藝術等蓬勃展開。

從原住民神話傳說故事中可以看出，原住民生活中不變的核心價值觀念是土地、植物、動物和同族群的和諧，原住民的小孩從小時候起就被教育要在土地、植物、動物和同族群族人之間保持和諧。

台灣原住民的經濟在歷史發展的過程中，絕對不會離開它的基本生產要素土地，亦即在台灣這塊土地上種植農作物、畜養牲畜、涵養森林和撒網捕魚。因此原住民各族群都有大量有關土地、農耕、作物、狩獵、動物、植物等等的傳說故事。

原住民各族群由於居住的地區與地域不同，就產生不同的文化，這些都很明顯的反映在神話傳說中的慶典、宗教、建築、藝術、物產、語言、風習以及歷史傳統上。

從原住民神話傳說故事中可以看出，原住民各族群是互助、分享的社會生活方式，是將有限的自然資源做最有效的分配和分享。

從原住民神話傳說故事中可以看出，原住民各族群尊重大自然，學習與大自然、土地，共榮、共存，這是現今全球對人類反省的共識和人權主張的原則。自然界擁有繁複多樣的生態資源，人類的生命來自大地，原住

▲ 2006年，排灣族頭目宣示排灣族傳統領域／田哲益提供

民對於所賴以安身立命的大自然恆常存有一顆感恩、孺慕與敬畏的心。原住民神話傳說故事之創作孕育思考者，都蘊含著自然生態思考。

從原住民神話傳說故事中可以看出，古代原住民對於大自然的各種災禍例如：洪水、地震、海嘯、颱風、瘟疫等等，有著危機處理的意識和應變的能力。

台灣原住民分布的範圍很廣，因為區域性的不同，因此文化的表現也不盡相同，本叢書對於不同的原住民族群，考慮其獨特性與個別性，予以分別詮釋，亦即將原住民十個族群分別立說，以使各族群的文化有一個完整的輪廓形象與整體的觀念思維。

自古以來，台灣原住民社會一直持續的變化，不同時期的原住民社會環境和社會關係不斷的改變。原住民納入複雜社會後，社會形式改變，而其原來社會與文化的基礎已然處於消失和脫離的狀態。由於進入當代社會之後，原住民在社會體系層面受到外在社會的影響，文化的象徵面相便顯得特別重要。本叢書纂述台灣原住民十族神話與傳說故事，即是冀望原住民傳統文化表徵之重現，而原住民獨特的傳統神話、傳說、故事，實為建構原住民文化與生活的依據之一。

明末延平王鄭成功東征，驅逐荷蘭人，重兵屯墾，台灣始正式編入中國閩粵文化的版圖。自清朝閩粵移民之入台至日人的強奪，台灣可說歷盡滄桑，而原住民也就在近代由原始生活的狀態，一下子在短短的時間裡捲入文明社會的洪流裡。無疑的，生長在此時代的原住民同胞們，生活形態正面臨著另一種空前急遽的變遷。

際此同時，原住民文化必須面對新的挑戰，最主要的是在現代化急流中原住民文化將何去何從？又將以甚麼姿態繼續繁衍下去？這是吾人所最關心的問題，本叢書是將原住民最精華的神話傳說故事文化整理出有系統的一系列套書，對於原住民文化、文學、神話、傳說、故事、生活、宗教、政治、祭儀等等的研究，或可造成影響與貢獻。

在今日社會一般評價原住民則給予低劣的印象，譬如嗜酒、不善儲蓄、自卑，過著沒有前瞻性的生活，這種蓋棺論定的評論，在遽變的原住民社會步伐過程中，實在令人不敢苟同，將過渡時期之特例視為原住民文化千百年來之傳統代表，不但失之以偏概全，而且論斷之幼稚令人可笑。過去的原住民在未受到現代大文化的衝擊時，絕不是過著嗜酒、不善儲蓄、自卑的生活，反而是過著自信與積極的生活態度。論者不但沒有給予關心與伸出友誼的同情，企圖解決原住民當前的困境，尋求原住民的出路與前途，甚至可以說是污衊了原住民的先人。

一個國家，不論是由一個或多個種族所形成，一旦成為一個國家，便應存異求同，形成多元一體的文化。

台灣原住民文化亦是台灣文化重要的資產，如何整頓、提倡、維護、澆灌，實為當務之急，而不是淪為口號。

以關愛國家提倡文化，這才是「智者」的行為，今日，國人多有自卑而崇洋的現象而忽略了自己本身的文化之美，更忽略了少數族群或民族的優美文化。

社會的發展乃一整體性的演進，雖然原住民社會的一些舊秩序，則將不可避免要面對絕望的、悲劇的、無能為力的、逐漸被消化殆盡的下場。為了防範淪為滅族的命運，揆諸各民族都不免帶有自尊的成分與優越的色彩，尤其原住民族更應拿出自信心，相信自己的歷史文化，堅守優良的傳統，並自信有能力解決所遭遇的任何荊棘與困頓。

用心關懷原住民，舉凡文物的維護與保存、民俗的提倡與發揚，具體地在各鄉鎮設立原住民文物館、各縣市設立原住民文化中心或研究開發中心等等，原住民文化的再生與再造開拓才有可能。本叢書本著歷史性的契機與文化深耕的舞台，務使原住民文化重整旗鼓與發揚光大。

本叢書在原住民優美文化涵育下建立原住民神話與傳說口傳文學完整體系，冀望原住民文化薪火不絕。

　　由於台灣地區的原住民沒有自己的文字、文化背景特殊、生活環境資源貧乏，導致原住民社會逐漸解體，文化瀕臨消失，本叢書的撰述，對於原住民的文化教育，希望產生啟迪的影響作用。

　　過去對於原住民的探討，非常缺乏從原住民的神話與傳說的民間口傳文學觀點去了解原住民的文化，台灣原住民各族嚴格說是一個尚未創作文字的民族，因此其所賴以生存的文化空間即存於神話與傳說中和由此空間所形成之民族個性與表現。本叢書即是企圖將原住民的深層文化展現出來，除了從外在社會去檢討外，更從原住民內部的文化去著手詮釋。如此則原住民社會的親族制度、部落制度、經濟制度、宗教制度、社會制度、傳統風俗、思想邏輯等等，都將提供很好的思考切入點。

　　原住民文學不僅在內容上可以豐富台灣文學，在語言的譯解運用上，亦能使漢系族群文學的構辭及修辭意涵，得到更多的創造空間。

　　台灣是多元文化的社會，多元文化所賦予的符號意義是什麼呢？基本上就是「差異」，因此創造多元文化的意義，就是創造具有美感的「差異」。

　　多元文化之原則是基於尊重各原住民族傳統風俗、信仰與文化差異，使各民族與各族群保有各自獨特的生活方式與文化，並在一個相互依存、尊重、平等及包容的關係上共同互賴生活。

　　當前台灣原住民面對的真正困境可能還不是發展的問題，而是民族生存的問題，只有落實多元文化價值，原住民本身自立自強，才能建立雙贏互利。

　　尊重原住民族傳統對文化孕育之土地、場所，應該予以保存，並培養國民尊重、鑑賞不同民族文化之態度與觀念。

　　尊重原住民的歷史、語言，促進多元民族文化。肯定原住民族維護與發展自己民族的社會、文化、財產、政治，及價值觀的自主權利。只有尊重原住民文化，才能對台灣的文化內涵做出貢獻。

為了原住民的生存與延續，不管在政治、經濟、教育、文化與語言方面的扶持，都應以國家的力量特別予以保護。

確認原住民族是台灣歷史的起點，台灣任何有關的主張與宣示，必須從這個本質與演變的脈絡概念開始，進行台灣歷史詮釋的認識和基礎研究，整體政策規劃的權利重組才有真正的族群正義。

協助編輯原住民各族的鄉土文化教材，以促進原住民文化保存與傳承。整合資源，促使原住民部落歷史重建、文化藝術及語言復振，有系統發揚原住民族的文化。

政府應依原住民族意願與尊重、平等、多元而發揮社會正義精神，絕對保障原住民族教育文化權，充分發展原住民教育，並保有其持色及文化傳統，建立多元發展的教育制度。

國民教育應納入多民族文化之差異，相互尊重等概念。在現行教育體制下，儘速增設原住民文化教育機構，以推廣與保存文化機制，有效傳承與發揚原住民優良傳統文化，培育原住民多方面的人才。事實上，原住民族教育政策不僅在於民族文化的「挽救」，更在於促進民族文化的再生。

文化的重要性，在於它是各種制度的生命內涵，在於它是一個民族和社會精神之所依托，所以世界上任何一個文化如果不能夠建立自主性，則其不能自我向上昇華。

台灣由於特殊的歷史環境與歷史的經驗，台灣文化最早的根源是南島語系的原住民文化以及閩粵文化，讓台灣的文化景象非常的多元，充滿生命力、創造力與充滿多元性。

台灣的文化如同一道絢爛的彩虹，原住民文化也是其中亮麗的一種色彩，如果少了這樣的色彩，彩虹就不再美麗與燦爛。

由於現代文明的引入，使原住民文化在久經壓制與衝擊之後，有逐漸流失和衰頹的趨勢。但是學術界和民間團體的長期關懷和努力，使原住民文化仍能達到相當程度的保存。然而這種保存僅是一種靜態的文物展示和

學術研究資料，仍缺乏一種動態性生機和前瞻性的開展。如果原住民教育的目標僅著重於「維護」文化，顯示它仍是一種靜態的、被動的、非生機性的目標，欠缺積極發展的功能。當前原住民族群的當務之急，不僅是如何透過教育制度來維護、傳遞、擴散文化，更需要透過教育而融合外來文化，創造文化，開展文化的生機。當然守住自己的文化也是要靠自己自我意識的覺醒與努力。

我們期盼生活在台灣的原住民各族群的人民，能夠正視自己優良的傳統文化，重構自己的根，大聲的唱著自己的歌，乃至於宗教儀式、藝術活動、傳統手工藝、道德價值觀、宇宙觀等等都能復振起來，以原住民文學藝術與生活樣態，特別是以神話傳說與宗教為素材的音樂、舞蹈、文藝、影藝等創作，也如雨後春筍般的出現。

本書是排灣族神話、傳說、故事、軼聞等的專書。排灣族是有貴族階級的社會，這在台灣諸民族裡是很特殊的社會制度，因此，一切的生活形式活動、生產、狩獵、漁撈、婚俗、喪葬、信仰、哲學、理念、道德、思維、藝術、飲食、服飾、建築、運輸等，都與其貴族制度息息相關。

排灣族的創生傳說有陶壺生人、太陽卵生、蛇生創世、蒼天降卵創世、竹生創世、石生創世、神生創世、神造人創世、泥生創世等，精彩多元。其中陶壺生人、太陽卵生、蛇生創世，排灣族人深信之。而且貴族與平民的來源不同，貴族來源於百步蛇，平民則源自青蛇，以強化貴族的階級社會。在排灣族建築藝術、器物藝術、服飾藝術、雕刻工藝等等，皆可見到百步蛇的圖騰，形成排灣族最重要的精神圖騰與主要的思維邏輯。

排灣族對於聖山大武山非常崇敬，認為族人源於大武山，對於曾經居住過的地方還留有許多遺跡的故事，可以想見當時的生活。遷徙口傳文學可以找尋出當年族人遷徙的過程，在沒有文字的排灣族，這是非常重要的史料。

排灣族與其他原住民族群一樣，也有洪水神話與征伐太陽的故事，還有發生過災變的故事，另有對於宇宙間世事還有應變的傳說流傳下來。

對於農耕、狩獵等生計生產，亦多敘述人類在艱困的時代，族人運用智慧與傳承的知識，與大自然相處與搏鬥，族人才能延續繁衍。

排灣族人生活於山林中，朝夕與野生動物相處，因此關於野生動物亦多理解，並且應用於生活的利用與思維。所以有關動物的傳說故事，是屬於大宗的，尤其是變異故事，含有道德、倫理、禁忌等教育意義，不遵守社會規範者，皆會受到天譴，所謂「惡有惡報」的因果觀。

排灣族的宗教祭祀、巫祝與禁忌信仰都非常詳細，可以看出族人日常生活的中心思想與實踐目標與理想。禁忌信仰是先人的知識傳承，則是歷代族人全部都要遵守的，違犯者即破壞社會秩序與常規。排灣族也有鬼魂妖怪的傳奇故事，故排灣族的原始宗教是「神鬼信仰」。

排灣族的婚姻、懷孕、生育與喪葬等生命禮俗傳說故事，亦都能理解族人生命歷程的進程。

排灣族是感情非常豐富的民族，筆者把族人的情感分類為：排灣族神的情感世界、排灣族人與神及鬼的情感世界、排灣族親情的情感世界、排灣族愛的痛苦與殉情口傳文學、排灣族人與動物情口傳文學、排灣族憨愚的情與偏差的愛等。感情之事是複雜的，在排灣族的神話與傳說中，真是琳瑯滿目。

筆者研究台灣原住民族口傳文學凡三十年，很高興又能把「原住民神話大系」重新編修與增補，以嶄新的面貌與大家見面與重逢。希望大家喜歡，給予我鼓勵與讚美，謝謝你。

排灣族創世神話
口傳文學

第一章

　　每個民族都有解釋自己族群由來的創世神話，保存豐富文化的排灣族，也擁有自己的美麗創世起源神話與傳說。原始的人民，面對不可抗拒的天然災害，以及不能克服的自然險阻和不可思議的天雲變幻，自然產生種種傳說、信仰與民俗，這是所有原住民均有的現象。排灣族的神話傳說有一特別之處，就是可以用吟唱的方式呈現出來。

　　台灣原住民族中，排灣族的始祖創生傳說最複雜。或者因為該族的人口密度較大，與周圍異族魯凱族、卑南族接觸的機會也比較多，形成一種文化混合的結果。該族中所傳始祖創生傳說的類型，包括「太陽卵生」、「蛇生」、「石生」、「壺生」、「犬生」、「竹生」等。排灣族中心區域中是以蛇生和太陽卵生的傳說為主，「蛇生」的傳說是排灣族原始的神話，而「太陽卵生」傳說則為另一系統箕模人的神話，至於「石生」的傳說，分布於排灣族邊緣區，或係受外族的影響（李亦園，1956）。（註一）

　　關於排灣族，有許多學者認為其起源與中國大陸有一定的關係，屏東師範學院高業榮師〈大武山勇士：素描排灣族〉一文指出：就該族許多文化特質來看，學者們認為他們和中國古代南方的百越民族文化有關。近年，排灣族多處古代遺址陸續挖出了許多新石器時代的文物，如：石錛、石刃、石斧、網墜、帶穿石刀、靴形石鐮、石錘、陶紡輪、陶器裝飾等觀察，顯然與高雄的鳳鼻頭文化不無關聯，同時也跟福建曇石山、浙江河姆渡文化都有密不可分的關係。使我們不得不相信過去學者的推測有一定程度上的正確性。

　　陳奇祿先生曾嘗試以排灣族人視為「傳家之寶」的琉璃珠，探討排灣族到台灣的可能年代。色澤溫厚優雅的琉璃珠，在排灣族眼中的價值至高無上。訂婚時，若能有一顆琉璃珠當聘禮，即表示男方地位極高，也是女方絕大的光采。特別的是，排灣族並無製造琉璃珠的技術，其他族群也沒有琉璃珠出現。陳奇祿先生據此推測，「琉璃珠並非藉著貿易傳入台灣」。因它若是一種商品，其鄰近各族按理也會有；所以應是排灣族祖先移入台灣時帶來的。琉璃珠的分布很廣，散見於中國、東南亞和歐洲地

區。依據成分，排灣族所持的琉璃珠合鉛率很高，但沒有鋇，屬於東南亞系；不像歐洲的無鉛無鋇或中國的含鉛含鋇。依據專家、學者鑑定，在印尼蘇門答臘、馬來半島、高棉等地，石板棺遺址中發現的琉璃珠，出現年代可能在紀元元年前後。「排灣族的琉璃珠若真是由其祖先所帶來的，移入年代應在西元一世紀以後，」陳奇祿認為。就算琉璃珠解答了排灣族人來台的年代問題，其他各族也依然迷霧重重。（註二）

一、排灣族陶壺生人創世神話

「陶壺」是排灣族重要的器物，排灣人有許多陶壺生人的傳說故事。

垃瓦爾群社、布曹爾群社，皆有陽光作用於壺上，壺裂而出現小孩的傳說，至於該壺則由天而降下或無形中見於山中，似乎小孩之出生是有神意。（註三）

排灣族的祖先是陶壺裂開，生出一男一女，而後繁衍生育，成為排灣族群。因而在排灣族的傳統社會裡，陶壺具有超自然力，意為一種神物，有謂他們祖先就是代表陶壺，擁有此等陶壺，僅限於貴族階級，婚嫁作為聘禮或信物。

古陶壺對今天的排灣族，可說是一個謎，他們只知道陶壺遠從祖先就流傳下來的一種貴族特權之物，至於製作的方法、時代發掘地點，已無據可考；唯一可辨認的是陶壺上有共同的百步蛇圖騰之信物，可當作傳家之寶。（註四）

古樓村的陶壺傳說，李嘉鑫〈陶壺女嬰與蛇神生子〉載：（註五）

據說太古的時候，山區有三個神聖的古壺，它們分別由金、銀與陶做成，有一天，從大武山跑下來兩條狗，牠們撞裂了陶壺，裂開的壺中，有一位女嬰，女嬰長大後與百步蛇神結婚，而生下三個兄弟，老大是古樓社頭目，老二是隔鄰的武潭村頭目，老三則精研巫術，成為當地巫師之祖。

在古樓大社地區與其所屬之小社，都認為是陶壺女嬰與蛇神的後代。至今古樓社頭目已經是第十五代了。

當初古樓創世就存在的三個神壺，第三個裂開內有女嬰的神壺，還保存在頭目家中。第二個實心的銀壺，不知所終。最神秘的是第一個金壺，它裡面有金線、琉璃珠串，以及一顆名為「太陽的眼淚」的稀世琉璃珠，這個金壺和裡面的東西，在日治時代被日人奪走，只剩下珍奇的「太陽的眼淚」，還保留在頭目手中。據說被奪走的金壺在日本經過六度轉手，持有者都因為神秘的詛咒而橫死，最後再轉賣回台灣永和。不過現在的持有人也面臨一連串的不幸，曾託人請求頭目買回去，可是索價一千四百萬元。由於原住民根本沒有這樣的財力，這個古樓社的創世金壺，大概還要留在漢人社會裡繼續流浪。（註六）

鄭元慶〈台灣原住民傳奇〉載：（註七）

> 很久以前，山上有個不知來源的壺，有人見到此壺甚為珍奇，便拾回家去。一天，陽光透過牆壁照在壺上，壺便裂開，走出一男一女。後來，他們繁衍出排里雷安社族人。至今，排灣族人仍有「百步蛇是祖先的化身，不能殺害」、「陶壺是祖先住處，祖先回來都住在壺裡，要好好保存，不可隨意移動」的習俗。

本則傳說是排里雷安社族人陶壺創世故事。至今排灣族人仍然非常珍視陶壺，排灣族人對待陶壺的觀念：

（一）陶壺是無上珍貴的寶物，要好好保存，不可隨意移動。

（二）陶壺是祖先住處，祖先回來都是住在陶壺裡。

（三）陶壺是女祖的創生處。

排灣族人對待百步蛇的觀念：

（一）百步蛇是人類的男祖。

（二）百步蛇是人類男祖的化身。

（三）不可以隨意殺害百步蛇。

《民族所集刊》，引自《排灣族信仰體系》，許世珍，載拉瓦爾群達來社傳說：（註八）

　　傳說有一個女陶壺，此陶受陽光照射孵出了一個女性的蛋，此蛋與 pocoan 家一個男性的靈魂結婚，生下了一女人，此女子又和山裡的百步蛇結婚，生下了二男孩，其中一個叫 tschonovak，就是 dararoan 社的祖先。

本則傳說故事謂陶壺孵卵，此卵與 pocoan 家一個男性的靈魂結婚，生下了一女人，即人類的創生女初祖。女初祖又和山裡的百步蛇結婚，生下了二男孩，其中一個叫 tschonovak，就是 dararoan 社的祖先。

許世珍《排灣族信仰體系》載：

　　很久以前，有人在山上打柴時發現一個陶壺，便用布包起來將陶壺帶回家。一路上，陶壺一直掉下來，於是那個人就把它放在路旁，回家找他的哥哥一同將陶壺帶回家去。有一天，太陽從牆頭照射到陶壺，陶壺碎裂。裡面出現男、女兩個小孩。長大後，女的離開到別的地方去了，男的則留在原地生活，成為這個部落的祖先之一。

本則故事謂「太陽從牆頭照射到陶壺，陶壺遂碎裂了，陶壺裡面出現男、女兩個小孩。」此即部落祖先之嚆矢。

《民族所集刊》，引自《排灣族信仰體系》，任先民：（註九）

　　很古以前，在 katomoan 山上，一處叫 inaran 地方，有人於打柴時發現一陶壺，甚奇，遂用布包起來帶回家，一路上，陶壺屢掉下，於是那人便將之置於路旁，回家邀其兄前來，一同將陶壺帶回家去。一天，太陽從牆頭邊照過來，陶壺遂裂，裡面出現男女二小孩。他們長大後，女的到 pabaguran 地方去了，男的則仍留在原處，成為該社的祖先之一。

本則故事謂陶壺直接生出男女二小孩，這就是人類的初祖之一。本

故事情節要述如下：

（一）有一人在 katomoan 山上 inaran 地方打柴，發現一陶壺，便將
　　　陶壺帶回家去。

（二）陶壺因為受到太陽的照射遂裂，裡面出現男女二小孩。他們
　　　也是人類初祖之一。

拉瓦爾群 Parirayan 社傳說：（註十）

　　昔日，Katomoan 山上 Inaran 地有一壺。有人見而甚覺珍
奇，以布包回來，一路上該壺屢次掉落更覺有異，擱於路上回
社告其兄弟。相偕而至攜回 Tabaran。某日，陽光透過牆壁照在
壺上，壺裂，裡面出現男女二人，匍匐於地上，家人驚奇瓢水
潑之，小族兒以腳蹴瓢，再潑水於破壺上，小孩則肅靜了，於
是哺乳養育。成長後女的到 Pabaguran，後又轉往平地，本社祖
先是由其兄 Pinarai 起源。

二、排灣族太陽卵生創世神話

　　據許世珍（1956 年）所搜集的五十多則始祖創生傳說中。太陽
卵生的傳說見於西部排灣族的布曹爾亞族的瑪家、筏律、下排灣、
Masilidzi、糞池、Oalus 諸社，來義、望嘉、力里、丹林、古華諸社，以
及布曹爾亞族之北的拉瓦爾群的 Parirayan 社。（註十一）

　　《番族慣習調查報告書》載瑪家及白鷺社傳說：（註十二）

　　很久以前，太陽下降到地上來生卵，有條蛇溜來一口把卵
吞掉。後來太陽再下降生卵，這次產在水盆裡頭，擺在鞦韆
上，前後搖動著，狡猾的蛇無法靠近，五天後孵出了一個女
嬰。後來太陽又再生卵，孵化生出一男嬰。這個男孩下到平地
成為日本人的祖先。先前出生的女嬰，長大後與蛇結婚，生下
一男二女，男孩下到平地成為平埔族之祖。長女則嫁給紅毛生
下一個男孩，男孩從他社娶進一名女子，生出的後代就是部落

頭目家祖先。又蛇所生的次女，嫁到他社。

太陽降到地上生卵，被蛇吞掉，又下降生卵，產在水盆裡，擺在鞦韆上，鞦韆前後搖動著，就沒有被蛇吞吃了，孵出了一個女嬰。其後又再生卵，孵化生出一男嬰。這就是人類的淵源。

高淵源《台灣高山族》載〈創作萬物的神〉：(註十三)

　　太古時代，太陽在「茶卡包根」山頂，降下紅白二卵，命百步蛇「保龍」保護。不久孵出男女二神，男神名「普阿保龍」，女神叫「查爾姆姬兒」，這二神的後裔變成了排灣族之貴族的祖先。至於平民之祖先，就是名叫「麗萊」的青蛇所孵出來的。到了上古時代，太陽重又下凡，在地上生下了二卵，孵出叫「那馬塔烏」的男神和叫「那馬宇得」的女神，這二神長大後，只要男神叫一聲「生牛」，女神就生牛，叫一聲「生樹」，就生下樹木，如此這般，天下萬物就誕生了。現在我們在排灣族的衣飾藝術彫刻品中能看到使用蛇紋是這個緣故。

這是一則有趣的傳說故事，本故事情節要述如下：

(一)太古時代，太陽在「茶卡包根」山頂，降下紅白二卵。

(二)太陽命百步蛇「保龍」保護紅白二卵。

(三)紅白二卵孵出男女二神，男神名「普阿保龍」，女神叫「查爾姆姬兒」，此即排灣族貴族之祖先。

(四)至於平民的祖先則是名叫「麗萊」的青蛇所孵出來的。

(五)太陽重又下凡在地上生下了二卵，孵出叫「那馬塔烏」的男神和叫「那馬宇得」的女神，祂們兩位神就是創造萬物者，男神叫一聲「生牛」，女神就生牛，叫一聲「生樹」，女神就生下樹木，大地萬物宇宙備焉。

本則傳說故事涉及到人類的源起問題，也涉及到創造天地萬事萬物的故事。

在屏東縣下，有一個非常出名的牡丹社。清朝末期，曾因殺死了漂流上岸的琉球難民而引起國際糾紛，日本人竟藉口無理取鬧，大兵壓境，製造了所謂「牡丹社事件」，就是在這裡發生的。本故事是流行在這一帶的傳說。

傳說遠古時代，太陽神在大武山山頂上有一棟白色小石屋的陶壺中，產下了兩顆蛋，後來這兩顆蛋孵化成一對男女，這一對男女結為夫妻，他們的子孫在靈犬的帶領下，向大武山的四周出發，尋找新的天地來建立家園，這就是排灣族的由來。

本則傳說故事謂排灣族的祖先是太陽神在一棟白色小石屋的陶壺產下的兩顆蛋，這兩顆蛋孵化成一對男女，結合生子，這就是排灣族之祖先。所以排灣族人自稱「太陽之子」。

許功明、柯惠譯《排灣族古樓村的祭儀與文化》載：（註十四）

……tjureng 家系發源於 kaviangan（佳平）部落。該處有間小房子，屋內立一石柱，柱後有兩個太陽所生的蛋，從中孵出一男一女，兩人結為夫妻，生下了畸形的子女，子女彼此間又結婚，所生的子女仍然不正常。後來，從石柱後太陽蛋孵生出的男人再和他第三代的孫女結婚，終於生下了正常的小孩，一共四男一女。這五個人就是 tjureng 家的祖先，其中唯一的女孩，名「tjuku」太陽形狀渾圓之意。……

這是一段太陽卵生人類的傳說神話故事。敘述 tjureng 家系最初因為近親結婚，所以生下來的孩子都不完整，後來親屬關係漸遠，婚配生育的孩子才開始正常與完整。

范純甫主編《原住民風情》（下）載排灣人喬阿喬考社傳說：（註十五）

遠古時，在考加包根山的頂峰，太陽下來生了紅、白二卵，後由名叫寶龍的龍蛇孵化，生出男女二神，這就是排灣人頭目的祖先。至於一般排灣人的祖先，則是從青蛇卵中孵出。

本則故事謂遠古時太陽在考加包根山生下紅、白二卵，這就是排灣族的祖先。又謂頭目的祖先是叫寶龍的龍蛇孵化所成，一般平民的祖先則是青蛇孵出。

王孝廉《中國的神話世界》載：（註十六）

> 相傳太陽產卵於巨石數枚，中間屢遭巨蛇吞食，後來僅存二枚孵化，就成為人類的始祖。

本則傳說故事之「巨蛇」何指？不明。傳說太陽產卵於巨石數枚，但是屢遭巨蛇的吞食，後來僅存二枚孵化，就成為人類的始祖。

《民族所集刊》，引自《排灣族信仰體系》，許世珍，載布曹爾亞族巴武馬群望嘉社傳說：（註十七）

> 太古本社有一池，某日 kadao（日神）由天降下，生三枚蛋於池內，狗見而吠，池水逐漸減少，貓來抓這三枚蛋，蛋破生一女二男，此三人與別處男女結婚，成為箕模（本族內之一異族）之祖先。數年後，kadao 第二次降臨於 kadziaka（本社東面某地）生下一青色蛋，蛋自然破開生出男兒，男兒名 rumuchi，為本社排灣之祖先。

kadao 為日神，即太陽神。箕模族為排灣族之內的異族。本傳說故事謂太陽神 kadao 兩次下降凡間。

第一次下降於池內生三枚蛋，狗見吠之，因此池水逐漸減少，貓來抓破這三枚蛋，蛋破生一女二男，此三人與別處男女結婚，是為箕模族之祖先。

經過了數年，太陽神 kadao 第二次降臨於 kadziaka 生下一個青色的蛋，蛋自然破開生出男兒，男兒名 rumuchi，為排灣之祖先。

《民族所集刊》，引自《排灣族信仰體系》，許世珍：（註十八）

> 太古，天降 adao 於本社，生下兩枚蛋，蛋孵化出生一男一女，二人互婚移住 dziadziurutay，生下男孩。而 dziadziurutay 大概就是該社箕模之祖先移住後舉行五年祭之地。

adao 為日神，即太陽神。天降生下兩枚蛋孵化出生一男一女，二人互婚移住 dziadziurutay，生下男孩。而 dziadziurutay 很可能就是該社箕模之祖先。

《民族所集刊》，引自《排灣族信仰體系》，許世珍，載布曹爾亞群瑪家社傳說：（註十九）

昔日，kadao（日神）降地生蛋，忽出現一隻蛇將蛋吞入。於是 kadao 第二次生蛋於木缽內，擱置在鞦韆上，盪五天後孵出一女子，後又生一枚，孵出一男子。男子長大後，下平地成為日本人之祖先。女子與蛇相婚，生一男二女。男子長大後也下平地，為平埔族之祖。長女到 amawan 社與 awmun 結婚，生瑪家社的祖先 kui，次女出嫁 taravakon 社。

本則故事應為較晚期的傳說。本故事情節要述如下：

（一）太陽神 kadao 生下三枚蛋，第一枚被一隻蛇吞食；第二枚生於木缽內，擱置在鞦韆上，盪五天後孵出一女子；第三枚孵出一男子。

（二）男子長大後，下平地成為日本人之祖先。

（三）女子與蛇相婚，生一男二女。男子長大下平地，成為平埔族之祖；長女到 amawan 社與 awmun 結婚，生瑪家社的祖先 kui；次女出嫁 taravakon 社。

洪英聖〈認識台灣先住民〉載屏東縣來義鄉南和村傳說：（註二十）

在南和村排魯斯社（pairus）上方，有「馬卡拉武勞吉」（makarawrauzi）地方，太陽每天到這裡產下兩顆卵，但是都被大蛇吞食了，後來該族有三位「女英雄」，叫做「卡吉琪」（kaziki）、「琪卡蘿妮」（kikarone）、「卡兒」（kal），她們三人合力把這條偷吃太陽卵的大蛇抓起來，丟下山崖。從此，這兩顆「太陽卵」，才能順利孵育出一男一女的人類，成為該族的兩大社頭目，而化育子孫。

　　在南和村排魯斯社（pairus）上方，有「馬卡拉武勞吉」（makarawrauzi）地方，太陽每天都到這裡產下兩顆卵，但是都被大蛇吞食了。最後太陽的兩顆卵才得以能夠孵化成人，還是靠著三位女英雄的護佑。

　　這三位女英雄把大蛇抓起來，丟下山崖。三位女英雄的名字分別是「卡吉琪」（kaziki）、「琪卡蘿妮」（kikarone）、「卡兒」（kal）。

　　「太陽卵」孵育出一男一女成為該族的兩大社頭目，而化育子孫。本則故事之「大蛇」，不知所指為何？

　　《台灣省通志》卷八〈同冑志・固有文化篇〉第二冊載：（註二一）

　　　相傳古昔屏東縣來義鄉之南和村 pairus 社上方，有地名 makarawrauzi 處，太陽每日至此產二卵，然悉被大蛇吞食，後有三女合力捕大蛇而投之深淵。翌日，太陽所產之卵，乃安然孵化成男女各一，繁衍種族，此即今日來義鄉南和村排律斯社及瑪家鄉瑪家村 makazayazaya 社頭目的祖先。

　　本則傳說故事與上則相同，惟太陽所產之卵孵化成人，變成了來義鄉南和村排律斯社及瑪家鄉瑪家村 makazayazaya 社頭目的祖先之敘述比較明確清楚。上則故事則對於護佑太陽卵的三位女英雄的名字有比較明確的交代。

　　《人類學雜誌》引自《排灣族信仰體系》，森丑之助著（1915），黃耀榮譯：（註二二）

　　　rikiriki 社頭目的祖先，是在太古時，太陽由天降下成兩個蛋至地面，其一個成為男人，另一個成為女人。女人的頭上長有角，男人則無，此男女乃為山地人的原祖，亦是頭目的太祖。……

　　本則傳說故事謂 rikiriki 社頭目的祖先，是由太陽降下的兩個蛋孵成男女始祖，女始祖頭上長有角，男始祖則無。

在排灣族人的觀念中，台灣的原住民
族是同一原祖的。原祖亦是頭目的太祖。

林道生《原住民神話‧故事全集
（三）》載巴武馬群望嘉社〈始祖神話卵生
說〉：（註二三）

從前，大地上有一個大池塘。有
一天，太陽神（Kadao）從天上下降到
大地，在大池塘產下三個卵。正在大
池塘邊戲水的狗看了從來都沒有見過
的大卵而不停的吠叫。說也奇怪，池

▲ 傳說排灣人是太陽卵生壁畫
／田哲益提供

塘的水就這麼隨著狗的吠叫聲漸漸的減少了。在一邊觀看的一
隻貓也好奇的過來，抓玩著比自己身體還要大的太陽卵。三個
大太陽卵經過陽光曬，過了些時候蛋殼破裂開來，從裡面走
出來一女二男。很快的數年過去，三個人也都長大成熟了，
分開到各地方去成了婚，他們就是基模社的祖先。又過了好
多年，太陽神第二次從天上下降到地上來，產下一個青色的
卵。經過日曬，不久蛋殼破裂，走出來一男，他也是排灣族
的祖先。

這是一則基模社人祖先的創世神話，又云青色的卵經過日曬，蛋殼
破裂，走出來一男，也是排灣族的祖先。

林道生《原住民神話‧故事全集（三）》載有關巴武馬群瑪家社〈始
祖神話卵生說〉：（註二十四）

從前，太陽神下降到大地產下了一個卵，剛好被附近經過
的一條蛇吞下。太陽神看了有些失望，只好再一次下降到大地
再生了一個卵，這次為避免被蛇吞食，太陽神把祂的卵下到木
缽之內，再把木缽擱在鞦韆上，讓木缽連續盪了五天才孵出一

個女子。之後，太陽神再生一個卵，孵出來的是一個男子。幾年過去，男子長大下山到平地，成了日本人的祖先。女子留在山上，長大嫁給了百步蛇，生了一男二女。男孩長大後下山到平地，成了平埔族的祖先。長女下到阿瑪灣社與敖門結婚，生下庫伊，成為排灣族瑪家社的祖先。

本則故事敘述人類起源於太陽神產下了一個卵，創生了人類。

三、排灣族蒼天降卵創世神話

排灣族有一則蒼天卵生傳說，妙趣橫生，彷彿一首夢幻般的童話詩，范純甫《原住民風情》（上）載：（註二五）

　　排灣族的祖先是蒼天降落的色卵，在混沌初開之際，從浩渺無際的蒼穹，徐徐飄落黃、綠兩顆卵體。它們相繼落在煙雲繚繞的玻洛峨茲山，黃色卵像一顆晶瑩透徹的黃色玻璃球，發出耀眼的光芒，它一觸地就變成魁梧俊美的男子；綠色卵，蒼翠猶如一顆巧奪天工的綠寶石，那麼柔和、誘人，它一落地化成了婀娜多姿的女子，後來他們互婚，繁衍排灣人。

本則故事謂排灣族祖先是蒼天降落的黃（後化為男子）、綠（後化為女子）兩顆卵體，他（她）們互相結婚，是為排灣族的始祖。是則本故事所謂「蒼天」，應與「太陽」是不同的。

內政部委託台灣大學人類學系研究《台灣山胞各族傳統神話故事與傳說文獻編纂研究》載：（註二六）

　　taririku 社與 katsurin 社祖先的起源是在大武山 porucchi 的地方，從天降下來黃色與青色的蛋，黃蛋出生男子名叫 rumuji，青蛋出生女子名叫 gilin，兄妹長大成為夫妻生出兒女。……

本則是 taririku 社與 katsurin 社祖先的起源傳說故事：

（一）taririku 社與 katsurin 社的祖先起源於大武山 porucchi 的地方。

（二）從天降下來黃色與青色的蛋，黃蛋出生男子名叫 rumuji，青
蛋出生女子名叫 gilin。

（三）蛋孵出的兄妹長大成為夫妻生出兒女。

四、排灣族兩個圓蛋創生說

范純甫主編《原住民傳說（上）》載〈始祖的傳說〉：（註二七）

傳說，百宛人是由兩隻圓蛋變成的。傳說，以前，在一座
高山上，有兩隻蛋，因為風吹、日曬、雨淋，兩粒圓圓的蛋變
得光潔光潔的，在太陽光下閃閃發亮！一天，有一隻貓和一
隻狗因覓食來到山頂。看見這兩隻光潔閃亮的圓蛋十分漂亮，
就圍著圓蛋兜圈子，並且日夜地守護著，不讓它受到別的野
獸的侵害。貓很喜歡這兩粒蛋，天天對著它「貓嗚貓嗚」地叫
著，也不時用爪子輕輕地去抓它，摸它，晚上還抱著一粒蛋睡
覺；狗也很歡喜這兩粒蛋，天天對著它「噉唔噉唔」地叫著，
也不時用爪子輕輕地去抓它，摸它，晚上也抱著一粒蛋睡覺。
日落月起，月落日升，兩粒圓蛋一天天地變黃了，變大了，也
變得更亮了，映著太陽與月亮的光輝，熠熠閃閃，叫人看了就
喜歡！不久，就在同一天同一個時辰，兩粒蛋像花蕾一樣緩緩
地綻開了，從裡面走出兩個胖娃娃來，一個是男的，一個是女
的。貓與狗高興極了，牠倆圍著兩粒圓蛋兜圈子，搖著頭，擺
著尾，「貓嗚貓嗚」、「噉唔噉唔」地叫著表示祝賀。說也怪，
這一男一女的兩個小孩，見風就長，長得很快、很快……兩個
人的臉都是紅撲撲的，長著毛，還有尾巴，很像山裡的猴子。
他倆跟著貓和狗在地上爬，學著走路，也跟著一起去找吃的東
西。在貓和狗的養護下，兩個小孩很快就長大了。他倆先學著
直起身子採果子，又學著站起來走路，慢慢地就不再爬行了。

時間一久，兩人的尾巴變短了，身上的毛變少了，手腳也變得更靈活了，但紅紅的臉上依舊毛絨絨的，還是像個猴子。在大山的森林裡，兩個孩子長大了，他倆想學講話，但是貓和狗不會說話，牠們不會教呀，怎麼辦呢？於是，他倆就聽森林裡的鳥叫，學著鳥講話哩！森林裡有好多好多的鳥，但他倆最喜歡聽兩種鳥的叫聲，一種鳥叫「鳩谷、鳩谷」。一種鳥叫：「普納雷、普納雷」。他倆就給自己起了名字，男的叫「普納雷」，女的叫「鳩谷」。以後，這也成了百宛人祖先的名字。因為貓與狗保護了百宛人的祖先，所以百宛人對貓與狗都很敬重，都很愛護牠，不能打，也不能殺，更不能吃，死了就用白布或席袋包起來葬在土裡。據說，這個風俗就是這樣來的，並且一代一代傳了下來。

本則傳說故事是敘述人類是由兩個蛋所孵化而來的。本故事情節要述如下：

（一）在一座高山頂上，有兩隻蛋，因為風吹、日曬、雨淋，兩粒圓圓的蛋變得非常光潔，在太陽光下閃閃發出亮光。

（二）有一天，有一隻貓和一隻狗因為覓食而來到山頂，發現了兩個漂亮的蛋，牠們就圍著圓蛋兜圈子。

（三）貓和狗日夜地守護著兩個蛋，不讓它受到別的野獸的侵害。

（四）有時候貓和狗也會「貓嗚貓嗚」、「嗷唔嗷唔」的把玩著蛋。晚上也抱著蛋睡覺。

（五）不久，從蛋裡面走出一男一女胖娃娃來。

（六）貓與狗圍著兩粒圓蛋兜圈子，搖著頭，擺著尾，「貓嗚貓嗚」、「嗷唔嗷唔」地叫著表示祝賀。

（七）兩個小孩，見風就長，長得很快，臉都是紅撲撲的，長著毛，還有尾巴，很像山裡的猴子。

（八）兩個小孩，跟著貓和狗在地上爬，學著走路，也跟著一起去
　　　找吃的東西。

（九）兩個孩子長大了，想學講話，但是貓和狗不會說話，他倆就
　　　聽森林裡的鳥叫，學著鳥講話。

（十）兩個小孩子最喜歡聽兩種鳥的叫聲，一種鳥叫「鳩谷、鳩
　　　谷」。一種鳥叫：「普納雷、普納雷」。因此，給自己起名字，
　　　男的叫「普納雷」，女的叫「鳩谷」。他們就是人類的祖先。

　　據說至今排灣族人對貓與狗都很敬重，因為牠們曾經保護過與指導
過人類的始祖，有功於人類。

五、排灣族貴族來源傳說

　　拉瓦爾亞族大社 Dalimalao 家系譜中記載，頭目為太陽的後裔，
Dalimalao 家祖先為太陽與甕所生（移川，1935）。此貴族起源的傳說除
細節有地方性出入外，大致為全拉瓦爾亞族之排灣族所接受，其內容如
下：（註二八）

　　　當初還在 Davalan 的時候，Dagivalit 家的祖先 Sadel 及 Salili
兩兄弟都是有神力的人，哥哥神力較大，曾殺死怪獸，弟弟神
力較小。一天兩兄弟到大武山下打獵，哥哥走在有陽光的地
方，弟弟則走在蔭涼的地方。弟弟在路上看到一個拳頭大的陶
壺，十分好奇，便將壺拾起放入懷中，但壺會自動旋轉，立刻
由懷中落下，無法放入。弟弟便叫哥哥說：「我拾到一樣東西請
過來看。」哥哥神力較大，接過壺往懷中一塞即不落下。二人將
壺帶回家中置於屋內一角，未加留意，不知不覺中，壺每月長
大，到十個月後已經長得很大了。一天早晨，兩兄弟在屋外，
太陽正好出來照在屋子上，陽光由屋上一個小洞射入屋內，
恰巧照在陶壺上。兄弟倆在屋外坐椅上，聽到屋內有很大的爆
炸聲，便爭著跑進屋查看，看到壺已裂開，一個女嬰在地上打

滾。二人不知如何養這個女孩，哥哥覺得女孩太寂寞，遂用魔力變出兩個人，一個負責哺乳的奶媽，就是 Madalalap 家的祖先；另一個專替女嬰洗衣服尿布及洗澡的便是 Tungalingit 家的祖先。這個女孩是個啞巴，長大後不知怎樣懷孕了，當時 Davalan 的居民已經不少，遂將全村青年集合起來，要女孩指認是誰使她懷孕的。女孩指出是 Dagivalit 家的 Balib lip，他正躲在一個臼的後面。女孩生子後還一直住在 Dagivalit 家中，Dagivalit 以村中居民貢獻的食物供養她，因為她是太陽與陶壺所生，所以是貴族。Madalalap 與 Tungulingit 兩家人照顧女嬰，被稱為世族。

六、排灣族竹生創世神話

簡榮聰〈百步蛇：排灣族的圖騰〉傳說：（註二九）

昔日，大武山上一根竹子裂開，裡面生出許多蛇，蛇成長後化成人，是我們的祖先。

本則傳說故事謂排灣族的祖先「蛇」是大武山上一根竹子裂開所生。為「竹生說」。蛇成長後化成人，這就是排灣族的祖先。

分布在南台灣的排灣族，是一文化古老而信仰複雜的族群，這可能源於該族的起源與移動，區域廣泛，而與他族群有文化混合的關係。在遠古，本是在台灣的西部山麓生活，早在上古，他們就有許多人向南沿著山脈逐漸移動，其中有的到達恆春，也有越過中央山脈而移居於東部，因此有「西排灣群」與「東排灣群」之分。目前還在西南部的屏東各地的排灣族，即為古老的西排灣群，而在台東各地的排灣族，即為較後的東排灣群。（註三十）

排灣族的代表性信仰是崇拜「太陽」、「古甕」（陶壺）、「百步蛇」，也有始祖是「石生」與「竹生」的傳說信仰。

《番族慣習調查報告書》載內獅頭社傳說：（註三一）

從前在大武山麓有一根竹子。竹節間的水凝固成兩個卵，竹子破裂掉落到地上，一枚紅色、一枚青色，受到太陽的照射而逐漸變大，遇上寒風颳起時就靠在樹旁，遇到暑熱時則躲避在樹蔭下。逐漸長得如柑橘般大。有一天兩顆卵破裂，從裡頭生出兩個男孩。那時候，也有一顆小而脆的石頭，破裂生出一顆黑色的卵，並受到太陽照射生出一女孩。三個孩子逐漸長大，由於知道自己是竹與石所生，就取該竹與石稱之為父母，並珍重的放入屋內保護。後來衍生紅卵生的長子與石生黑卵所生的女子結婚，生下許多孩子。青卵生的次子終身未婚，可是據說他通曉農耕與狩獵的方法，並把這些方法傳遞給長兄所生的子女。由於沒有其他人類了，這些兄弟姊妹相互通婚，所生的後代不太健康，又再於兄弟姊妹生的子女與子女之間通婚如此兩代，才生出健康的子女。現在二等親內不結婚就是基於這個道理。子孫繁衍後，後代遷徙來到內獅頭開創本部落。

竹節間的水凝固成兩個卵，一枚紅色、一枚青色，經太陽照射而破裂，生出兩個男孩。當時，也有一顆石頭，破裂生出一顆黑色的卵，也經太陽照射生出一女孩。經結合繁衍後代子孫。

簡榮聰有一則屬於「高士佛社」的傳說：（註三二）

以前，有一男子名叫「沙利毛智多」和一女子名叫「沙留麥」二人，由竹子出生，為「高士佛社」的祖先。

本則傳說故事謂「高士佛社」的祖先男名「沙利毛智多」和女名「沙留麥」二人，直接由竹子出生。

簡榮聰還有一則牡丹社流傳之竹生傳說：（註三三）

昔日，大武山一根竹子裂開，裡面生出許多蛇，蛇成長後化成人，是為牡丹社的祖先。

本則傳說故事謂牡丹社的祖先是在大武山有一根竹子裂開，裡面生出許多蛇，蛇成長後化成人。

日本時代，日本學者佐山融吉氏在《蕃族調查報告書》中記錄有
atsudas 社之傳說：（註三四）

　　昔日，在「皮那巴敖卡桑」北方，有一根竹子，竹中出現

　　靈蛇化成男女二人，二蛇神生二子，為人之祖。

本則傳說故事謂在「皮那巴敖卡桑」北方，有一根竹中出現靈蛇化
成男女二人，二蛇神生二子，為人之祖。

衛惠林氏在《台灣風土志》下篇亦有類似的記載：（註三五）

排灣族阿達斯社的傳說，從前在「皮那巴敖卡桑」的地方，有一株
竹中出現一靈蛇，有一天忽然化為男女二蛇神。蛇神生下了「薩馬巴
利」和「薩薩普嘉敖」二子，是為人類之始。

本則傳說故事與上則故事相同，惟本則男女二蛇神生下的兩個孩子
有比較明確的記載，就是「薩馬巴利」和「薩薩普嘉敖」二子。

《民族所集刊》，引自《排灣族信仰體系》，許世珍，載查敖保爾群
Atsudas 社傳說：（註三六）

　　昔日，在 pinabaokatsan 有一根竹子，竹中出現靈蛇化成男

　　女二人。二蛇神生二子，為人之祖。

本則傳說故事謂，竹中生靈蛇化成男女二人者的發生地點，是在
pinabaokatsan 地方的一根竹子。

《民族所集刊》，引自《排灣族信仰體系》，許世珍：（註三七）

　　昔日，有男 salimudzudo 和女 sarumai 二人，由竹子出生，

　　為本社的祖先。

本則傳說故事謂，由竹子直接生出的男女二祖是男 salimudzudo 和
女 sarumai 二人。

查敖保爾群 Atsudasa 社之蛇生人傳說云：（註三八）

　　昔日，大武山上一根竹子裂開，竹中出現靈蛇化成男女二

　　人。二蛇神生二子，為人之祖。

靈蛇神話，有許多不同的版本和相關的傳說故事，同時也十分鮮活地流傳在魯凱族部落的口傳文學之中。（註三九）

七、排灣族石生創世神話

排灣族東部，巴卡羅群太麻里社，位於卑南族，自認受其文化影響甚深。其始祖創生傳說亦異於排灣族中心地帶諸社的卵生說，主要其祖先是由石頭裂開而出生的。……同類的始祖創生傳說，還分布於排灣北部接近魯凱族的拉瓦爾亞群，南部查敖保爾群，巴利澤利敖群的部分村社。（註四十）

吳燕和《台東太麻里溪流域的東排灣人》載「giren 家祖先的來源」：（註四一）

> giren 家的祖先是從大石出生的，從前有一個男人看見一塊狀似懷孕婦人的大石，就用槍刺它，於是由石中生出一男一女，兩人同時抓著槍出來的。這就是 giren 家的祖先。

本則傳說故事是 kalatalan 社 giren 家祖先的創生神話傳說，giren 家的祖先是從石中生出的一男一女所繁衍。

有一塊狀似懷孕婦人的大石，一位男子用槍刺它，從大石中生出一男一女，同時抓著槍出來，此即 giren 家的祖先。

簡榮聰〈台灣排灣族的竹子崇拜〉載：（註四二）

> 排灣族的祖先起源於今之知本主山。在很古時候有位女神，名「奴奴拉歐」，降於知本主山的「帕那帕那樣」地方，右手捧石，左手持竹；女神投其石，石即分裂，產生出一神人，即為今之金山（按：金峰）、達仁兩鄉與大南社人的同一祖先。女神又將竹直立於地，由竹的上節，又產生出女神，名「帕康世魯」，竹的下節也產生出一男神，名「帕康馬拉」，有此男女兩神後，才傳下本地排灣族的後代。

本則傳說故事謂有一位女神名字叫做「奴奴拉歐」，下降於知本主山的「帕那帕那樣」的地方，祂右手捧石，左手持竹。

女神把右手捧的「石頭」丟到地上，石頭裂開，生出一位神人，這就是今之金峰、達仁兩鄉與大南社人的祖先。

女神又把左手拿的「竹」直立於地，竹的上節生出女神「帕康世魯」，竹的下節生出男神「帕康馬拉」。男女兩神傳衍排灣族的後代。

陳國鈞《台灣土著社會始祖傳說》載：（註四三）

> 台東排灣族說他們的祖先起源於知本主山。在很古時候有位女神降於知本主山的怕拉怕拉樣地方，女神投其石，石分裂產生一神人，即為今金山（按：金峰）、達仁兩鄉與大南社的同一祖先；女神將竹直立於地，由竹的上節，又產生一女神，竹的下節也產生一男神，有此男女兩神後，才傳下本地排灣族的後代。

本則傳說故事與上則傳說故事相似。

林道生《台灣原住民族口傳文學選集》載排灣族卑南社創世神話：（註四四）

> 從前，在帕拿帕拿樣（panapanayan）的地方出現了一位女神，右手握石，左手持竹。不久，女神投出了右手的石頭，石頭落地裂開為兩半，從中出現了一位神人，這就是後來台東馬蘭社人的祖先。又過了一些時日，女神再度把左手所持的竹子用力豎立地上，這時從竹子上方的節出現了一位女神叫帕空賽 pakonseru，然後從下方的節也出現了一位男神叫帕科馬來 pakcmarai，這兩位神人就是卑南社人（台東縣）的祖先。後來二神結為夫妻，生下了帕洛卡厄 parogao 男神及帕卡斯卡絲 pakasukasu 女神，他們的後裔有拉俄拉俄依斯 raolaoisu 男神及瑟拉嘎絲 soragasu 女神。此二神又生下帕洛卡厄 paragao 男神、帕卡斯卡絲 pakasukasu 女神、帕坷拉西 pakorashi 女神，帕拉比 parapi 男神，四位男女神。其中帕拉比與帕坷拉西的婚姻所生

的神子,與從前諸神所生者稍稍有異,其容貌逐漸有了人形,他們的後代也成了普通的人類,就是排灣族社人。

本則故事涉及排灣族人石生與竹生創世神話傳說。故事描述的竹生傳說非常生動、來龍去脈敘說清楚。

《民族所集刊》,引自《排灣族信仰體系》載巴利澤利敖群高士佛社傳說:(註四五)

> 太古時候 kinabakay 處有大石,一日裂開生出男女二人。二人相婚生下眾多子女,但第一胎是蛇,其次是瞎眼兒,再其次亦是有缺陷者……,最後才生下了完整的男女小孩。這對男女小孩成長後相婚,子孫人口驟增,因地方狹小,故一部分人北上赴知本社,為卑南族之祖;其餘者南下成為排灣族之祖先。

本則傳說石生故事謂,有一部分人成為卑南族的祖先,另外有一部分人成為排灣族人的祖先,或許卑南族與排灣族可能有一定的關聯。

小島由道《蕃族習慣調查報告書》(引見陳國鈞《台灣土著社會始祖傳說》)載:(註四六)

> 太古,kinabakan 處有大石,一日裂開生出男女二人。二人相婚生下許多子女,但第一胎是蛇,其次是瞎眼兒,再次是單手或單腳,或無頭的,最後才有完整的男女,地方窄小,一部分北上赴知本社為卑南族之祖,其餘南下成排灣族的祖先。

本則傳說故事基本上與上則故事一樣。

《民族所集刊》,引自《排灣族信仰體系》載太麻里社口碑:(註四七)

> 太古 panapanayan 地方有巨石,巨石內出現一女人 rarigimu,飲該石流出的汗水為生。後來,與大南社人 basakaran 結為夫婦,生下二女。

本則傳說故事謂,巨石出現一女子,該女飲巨石流出之汗水為生,最後與大南社人 basakaran 結為夫婦,生下二女。唯沒有再進一步說明

其所生下二女下落如何了？

龍寶麒〈排灣族的創始神話〉載：（註四八）

「烏拉布勞揚」神 ulapulaujan 在石頭上種了一根竹子。某日，雷將竹子劈開，有個女人走了出來。另一日，雷又將石頭劈開，裡面走出一條蛇。蛇把女人吞到肚裡，生下一對雙胞胎，一男一女，即為排灣族的祖先。

本則傳說故事謂，竹生的女子被石生的蛇吞食，生下一男一女雙胞胎，此即排灣族之祖先。

本故事情節要述如下：

（一）「烏拉布勞揚」神在石頭上種了一根竹子。

（二）有一天，竹子被雷劈開，有一位女人走出來。

（三）又有一天，石頭被雷劈開，裡面走出一條蛇。

（四）石頭走出來的蛇把竹子走出來的女人吞食，結果生下一對男女雙胞胎。此男女即為後來排灣族的祖先。

《邊政學報》，《台灣文獻》，引自《排灣族信仰體系》：（註四九）

有一位叫薩巴拉老介（ulapulalaujan）的神，他種了一根竹子，此竹乃現在排灣族舉行五年節時所用來打藤球的竹子，之後，竹就在他所種的石上發芽長大。一日，雷將竹劈成兩半，裡面有一個女人，她很寂寞，神就要她坐在石上看月亮。又有一日，雷將石頭劈開，裡面出來一條龍，它把那女子吞到肚裡，生下一對雙胞胎，為一男一女，他們就是排灣族的祖先。

本則故事敘述與上則相似，唯本則石生的是「龍」吞食竹生的女子，兩則故事指物不同。本則故事更涉及五年祭所用的「竹」謂即人類初祖「竹生」之「竹」。

以上各種傳說（竹生、石生），大都分布在東排灣群，且說石生始祖的後裔為卑南族，竹生始祖的後裔才為排灣族。又有說竹生蛇，蛇化人為排灣族祖先。若以此說法與族群移動先後觀察，排灣族的「竹生始

祖」傳說可能係受卑南族影響。而可能由於婚姻的關係，使得圖騰祖信仰的混合。（註五十）

洪田浚《台灣原住民籲天錄》載：（註五一）

大母母山坐落在南台灣大武山系的北邊，高二千四百廿四公尺，與霧頭山遙遙相對。大母母山是排灣族的聖山，迄今流傳著有關排灣族拉瓦爾群的起源神話。古時代，大母母山上出現一個陶壺，太陽神看到了，非常喜歡，有意要和陶壺結婚。後來，陶壺被兩位上山來打獵的排灣族兄弟撿回部落，擺在家中供奉。太陽就透過窗戶，照射到陶壺裡面，使陶壺受孕，生出一名男孩，成為拉瓦爾群的頭目祖先。過了不知多久的歲月，這個叫作達瓦蘭部落裡的人，看到遠處森林裡冒著白煙，十個月後，傳出爆炸聲，一名男嬰從石頭裡面生出來，那塊石頭迄今猶在，名叫黛勞。這名男嬰，後來成為達瓦蘭部落的平民祖先。

太陽透過窗戶照射陶壺，陶壺生出一名男孩，成為排灣族拉瓦爾群的頭目祖先。一名男嬰從石頭裡面生出來，後來成為達瓦蘭部落的平民祖先。

林道生《原住民神話‧故事全集（三）》載巴利澤利敖群。高士佛社〈始祖神話石生說〉：（註五二）

太古時候，在基那巴康地方有一塊大石頭。有一天，大石頭裂了開來，走出來一男一女，兩人結婚後生下許多怪胎的孩子：第一胎生了蛇，第二胎雖然有人形但是盲眼，第三胎是單隻手，第四胎是單隻腳，第五胎是無頭的。又過了許多年才生下一對正常的男女。這一對男女又互相結婚，繁殖了許多子孫。由於人口的增加，居住地也顯得擁擠窄小，一部分人便往北方遷移，成了後來卑南族的祖先。其他的人朝南方遷移，成了排灣族的祖先。

本則故事敘述大石頭裂開，走出一男一女，因近親結婚，所以生下許多怪胎的孩子。

林道生《原住民神話·故事全集（三）》載太麻里社卑南社〈始祖神話石生說〉：（註五三）

　　從前，在帕拿帕拿樣地方出現了一位女神，右手掌石頭，左手握竹子。女神用力投出了比較重的石頭，當石頭掉落地上時裂開為兩半，從中走出來一位神人，他就是後來的馬蘭社阿美族祖先。又過了些日子，女神再度把左手握著的竹子用力豎立在地上，從竹子上方的節走出了一位女神叫帕孔賽，然後又從竹子下方的節也走出了一位男神叫帕科馬來。這兩位男女神就是卑南族的祖先。後來兩位神結成夫妻，生下了帕洛卡厄男神及帕卡絲卡斯女神，他們又結成夫妻，生下有拉俄拉俄伊斯蘭神和瑟拉卡絲女神，這一對男女神又互相結婚，生下帕洛卡厄男神和帕卡絲卡斯女神（與祖母同名），還有帕珂拉西女神和帕拉比男神，一共四位男女神。其中帕珂拉西女神和帕拉比男神互相結婚，生下來的神子與從前所生的已經有所不同；其容貌逐漸有了今天的人形。一直到他們後來的好幾代，才成為普通的人類，他們就是排灣族的祖先。

本則傳說故事敘述人類最初是神人，經過幾代繁衍才成為普通的人類。

林道生《原住民神話·故事全集（三）》載太麻里社〈始祖神話石生說〉：（註五四）

　　太古時候，在一個叫帕拿帕拿樣的地方，有一塊巨石。有天，從巨石中走出來一女子，名字叫拉利基姆。拉利基姆以飲用從巨石滴下來的水生活。而在附近的大南社有個叫巴沙卡朗的男子。拉利基姆便與巴沙卡朗結為夫妻，生下露貝露貝與莎莎二女。露貝露貝長大了，嫁給同為大南社的阿利馬拉俄，生

下一女叫賈賈。賈賈長大後嫁給西洋人波克索，生下卡庫賽。
卡庫賽長大後跟隨賈賈回到大南社，但是由於是混血兒，面貌
異於卡庫賽，被誤以為是外國人而遭到逮捕成了俘虜。他的父
親波克索聽到了消息，大為憤怒的去大南社挑戰，不幸敗死。
阿利馬拉俄與露貝露貝夫妻之間，除了生有賈賈之外，又生了
巴諾諾康（男）、凱瓦滋索（男）、帕多利安（女）三個孩子。哥
哥巴諾諾康與妹妹帕多利安結婚，可是生下的孩子都是缺耳、
單鼻孔的不健全孩子。因此妹妹帕多利安進入深山，潔身祈禱
五日，第六天下山回來，重新過夫妻生活，才生下正常又英俊
的男孩西卡西卡俄，女孩特柯。他們數代之後，有一個叫拉那
俄的娶了阿利莫，生了拉尤俄。長大後與阿拉路拉康結婚生下
特柯（與父同名），達那巴斯，達那巴斯娶基姆奈，生下了特柯
（與祖先同名）、普那柳、巴萊拜的一男二女。普那柳做了卑南
社的女婿，巴萊拜嫁到知本，所生的長女特柯（延用祖父名）
一直留在太麻里社，生下私生子帕卡倫。帕卡倫後來與烏拉路
社的莎烏拉路易成了夫妻，生了特柯（與祖父同名），與魯曼二
子。特柯在卑南社娶了瑪露嘉娜，生了阿利馬拉俄。阿利馬拉
俄娶了拉露伊蘭，生下特柯（與祖父同名）。特柯娶姆那倫，生
了德馬拉沙俄。德馬拉沙俄娶卑南社的利康，生了達努巴。達
努巴娶了拉露伊蘭，生下鐵烏勇。鐵烏勇當了頭目。

八、排灣族蛇生人創世神話

排灣族人認為「蛇」是其祖先，所以極為崇拜百步蛇，在排灣族的
日常生活中處處可見百步蛇的圖騰。

凡是有蛇蛋生祖先或蛇生人、蛇化成人的始祖創生神話的諸社，都
崇拜蛇，而殺害蛇的行為因而成為一種禁忌。（註五五）

《民族所集刊》，引自《排灣族信仰體系》載布曹爾亞群佳平社、
Oalus 傳說：（註五六）

> 昔日洪水襲來，淹死所有人畜，當時有一神靈入山看見蛇
> 卵，仔細觀察，見卵內有人形影子，後來蛋破而出現人，是我
> 們的祖先。

此則說明洪水侵襲大地的時候，淹死了所有的人畜，當時就有一位
神靈入山看見了蛇卵，經過仔細的觀察，看見卵內有人形的影子，後來
蛋殼破了，而出現了人。

排灣族頭目的由來，有一則美麗的故事，高橋正男原著、黃啟明翻
譯〈查利先的祖先〉載：（註五七）

> 很早很早以前，神在眾多的蛇群中選出最美麗的一條，而
> 把自己的氣吹向牠的錦卵後，命那條蛇孵化變成人，於是由
> 兩個卵生出一男一女，長大後成為排灣族的頭目家。神看到此
> 情此景，既滿足又歡喜，為了保護此二人，命那條蛇不讓任何
> 東西接近他們，並授權對那些靠近的惡者，以利齒咬之使之百
> 步內倒斃，於是在蛇的保護養育下，他們二人順利成長結為夫
> 婦，成為爾後頭目家的始祖。由於這個緣故，排灣族人至今看
> 見蛇絕不去殺害牠，不管是什麼蛇，不巧遇見時便閉目冥想讓
> 牠快速通過。畢竟百步蛇猶如生出頭目祖先的功勞者，是蛇族
> 之王，故對此王族以及其臣下的各種蛇類均表示無限的敬意。
> 自那之後，凡欺凌蛇的人，必照神所說的以毒齒咬人，置人於
> 死地；雖是這樣，蛇並不無緣無故咬人，於是在自身有難時才
> 咬人的習性，成為蛇對人的一種禮遇。

本則故事謂，頭目家的始祖是蛇卵生人，因此排灣族尊重蛇類。
排灣族在刀柄、刀鞘、其它器物、柱子簷宇等處，都有各種的雕
刻，惟獨蛇的雕刻，只有頭目家才可以有，這表示蛇是頭目家的徽
標。（註五八）

林建成〈排灣族蛇情誼〉載有兩則百步蛇的故事：（註五九）

　　族人相信混沌初開時在「考加包根」山頂上，太陽生下了

兩個卵，並且由百步蛇生出了男女兩神，他們的後代就是貴族

頭目。

本則故事明白指示排灣族貴族頭目的祖先，是在世界混沌初開時在

「考嘉包根」之山頂上創生。

另一則：（註六十）

　　「皮那巴敖加桑」地方，出現一條大蛇，分別化成男女兩

蛇神，產下的後代就是排灣族祖先的起源。

本則故事謂，排灣族的祖先創生於叫做「皮那巴敖加桑」的地方，

是一條大蛇化成男女，此即排灣族之始祖。

簡榮聰〈百步蛇──排灣族的圖騰〉有二則傳說：（註六一）

　　昔日，大武山上一根竹子裂開，裡面生出許多蛇，蛇成長

後化成人，是我們的祖先。

本則故事指出，排灣族的祖先是大武山上一根竹子裂開生出許多

「蛇」，蛇長大後化成人，變成了排灣族的祖先。

另一則：（註六二）

　　昔日洪水襲來，淹死所有人畜，當時有一神靈入山看見蛇

卵，後來蛋破出現人，是我們的祖先。

本則故事謂，排灣族的祖先是在洪水氾濫後，山上的蛇卵蛋破生出

排灣族人的祖先。

　　排灣族的傳說，都將蛇當成人類的本源。蛇既是人類的祖先，因此

將百步蛇雕刻立柱，在生活文物中雕飾不僅其來有自，且蘊涵對百步蛇

的崇拜。百步蛇可以說是台灣排灣族的圖騰。

　　排灣族頭目家，對於家族的起源總是一再特別強調，目的是在彰顯

家族或個人的地位，如太陽之子、陶壺的後代、百步蛇的後代等等的傳

說。貴族與平民的起源來自不同的神話傳說，更確定了階級的世襲性。

　　相傳遠古時候，百步蛇在陶壺裡孵了一個蛋，陶壺受到太陽光的照射日漸長大，終於分裂為二，誕生了一名男嬰，這名男嬰由部落特定家族撫養長大，後來被尊為頭目。

　　本則故事或許是後來排灣族人把太陽、百步蛇和陶壺視為頭目象徵物的濫觴。

　　排灣族人是藝術天分相當高的民族，人與蛇是他們最常用的圖形，他們的人像圖形取自於男性造形，顯示他們是一個以男性為中心的社會結構，而蛇則是來自於排灣族人對蛇的崇敬，和有關百步蛇的種種神話傳說。

　　從前的時候，有另外一族的人，趁著排灣族人出草的時候，侵入了排灣族的村落，後來出草的族人返回村社時，赫然發現村子內有許多敵人的屍體，每具屍體都中了百步蛇的劇毒，於是排灣族人都相信這是百步蛇保護他們的村落，因此世代尊奉百步蛇為保護神。

　　本則傳說或許是排灣族人對於百步蛇的崇拜的原因之一，因為百步蛇曾經救過排灣族人。

　　《民族所集刊》，引自《排灣族信仰體系》載北排灣群古樓社傳說：（註六三）

　　昔日，Amawan 社有一女神，某日乘鞦韆盪遊，盪得過甚，鞦韆斷而掉入穴中，降入下界去。後來，穴中另外出現一女神，亦居住於該社。該女神與瑪家社人 puraruraruyay 交遊，一日，puraruraruyay 口渴，女神出去提水，路上撿得百步蛇蛋和龜殼蛇蛋各一枚攜帶回來。不久百步蛇蛋生出頭目家祖先，龜殼蛇蛋生出頭目輔臣（平民）祖先。互婚而生的小孩只有一鼻孔和半個嘴，因此迄今，頭目家與平民家禁婚。

　　一女神撿得百步蛇蛋和龜殼蛇蛋各一枚，百步蛇蛋生出頭目家祖先，龜殼蛇蛋生出頭目輔臣（平民）祖先。其次，亦述及頭目家與平民家禁婚的原因。

《民族所集刊》，引自《排灣族信仰體系》載：（註六四）

　　昔日，在 pinabaokatsan 有一根竹子，竹中出現靈蛇化成男女二人，二蛇神生二子，為人之祖。

本故事謂，竹中出現的靈蛇化成男女二人，二蛇神生下了後代，就是人類的祖先。

林道生《原住民神話・故事全集（三）》載布曹爾群社〈始祖神話蛇生說〉：（註六五）

　　太古時候，一次大洪水的氾濫把大地所有的人類和動物通通淹死了，再也看不到活的生命。有一天，一位神靈在山頂上看到一枚蛇卵，祂覺得奇怪而靠近仔細查看，神的眼睛放射出靈光直透進入蛇卵內，看見有一個人形。不久，蛇卵經由陽光的照射而破裂，從裡面走出一個人來，他就是排灣族貴族的祖先。

本傳說云，蛇卵經由陽光的照射而破裂，走出一個人來，就是排灣族貴族的祖先。

林道生《原住民神話・故事全集（三）》載布曹爾群社〈始祖神話蛇生說〉：（註六六）

　　從前，在阿瑪灣社的天上居住著一位女神，閒來無事盪著鞦韆玩。盪呀盪的盪到忘我的狀態，終於盪得過高的繩索「叭啦」一聲斷了，從雲穴中掉落到下界。女神掉落到瑪家社，認識了普拉路樣。有一天，普拉路樣口渴，女神為他去提水。在回來的路上撿到兩枚蛇卵，一枚是百步蛇的卵，另一枚是龜殼花蛇卵。女神把兩枚蛇卵帶回家，經過日曬後百步蛇的卵殼破裂走出來一個人，他就是頭目的祖先。不一會，龜殼花蛇的卵殼也破裂走出一個人，他就是平民的祖先。頭目和平民結婚，生下的孩子只有一個鼻孔，半個嘴巴的殘缺的身體，從此頭目和平民之間的婚姻便成了禁忌。

本則故事敘述百步蛇的卵是頭目家的祖先，龜殼花蛇的卵是平民的祖先。

林道生《原住民神話・故事全集（三）》載巴利澤利敖群牡丹社〈始祖神話蛇生說〉：（註六七）

　　太古時候，大武山上許多竹子中的一根，有一天忽然爆裂開來，從裡面爬出來許多小蛇。這些小蛇長大後都變成了人，他們就是排灣族的祖先。

本則故事說明竹子爆裂後，爬出許多小蛇，這些小蛇長大後都變成了人，此即排灣族的祖先。

林道生《原住民神話・故事全集（三）》載查敖保爾群阿斯達社〈始祖神話蛇生說〉：（註六八）

　　從前，在北那保卡山上有一根竹子，有一天從竹子中爬出來兩條靈蛇，後來化成為兩位男女。這兩位蛇神結成為夫妻生下二子，他們就是人的祖先。

詩人莫那能的詩作也帶入神話中的百步蛇，〈百步蛇死了〉：

　　百步蛇死了

　　裝在透明的大藥瓶裡

　　瓶邊立著壯陽補腎的字牌

　　逗引著在煙花巷口徘徊的男人

　　神話中的百步蛇也死了

　　牠的蛋曾是排灣族人信奉的祖先

　　如今裝在透明的大藥瓶裡

　　成為鼓動城市慾望的工具

　　當男人喝下藥酒

　　挺著虛壯的雄威探入巷內

　　站在綠燈戶門口迎接他的

竟是百步蛇的後裔

一個排灣族的少女

九、排灣族狗生人創世神話

《民族所集刊》，引自《排灣族信仰體系》載：（註六九）

太古有一條狗，夾在兩棵大樹之間，生人，即為我們的祖先。迄今，本社裡對狗之殉葬極為重視。若任意遺棄狗屍，則全社會流行感冒。

本則傳說故事謂，太古一狗生人，即為排灣族的祖先，所以排灣族人非常珍視狗，葬狗亦甚慎重，否則會遭到全社流行感冒。

十、排灣族神生說與神造人說創世神話

《邊政學報》，《台灣文獻》，引自《排灣族信仰體系》，龍寶麒：（註七十）

一日，天神與另二位男女神由天而降，住了些時日並生下後代，就是排灣族的祖先。後來，諸神就又回到了天上，故五年節時要用竹竿和藤球打擊，給神看見以祈神保佑有好日子過。

本則故事謂，排灣族的祖先是天神與另二位男女神所生之後代。本則故事亦涉及五年祭刺球是為了給神明看到，以祈求神明保佑。

《邊政學報》，《台灣文獻》，引自《排灣族信仰體系》，龍寶麒：（註七一）

古時，天地二神由天順著雨水降至地面，之後，二神在今東部中央山脈大武山頂居住，並開始創造世界萬物。後來，又創造下一個真人，其人並非神，而是承神之命，開始繁殖排灣族人，教人民耕田、播種、狩獵、捕魚等，以及語言和哲學思想與格言，排灣族尊他為實際的祖先。

本則故事謂，排灣族的實際祖先是天地二神所創造的真人。本則故事也涉宇宙萬物的創造，是由曾居大武山頂的天地二神所創造。

十一、排灣族泥生創世神話

許功明、柯惠譯《排灣族古樓村的祭儀與文化》載：（註七二）

> 從前在 tjagarhaus（大武山）山上有一個泥團，有一次，一隻狗對著這個泥團汪汪叫，和在旁邊的一隻貓起了爭執，於是，貓就用爪子把泥團抓破，結果，從破的泥團中先後出現了兩個人：即 rariguan 和 lemej。……

這是一則排灣族古樓 tjiluvekan 頭目世系來源之口傳，rariguan 和 lemej 是兩兄弟，是大武山上泥團破裂化生成人類的祖先。

泥團之破裂生人，乃由於一隻狗對著這個泥團汪汪叫，與一隻貓起了爭執，於是，貓就用爪子把泥團抓破而生出人。

十二、排灣族天神與地神創世說

排灣族對於祖先極為敬畏、崇拜，大部分族人對他們祖先姓名、事蹟等可以追憶至十數代或更多，這一觀念充分表現在他們住屋的雕刻及日常所使用的器皿之浮雕圖紋及人像上。排灣族有許多神話，相傳他們的祖先是由天神和地神結合而生，其他神靈也被認為是祖先的化身。他們所信奉的神計有：天神、地神、命運神、農神、狩獵神及司法神等。（註七三）

十三、排灣族其他創世神話

《民族所集刊》，引自《排灣族信仰體系》，許世珍：（註七四）

> 太古，有一隻狗於溪邊飲水，突然溪底冒煙而出現男女二人。女名不詳，男名 ritsan 是為本社的祖先。

本則故事因狗飲水，引起溪底冒煙出現男女二人，這就是排灣族的祖先。自古以來狗一直與人類為伍，可能就是這個原因吧！

《民族所集刊》，引自《排灣族信仰體系》，許世珍：（註七五）

昔日，有 satakaraws 者從大武山降下，與平地來的 sachijoka chijoka 相婚，開設部落於該地，為 iraboru 家之祖。

十四、排灣族萬物之神

《桃源鄉鄉誌期末報告》載〈萬物之神〉：（註七六）

在遠古時期，太陽神在大武山山頂落下一紅一白的蛋，命令百步蛇要好好保護這兩個蛋。過了不久，從這兩個蛋裡孵出了一男一女，男的叫普普龍（puapualun），女的叫恰姆吉（charmugi），這兩位就是排灣族貴族的祖先。雖然有了人類，但是兩個人畢竟太寂寞了，於是他們便向太陽神祈禱，希望世界上以多一點的生物來與他們作伴。太陽神答應了他們的請求，便又落下兩個蛋，從這兩個蛋孵出了一位叫那麻達悟（Namatawoo）的男神與叫作那麻猶她（Namayutac）的女神。這兩位神長大後，只要男神叫一聲生物的名字，女神便會生下男神叫的生物，例如男神叫一聲「山羊」，女神便會生下山羊；男神說「樹木」，女神便會生下一棵樹苗，就這樣天下的萬物就生成了。所以在排灣族太陽、百步蛇與祖先都是族人最崇敬的。這是一則宇宙天下萬物生成的創生故事。

註釋

註一：劉寧顏總纂《重修台灣省通志・卷三住民志同冑志》第一冊，1995年5月。

註二：鄭元慶〈在時空中定位：解開原住民的身世之謎〉，載於《台灣原住民文化（一）》，台北，光華書報雜誌社，1994年8月。

註三：同註一。

註四：古廬〈千古生命古陶壺：撒古流讓排灣子民文化重現〉，《台灣日報》。

註五：李嘉鑫〈陶壺女嬰與蛇神生子〉，《中國時報》，1998年。

註六：同註五。

註七：鄭元慶〈台灣原住民傳奇〉，載於《台灣原住民文化（一）》，台北，光華書報雜誌社，1994年8月。

註八：內政部委託台灣大學人類學系研究《台灣山胞各族傳統神話故事與傳說文獻編纂研究》，1994年4月30日。

註九：同註八。

註十：同註一。

註十一：同註一。

註十二：蔣斌主編，中央研究院民族學研究所編譯《番族慣習調查報告書・第五卷》，2003年10。

註十三：高淵源《台灣高山族》，台北，香草山出版有限公司，1977年。

註十四：許功明、柯惠譯《排灣族古樓村的祭儀與文化》，台北，稻鄉出版社，1998年9月。

註十五：范純甫主編《原住民風情》，台北，華嚴出版社，1996年8月。

註十六：王孝廉《中國的神話世界》。

註十七：同註八。

註十八：同註八。

註十九：同註八。

註二十：洪英聖〈認識台灣先住民〉。

註二一：《台灣省通志》卷八〈同冑志・固有文化篇〉第二冊，南投，台灣省文獻會，1972年6月30日。

註二二：同註八。

註二三：林道生《原住民神話・故事全集（三）》，台北，漢藝色研文化公司，2002年12月。

註二四：同註二三。

註二五：范純甫主編《原住民風情（下）》，台北，華嚴出版社，1996年8月。

註二六：同註二五。

註二七：同註八。

註二八：同註一。

註二九：簡榮聰〈百步蛇：排灣族的圖騰〉，《聯合報》，1996年。

註三十：簡榮聰〈台灣排灣族的竹子崇拜〉，《台灣新生報》，1998年。

註三一：同註十二。

註三二：同註三十。

註三三：同註三十。

註三四：佐山融吉氏《蕃族調查報告書》。

註三五：衛惠林氏《台灣風土志》下篇。

註三六：同註八。

註三七：同註八。

註三八：同註一。

註三九：孫大川《神話之美：台灣原住民之想像世界》，行政院文化建設委員會，1997年6月。

註四十：同註一。

註四一：吳燕和《台東太麻里溪流域的東排灣人》，台灣南港，中央研究院民族學研究所，民族學研究所資料彙編，第7期，1993年4月。

註四二：同註三十。

註四三：陳國鈞《台灣土著社會始祖傳說》。

註四四：林道生《台灣原住民族口傳文學選集》，花蓮縣立文化中心，1996年6月。

註四五：同註八。

註四六：小島由道《蕃族習慣調查報告書》（引見陳國鈞《台灣土著社會始祖傳說》）。

註四七：同註八。

註四八：同註八。

註四九：同註八。

註五十：同註三十。

註五一：洪田浚《台灣原住民籲天錄》，台北，台原出版社，1995年5月。

註五二：同註二三。

註五三：同註二三。

註五四：同註二三。

註五五：同註一。

註五六：同註八。

註五七：高橋正男原著、黃啟明翻譯〈查利先的祖先〉，1932年2月1日刊於《理蕃之友》。

註五八：同註五七。

註五九：林建成〈排灣族蛇情誼〉，《台灣時報》，1994年12月27日。

註六十：同註五九。

註六一：同註二九。

註六二：同註二九。

註六三：同註八。

註六四：同註八。

註六五：同註二三。

註六六：同註二三。

註六七：同註二三。

註六八：同註二三。

註六九：同註八。

註七十：同註八。

註七一：同註八。

註七二：同註十四。

註七三：龍寶麟〈台東縣達仁鄉排灣族的宗教信仰〉，《台灣文獻》第19卷第4期，1998年。

註七四：同註八。

註七五：同註八。

註七六：高雄縣桃源鄉公所《桃源鄉鄉誌期末報告》，國立高雄應用科技大學，2003年。

排灣族聖山與
遺跡口傳文學

第二章

　　台灣許多原住民族多有口傳的發祥起源聖山，如布農族、鄒族相傳發祥起源於玉山，泰雅族發祥於白石山、大霸尖山等，賽夏族亦發祥於大霸尖山，排灣族則發祥於大武山。

　　稱為「大武山」，其實在語意上會比較不準確。因為屬於中央山脈最南端的大武山群裡有北大武山、南大武山、衣丁山、茱仁山、霧頭山等，就沒有一座稱大武山。而一般人叫慣了的「大武山」，指的應是其中最高的北大武山。大武山群有名，另一個主要原因是因為這裡是排灣、魯凱、卑南三個原住民族的發源聖山，不但是原住民族的祖靈所在地，而且還流傳著不少神話。大武山區自古以來野生動植物就很豐富，從前更是原住民獵場。（註一）

　　大武山是排灣族的發祥地，他們認為人死之後靈魂會回到大武山去。

一、排灣族聖山傳說故事

陳佩周〈大武山群：排灣、魯凱、卑南原住民精神廟堂〉：（註二）

　　本來大武山群的每一座山都一樣高，後來北大武山騙大家說：「我們太高了，大家一起降下來吧！」結果所有的高山都如約往下降，只有北大武山不動，就成為大武山群中最高的山了。

　　本則傳說故事謂，原來大武山群的山勢是等高的，北大武山騙諸群山一起下降，結果受騙的諸山變矮了，北大武山變成了最高的山。是一則非常有趣的故事。

林道生《台灣原住民族口傳文學選集》載下排灣社〈大武山〉：（註三）

　　從前，在下排灣社後面有一座特馬巴拉巴萊山（tomapalapalai），它與大武山一樣的高。有一天，兩座山都認為這樣不好。大武山說：「喂！我的鄰居特馬巴拉巴萊山呀！兩座高山並排在一起，看起來並不怎麼好看，應該要低一點才好！」特馬巴拉巴萊山說：「對呀！我也覺得兩座高山並排在一

起不好看！」大武山說：「讓我們都變低一點看看？你先變吧！你的能力向來很強。」特馬巴拉巴萊山不知道是大武山的陷阱地說：「好！你看我怎麼變的！」特馬巴拉巴萊山一下子就變低了。大武山看著變低了的特馬巴拉巴萊山，自己很高興地不願變低，仍然矗立在那邊。可是特馬巴拉巴萊山後來雖然知道上了當，但是已經變不回來了，因此大武山到今天還是排灣族最高的山。

本則傳說故事敘述，排灣族聖山大武山與特馬巴拉巴萊山一樣的高，有一天，相約變低，特馬巴拉巴萊山先變低，但是大武山並不願意變低，因此變成排灣族最高的山。特馬巴拉巴萊山雖然後悔，但是已經不能再變高了。

本則故事有兩座山的對話，饒富可愛。「kavoroan」是屏東大武山的土名，有「視野非常廣闊」之意。這座標高 3090 公尺的高山，是排灣族祖先的發祥地。

范純甫主編《原住民傳說（上）》載〈大武山和霧頭山比高〉：（註四）

> 從前，大武山和霧頭山是兄弟，弟弟的大武山比哥哥的霧頭山較低一點。有一天，大武山對霧頭山說：「哥哥，你可不可以彎低一下身子？哥哥聽見弟弟這麼說，就點頭把自己縮低了。弟弟看見了很歡喜，趁此機會就伸長身子。自此變成了大武山比霧頭山高啦。

本則傳說故事敘述，排灣族聖山大武山要詐，他叫哥哥彎低一下身子，而自己卻趁機伸長身子，從此就比哥哥霧頭山高啦。

《原語による台灣高砂族傳說集》，小川尚義、淺井惠倫著（昭和十年），余萬居譯：（註五）

> 古時，那 tomapalapalai 山和大武山都很高，他們說：「這不行！」大武山向 tomapalapalai 山說：「快變低吧！」tomaplapalai 山向大武山說：「好！快！快！你先變低！」大武山說：「不！

你才要先變低！」tomapalapalai 山聽了大武山的話，矮了下去（但是大武山未矮縮），因此大武山顯得高了。大武山之所以高，其因在此。

本則傳說故事與前幾則故事相似，都謂大武山耍詐，變成了最高的山。

《邊政學報》，《台灣文獻》，引自《排灣族信仰體系》，龍寶麒：（註六）

> 排灣族的祖先為一對住在大武山的兄妹，當時尚無其他人類的出現，為了繁殖人類，他們兄妹二人結成夫婦。但天神為處罰其亂倫的婚姻，他們第一代至第三代的孩子，都是畸型兒，直至第四代時方為完整的人。故現在排灣族有四親之內禁婚的倫理觀念。

本則傳說故事謂，排灣族最早的祖先是居住在大武山，人類自此繁衍，排灣族人經歷兄妹近親結婚慘痛的結果，為生育優良的後代，最後發展出四親之內禁婚的倫理道德。

范純甫主編《原住民傳說（上）》載〈兄弟山〉：（註七）

> 從前有一對夫婦，生了克利里和布拉爾陽兩個兒子，母親偏愛小兒子布拉爾陽，一點也不愛大兒子克利里，而且常常虐待他。有一天，兩個兒子要和社人去狩獵，母親就在哥哥飯裡放了些頭髮，弟弟的飯裡卻放了好吃的肉。兄弟兩個人在山上吃飯時，哥哥因飯裡雜有頭髮不能吃，非常失望，悲痛的說：「我寧可不回家，以免常被母親打罵。」說罷，變成了一座山。弟弟自己一個人也不想回去，也就同樣地變成了山。這就是大武山和霧頭山。

本則傳說故事謂，大武山和霧頭山原來是一對兄弟，但是因為母親虐待哥哥，所以兄弟變成了兩座山。

二、神人沙布路康的白色砥石

林道生《台灣原住民族口傳文學選集》載德文社〈瓦利瓦利巫的白石〉：(註八)

　　從前，在天界住著一位叫沙布路康的人。有一天，他的父母去田裡工作，沙布路康留在家裡跟朋友在轉動圓珠球玩。不一會，圓珠卻不見了。沙布路康說：「唉！朋友，圓珠到那裡去了？」沙布路康便順著圓珠下去的洞也到了下界。下界有個部落。沙布路康問部落的人：「我的圓珠那裡去了，你們有誰看到嗎？」下界的人回答：「我們都不知道，你去問達杜葛勞婆婆吧！」沙布路康找到達杜葛勞婆婆問：「你可曾看到我的圓珠？」達杜葛勞婆婆回答說：「我不知道！」這時候，沙布路康忽然看到在她的床鋪底下有圓珠，拿起來以後對婆婆說：「圓珠就在妳床鋪底下呀！」婆婆回答：「我並沒有看到圓珠在那裡！」沙布路康對婆婆說：「我要在妳這裡留下來住。」而自己留下來。過了幾日，沙布路康對婆婆說：「人們都說要去河裡捕魚，我要帶些什麼好呢？」達杜葛勞告訴他：「你要帶鍋去！」沙布路康照達杜葛勞婆婆的話帶了鍋去河邊捕魚。其他人都捕捉不到什麼魚，唯有沙布路康捕的魚多得那挑不動了。又過了幾天，沙布路康又問婆婆：「大家都說要去打獵，我要帶些什麼好呢？」達杜葛勞婆婆聽了說：「你就帶我的箴去吧！」當沙布路康到了獵場，卻聽見有人說：「哦！伊！我的朋友們，你們千萬不要跟沙布路康在一起！他帶著女人的箴，對打獵是很不吉利的！」大家都是幾個人為伍地打獵，只有沙布路康孤獨地一個人在追捕獵物。結果，大家都沒有捕捉到，空手而回，只有沙布路康滿載而歸。又過了幾天，部落的人又要去打獵，沙布路康仍然請教達杜葛勞婆婆，得到的答案

還是要帶婆婆的箴去打獵。在獵場，大家又因為沙布路康帶著
女人的箴而不願意跟他同行。結果大家獵不到野獸，只有沙布
路康獵到許多野獸。而引起人們的嫉妒與不滿，大家正偷偷地
商量要把沙布路康給殺了。卻被沙布路康聽到，於是趕緊到部
落告訴達杜蔦勞婆婆說：「部落的人要殺害我，我現在就回天
界去！」婆婆說：「不！沙布路康，你留在這裡。別去管他人
怎麼說。」但是沙布路康仍然堅持回天界去。達杜蔦勞也就同
意了。於是，沙布路康把祂從天上攜帶來的小砥石（磨石）豎
立在地上，砥石一下子長大又長高地直通到天界。沙布路康拿
著他的圓珠，然後對達杜蔦勞說：「妳嚼著這一顆檳榔，當吐
出來的檳榔屑乾了的時候，就趕快躲到床鋪底下隱藏起來。」
沙布路康說完了話，便從砥石登上天界。到了天界便用腳把砥
石踩斷。這時候，一聲巨響，瓦利瓦利巫部落的人便統統死
了。只剩下達杜蔦勞婆婆一人。沙布路康回到天界，他的父母
親責問他：「你到底去那裡呀！我們以為你已經死了呢？原來
你還活著呀！」而高興起來。沙布路康告訴家人：「我掉了圓
珠，所以就追著圓球到了下界，住在達杜蔦勞婆婆那裡。後來
險些被部落的人給殺了，因此趕緊回到天界來。」父母親聽了
說：「如果你在下界死了，我們也不會知道。」說完喜極而泣。
今天，在瓦利瓦利巫部落附近的口社之地有一塊白石頭，就是
沙布路康那時候遺留下來的砥石。

　　本則傳說故事是天上的神子沙布路康下凡人間的奇異記，當祂回到
天庭，用祂從天上攜帶來的小砥石（磨石）豎立在地上，砥石一下子長
大又長高地直通到天界。「今天，在瓦利瓦利巫部落附近的口社之有一
塊白石頭，就是沙布路康那時候遺留下來的砥石」。

　　本則傳說故事情節要逃如下：

（一）天上的神子沙布路康，父母去田裡工作，祂在家與朋友在轉
　　　動圓珠球球玩。

（二）可是，圓珠卻不見了。祂順著圓珠下去的洞到達了下界人間。

（三）沙布路康在達杜葛勞婆婆床鋪底下找到了圓珠。沙布路康對
　　　婆婆說：「我要在妳這裡留下來住」。因此自己留了下來。

（四）過了幾日，人們說要去河裡捕魚，沙布路康也跟著去，但是
　　　不知道要帶些什麼？婆婆告訴祂說：要帶鍋去！其他人都捕
　　　捉不到什麼魚，唯有沙布路康捕的魚多。

（五）又過了幾天，大家都說要去打獵，婆婆告訴祂說：帶我的箴
　　　去吧！大家都覺得祂帶著女人的箴，對打獵是很不吉利的！
　　　因此不跟祂為伍，但是，大家獵不到野獸，只有沙布路康獵
　　　到許多野獸。

（六）社人嫉妒與不滿沙布路康，大家正偷偷地商量要把沙布路康
　　　給殺了。卻被沙布路康聽到。所以祂決心要回天界去。

（七）沙布路康用小砥石（磨石）豎立在地上，砥石一下子直通到天
　　　界。這是祂到天庭的登梯。

（八）沙布路康拿著祂的圓珠，臨走前對達杜葛勞說：「妳嚼著這一
　　　顆檳榔，當吐出來的檳榔屑乾了的時候，就趕快躲到床鋪底
　　　下隱藏起來」。

（九）「沙布路康說完了話，便從砥石登上天界。到了天界便用腳把
　　　砥石踩斷。這時候，一聲巨響，瓦利瓦利巫部落的人便統統
　　　死了。只剩下達杜葛勞婆婆一人」。

（十）沙布路康又回到天界生身父母的身邊。

《原語による台灣高砂族傳說集》，小川尚義、淺井惠倫著（昭和十
年），余萬居譯：（註九）

　　　曾有 Sapuluyan 者在天上，父母下田去；他在家，跟著朋
友玩球，球不見了。他沿著球的方向找去，到了下界。他問

社人，沒人知道他的球，他們叫他去問 dadiyirau 的老太婆。

他去了，老嫗說：「我不知道！」可是 sapuluyan 在床下找到，

sapuluyan 說他想住下來。於是他便住下來了。一天，大家去捕

河魚，他問，應帶什麼？老太婆說：「鍋子的把手！」結果，

只有他一個人是帶著魚回家。還有一次，大家去打獵，老太婆

要他帶織棒，但是其他人見到他拿女人的織棒，認為不吉利，

紛紛走開，可是，又只有 sapuluyan 一人有收穫，其他人無。又

有一次，人們去出草，老太婆要他帶織棒，這一次又是只有他

殺人甚多。大家生氣了，起意要殺他。他恰巧聽到了，於是很

難過地對老太婆說：「我恐遭社人毒手，所以想返回天上！」

老太婆留他也不行。他把（攜帶用）小型磨刀石插立地上，使

其長大抵達天上，拿了球（說:）「老太婆，瞧，我嚼的檳榔（吐

出後）乾了，（妳）就躲進床下去！」就往上爬，到了天上，既

達天上，他就踩斷（其柱）。因此，全 valivaliu（其社之名）都

死了，唯 dadiyirau 的老嫗倖存。今在 ralivaliu（在社口附近）之

地的那一塊白石，就是當時 sapuluyan 的磨刀石。

此則故事敘述，住在天上的 Sapuluyan 的孩子玩球，球掉到了下

界，便來下界尋找，結果在 dadiyirau 老太婆的床下找到了，他便住下來

了。後來有人要殺他，他就回天界了，據傳在 ralivaliu（在社口附近）之

地的那一塊白石，就是當時 sapuluyan 的磨刀石。

三、石門的故事

《原語による台灣高砂族傳說集》，小川尚義、淺井惠倫著（昭和十

年），余萬居譯載〈石門〉的故事：（註十）

古有人們去打獵，可是下雨了，所以去住宿石洞（今石

門）裡。但是，雨勢加劇了，（洞上）石頭轟然落下。有個人

說：「我們會被石頭壓死！」（另）一個人說：「沒什麼！我用弓

來撐著！」就（去）撐著，可是（其弓）抗不住（石重），所以睡在洞裡的人都被壓得粉碎而死。話說，他們之間有備受嫌厭的罹患疥瘡者和罹患白癬者睡在洞外。於是，（他們）把人們被壓碎了的事，報知各家人。今稱（石門）為 imatsatsukis（互撐處）是因此之故。

本則傳說故事敘述「石門」地方的典故。

四、頭目家門前六方石的故事

林道生《台灣原住民族口傳文學選集》載內文社〈六方石〉：（註十一）

從前，內文社羅拔尼耀家的祖先沙拉阿茲（Salaats）和位在基那姜社的同伴卡卡哥阿康（Gagagoagan）、阿酒蓬社的帕來來（Palailai）、還有內文社的杜康（Tigon）、卡烏崙（Gavulun）、瓦路安（Valuan）、塔烏比利（Taupili），原先是一起到西尼利皀（Sinilizau）——就是現在的基那姜社的上方，想定居下來設立新的部落。但是，那邊的一隻白狗看了他們要來定居而吠叫的很悽涼，好像在告訴他們西尼利皀不是久住的地方，勸告他們去別的地方居住。一群人便收拾好東西準備繼續往前走。這時候，白狗竟走在他們的前面，好像是嚮導一般地要帶領他們去尋找新居住地。當白狗帶他們走到賈諾馬克（Canomog）的地方便停了下來。眾人以為白狗已經為他們選上了定居的地方，可是過了些時候白狗又吠叫著眾人，好像在催促大家繼續走似地。大家才明白了白狗的意思：原來只是在這裡休息片刻而已，賈諾馬克仍然不是久居的地方。眾人又揹起攜帶的東西，跟在白狗後面繼續走。不久，他們來到了達拉達拉（Dagadaga）的地方，當眾人停下來休息，並且觀察白狗的

表情，大家都在猜想：「白狗是不是要他們居住下來了？」可是過了一會，白狗又帶領他們繼續前進。眾人就這樣的跟著白狗走一走停一停地，走過一個地方又一個地方，來到了現在內文社頭目的家門口。白狗停了下來，不過，這次白狗並沒有休息，而是用它的前腳在挖掘泥土，大家才知道了白狗是要他們在這裡挖地建屋定居下來。大家經過一番討論後立刻動手砍木材蓋起房屋來。當房屋蓋好了，那隻白狗竟在原地不能動彈地死了。後來變成為一塊「六方石」。現在內文社大頭目家門前之有一塊六方石，就是這樣來的。

本傳說敘述內文社大頭目家門前一塊六方石的典故。

五、眼睛會殺人的 palji 留下的手印

《番族慣習調查報告書》載：(註十二)

昔 mavaliu 家有三子，長子名叫 cudjui、次子名叫 palji、三子名叫 puleng。皆未婚而死，故已絕其後。其中 palji 眼紅如火，人被其光射到便立即死亡，所以他經常在家不出戶外。而與家人同處時，須以寢具從頭蓋住，家人都出門後才起來。而家人從外面歸來時，先在屋外咳嗽為號，palji 聞聲後馬上以寢具蒙蔽其臉。其母每天三餐拿飯來時亦如此，母親將飯留下後 palji 才起來用餐。後來社民商量在 sialiljing（在大武山的背面）建造小屋，讓他移居到此地，家人們時時拿食物來此。在此處被他看到的山獸皆死亡。社民攜帶糧食給他的人往往得到那些山獸而帶回。後來他因病死去。今日仍稱此 mavaliu 之所在為 palji，在本社上方，有苦楝大樹從屋內穿過屋頂而生長繁茂，而其庭院內有石，據說上面留著 palji 的手印。

傳說 palji 的眼紅如火，其眼光會殺人，其住過的庭院內有石，據說上面還留著 palji 的手印。

註釋

註一：陳佩周〈大武山群：排灣、魯凱、卑南原住民精神廟堂〉,《聯合報》,1996 年。

註二：同註一。

註三：林道生《台灣原住民族口傳文學選集》,花蓮縣立文化中心,1996 年六月。

註四：范純甫主編《原住民傳說（上）》,台北,華嚴出版社,1996 年 8 月。

註五：內政部委託台灣大學人類學系研究《台灣山胞各族傳統神話故事與傳說文獻編纂研究》,1994 年 4 月 30 日。

註六：同註五。

註七：同註四。

註八：同註三。

註九：同註五。

註十：同註五。

註十一：同註三。

註十二：蔣斌主編,中央研究院民族學研究所編譯《番族慣習調查報告書‧第五卷》,2003 年 10。

排灣族遷徙
口傳文學

第三章

排灣族的遷徙口傳文學亦甚多：

洪水來襲時，族人逃到大武山避難，洪水退去後，族人分成好幾路下山散去，有一支往台東走，有一支往屏東走，這正是為什麼如今排灣族散布在台東、屏東兩地，而且以大武山為分界區的由來。

本則故事說明排灣族祖先從大武山散往屏東、台東遷徙的傳說故事。（按：大武山是排灣族尊崇的聖山）

林道生《台灣原住民族口傳文學選集》載內文社〈六方石〉：（註一）

從前，內文社羅拔尼耀家的祖先沙拉阿茲（salaats）和位在基那姜社的同伴卡卡哥阿康（gagagoagan）、阿酒蓬社的帕來來（palailai）、還有內文社的杜康（tigon）、卡烏崙（gavulun）、瓦路安（valuan）、塔烏比利（taupili）原先是一起到西尼利皂（sinilizau），就是現在的基那姜社的上方，想定居下來設立新的部落。但是，那邊的一隻白狗看了他們要來定居而吠叫的很悽涼，好像在告訴他們西尼利皂不是久住的地方，勸告他們去別的地方居住。一群人便收拾好東西準備繼續往前走。這時候，白狗竟走在他們的前面，好像是嚮導一般地要帶領他們去尋找新居住地。當白狗帶他們走到賈諾馬克（canomag）的地方便停了下來。眾人以為白狗已經為他們選上了定居的地方，可是過了些時候白狗又吠叫著眾人，好像在催促大家繼續走似地。大家才明白了白狗的意思，原來只是在這裡休息片刻而已，賈諾馬克仍然不是久居的地方。眾人又揹起攜帶的東西，跟在白狗後面繼續走。不久，他們來到了達拉達拉（dagadaga）的地方，當眾人停下來休息，並且觀察白狗的表情，大家都在猜想：「白狗是不是要們居住下來了？」可是過了一會白狗又帶領他們繼續前進。眾人就這樣地，跟著白狗走一走停一停地，走過一個地方又一個地方，來到了現在內文社頭目的家門口。白狗

停了下來，不過，這次白狗並沒有休息，而是用牠的前腳在挖掘泥土，大家才知道了白狗是要他們在這裡挖地建屋定居下來。大家經過一番討論後立刻動手砍木材蓋起房屋來。當房屋蓋好了，那隻白狗竟在原地不能動彈地死了。後來變成為一塊六方石。現在內文社頭目家門前之有一塊六方石，就是這樣來的。

本則傳說故事是內文社的遷徙故事，相傳內文社遷徙是由一隻白狗所帶領，他們尋找過好幾個地點，白狗皆認為不吉，於是繼續尋找福地準備定居下來。

他們到過西尼利皂、賈諾馬克、達拉達拉等地，白狗皆認為不適宜，他們繼續尋找著。

當他們來到了現在內文社頭目的家門口，白狗突然就停了下來，不再前進。白狗用牠的前腳挖掘泥土，大家意會白狗找到了居住的福地，於是大家開始挖地建屋，動手砍木材蓋起房屋，準備定居下來。

當房屋蓋好了，白狗在原地不能動彈地死了。後來變成為一塊六方石。如今內文社頭目家門前之有一塊六方石，就是這樣來的。

陳千武譯述《台灣原住民的母語傳說》載內文社傳說：（註二）

古早，內文社羅巴鳥家的祖先，跟同伴卡可岡家、巴來來家、投康家、卡布嵩家、凡爾安家、道比里家的人，一起要移到希尼里地方去定居。然而，有一隻白狗，哭叫得很悲傷，不想在那兒停留。有人說：「狗不願住這個地方，心才不安。」於是大家收集東西，再出發。狗走到甲諾馬的地方停下來，大家以為狗希望住在這個地方，但狗又開始走，走到達卡達地方停下來，大家就在那兒休息，以為狗希望住那個地方，但狗又開始走，走到現在有內文社頭目的地方停下來挖土。大家都說：「狗選在這裡做永居之地了，我們在這裡蓋房子吧。」於是大家蓋起房子。狗也不再走動，竟變成白色六角型的白石了。

本則傳說故事與上則傳說故事相同。

《原語による台灣高砂族傳說集》，小川尚義、淺井惠倫著（昭和十年），余萬居譯：（註三）

　　古時 salaats（內文社 lovaniau 家之祖）與其同行者 qaqoayau 家（今在 kinajan 社）、palailai 家（今在 ajuvon 社）、tiqoy 家（今在內文社）、qavuluy 家（原在內文社，今無）、valuau 家（今在內文社）、taupili 家（今在內文社）的人一起，來到 sinilizau 定居，他們都想：「我們要居住此一 sinilizau 之地！」可是，有（一隻）白狗。此狗悲吠，在 sinilizau（在今 kinajan 社的上方）呆不下去。大家於是想：「狗一定是覺得到別處去比較好，所以安不下來！」就把所有東西（收拾好）準備（起程）。而狗到了 canomaq 便休息下來。（他們想：）「狗休息下來，一定是喜歡我們住這裡！」可是，狗又走，在 daqadaqa 之地休息下來，人們也休息。（當他們）才想著：「狗一定喜歡我們住這兒！」狗又去到現今我們（內文社頭目）家址，挖了地，坐了下來。於是（大家）商量：「狗坐了下來，想必是欲以此地為落居處，那麼，蓋房子吧！」於是大家建屋，狗就不再移動了。而，自古以來傳說，後來（那一隻狗就變成白色的六方石）。

本則傳說故事與上兩則傳說故事相同。

《人類學雜誌》引自《排灣族信仰體系》，森丑之助著（1915），黃耀榮譯：（註四）

　　rikiriki 社頭目的祖先，是在太古時，太陽由天降下成兩個蛋至地面，其一個成為男人，另一個成為女人。女人的頭上長有角，男人則無，此男女乃為山地人的原祖，亦是頭目的太祖。在遷居 rikiriki 社之前，住在 momomaku 的 kapiyan 社附近，稱 chiyaziyayate 之地。該祖先一群中有人遷居 namau 社、bogari 社、chikatan 社、kazagiran 社等。內文社的總頭目

chiyurun 的祖先，亦居住於 chiyaziyarate 之地。但後來遷徙至
kunarau、ohikatan、rikiriki 各社，最終又離開這些地方，移居
內文社，故據說，在於這些族社，現在仍領有土地。

本則傳說故事是內文社祖先的來源以及他們的遷徙過程。

歐威尼‧卡露斯〈族親：巴達因和好茶人〉載：（註五）

　　相傳北大武山之北方有一座山叫卡布隆安 kabolhongan，排
灣語意謂最老之意，因此它應該比北大武山高出許多。不知什
麼原因突然山崩，灰塵瀰漫鄰近之地，巴達因人直接受其害，
沒有辦法工作，生活成了很大的問題，於是他們暫時遷離，其
中有部分的人來到舊好茶避難，就在蒲葵樹下方建立他們的居
處，住了相當長的時期，何時遷回去已不可考。

　　巴達因 padaini 是排灣的發祥地，位置在舊好茶南方，隔隘寮南
溪，也就是北大武山的西北方，在一個突出的平台上，正好與筏灣社
parivan 遙遙相望。因為巴達因有其獨特的創世神話故事，好茶人相信
有一部分的人是從巴達因而來的，所以當我們板祭（是一種木板，專用
來排放每一種神的牌位，其中有一份是供奉巴達因創世之母的）時，
有一份是奉獻給巴達因創造人類的世祖毛郁都古（男性）maototoko 和
默阿該（女性）moakaikai。這個地方有其古老的創世古廢墟及一處泉
水，相傳人類第一個嬰孩即在此泉水沐浴過，這個地方我們稱為撒拉灣
salavane（撒拉灣是一處形狀如陶壺的泉水）。巴達因人向來視好茶人是
族親，歷代以來互相往來。排灣族中能夠講流利魯凱語的，大概只有巴
達因人。好茶人與筏灣敵對時，巴達因是好茶人的避難所，可想而知巴
達因和好茶人關係之密切。（註六）

　　內政部委託台灣大學人類學系研究《台灣山胞各族傳統神話故事與
傳說文獻編纂研究》載：（註七）

　　　　taririku 社與 katsurin 社祖先的起源是在大武山 porucchi
　　的地方，從天降下來黃色與青色的蛋，黃蛋出生男子名叫

rumuji，青蛋出生女子名叫 gilin，兄妹長大成為夫妻生出兒女，長男是盲目，長女沒有鼻子，從次男開始才是正常人出生。次男名叫 puraluyan，次女叫 kibi，三男叫 palan，三女叫 sakugo，正常的弟兄姊妹長大了父母派遣了他們去探險領土。於是，弟兄姊妹帶了兩頭獵狗出發了。首先上了大武山的儘頂兒，展望四方各山選定目標才前進。從大武山沿著山的稜線一直望南部進去到了現在的 taririku 社上方的時候，轉向東部前進。到了現在的 taririku 社的南部地方名叫 benukachian（意思是根本或太古）。那時候帶來的兩頭狗都坐在地上挖土，並一直吠而不跟四人前進。四人只好在其地休息開始焚火。更不可思議的是火煙像沖天那樣昇高，四人對於這個意義依照各個思考的結果，puraluyan 說此地一定是神啟示給我們要建設舊社最適當的地方，所以要在這裡建設也有其他準備，因此命令 palan 和 sakugo 就向東南部去，palan 和 sakugo 就帶了一頭獵狗過 taririku 溪，從 balaku 與 bajolu 的地方爬上了山的稜線進去東部，走出來 tabakasu 跟 chiokakulai 的中間，經過 kakubulan 社到了 pachiton 社。在此有凹地，窺探了裡頭有一對男女沒有見過的人，palan 對他們發問：「你們從那裡來？為甚麼在這裡頭？拿甚麼當食物呢？」他們回答：「是我們出生在這裡頭，沒有出去過外面，拿蛇或是蜥蜴來當食物。」palan 說：「你們可不要吃那樣不好的東西，跑出來狩獵也好吧！山地四方處處有許多山豬或是鹿，獵取來吃好好吃喔，還有我們人類當主食物的粟或是芋栽培起來，吃這些是比較好喔！」這樣指教他們就離開此地望 katsurin 方向去了。（出生在凹地的說是大鳥萬 pachiton 社的祖先）palan 到了 katsurin 的時候，帶來的狗一樣又挖地面且一直吠。所以 palan 以為此地還是適合當村社的，就讓 sakugo 和狗留在 katsurin，自己一個人望海岸方面出

發了。到了海岸沙灘上確認沒有人走過的痕跡，就去 katsurin 溪左岸地名叫 kinerekowan 的地方採竹子當拐杖，沿著海岸向北部急行到了現在的大得吉社下方的時候，有了從北部來的某人的腳印，因此到此為止當做北部的終點。當拐杖用的竹子種在此地，然後返回南部又去 katsurin 溪採竹子，一直望南前進到現在的大武支廳的位置稍微偏南部的地名叫 sukiya 那裡休息，又在此地把竹杖切了一半種下，再望南部前進，但是到何處也找不到人的腳印，所以到了現在的牡丹灣社的南部地名叫 chiowabodasu 那裡，就以此地為南部的終點境界，子種下歸返 katsurin。種了竹子的這三個地方如今竹子還生長。palan 回 katsurin 向 sakugo 告知探險狀況，又叫 sakugo 留下 katsurin，然後去 taririku 社向 puraluyan 和 kibi 告知探險的狀況。於是 puraluyan 命令 palan 和 sakugo 建設村社在 katsurin 分配給他們粟、芋頭、黍等等種子，弟兄姊妹分開建設了 taririku 社與 katsurin 社。其代代子孫大多都是與馬淵東一先生調查的頭目系譜連續的。

本則傳說故事謂，排灣族初祖從大武山分散北、東、南各地繁衍的故事。最後定居各地生活。

古樓村原名「古拉拉烏」，其意為「山上很涼，風吹有聲」，村民原居住在近郊大武山西南邊海拔一千公尺處的七佳溪上游發源地。李嘉鑫〈古樓意喻山涼風有聲〉有關原部落的傳說故事：（註八）

　　最早古樓社曾經數度遷徙，有一次頭目的兩個兒子，上山打獵，到了舊部落這塊地時，狗兒突然鑽入大樹洞中不願下山，族人相信這是神意的安排，遷到原址建立部落，最後終於地靈人傑蔚為全台最大的部落。

據 1931 年日人統計，「古拉拉烏」，就有 295 戶，1717 人，是當時台灣原住民部落人口最多者。在一位大頭目統轄之下，另外分成八個小社。

陳千武譯述《台灣原住民的母語傳說》載「石窟門」:(註九)

　　古早,一群人去狩獵,忽然遭遇降雨,便進入石窟避雨過夜,雨越下越大,洞窟上的石頭發出聲音落下來。有人說:「我們會被石頭壓死」。但另一個人說:「沒問題,用弓箭支撐就沒問題」。然而弓箭撐不住,岩石崩坍了,臥在窟內的人都被壓死了。他們之間,有一個人患了疥癬,一個人患了白雲性的皮膚病,被眾人討厭,不得不臥在窟外沒死,就把眾人被壓死的災禍,回去報告社人。現在把石窟的地方叫做「伊瑪抓克斯(互相支撐的地方)」。

本則是「石窟」地名的傳說故事,「石窟」稱為「伊瑪抓克斯」,意是互相支撐的地方。這裡曾有狩獵發生意外的傳說故事,一群人去打獵,遇到下雨,遂避石窟內,洞窟上的石頭落下來,一人用弓箭支撐,但撐不住,岩石崩坍了,臥在窟內的所有獵人都被壓死了。

只有臥在窟外的兩個人沒有被壓死,原來,一個患了疥癬,一個則患了白雲性的皮膚病,大家都討厭他們兩個,所以兩人很識趣才沒有進入洞窟內休息,不過上天有眼,讓他們幸運逃過了一劫。

《邊政學報》,《台灣文獻》,引自《排灣族信仰體系》,龍寶麒:(註十)

　　很久以前,在東南方的海上有一個叫馬賽賽(marairai)的小島。在那裡,人民過著快樂舒適的生活。某一年,該島突然出現很多鬼,居民大受其擾。這時,有一位青年起來領導大家生火,圍成一個圓圈,老幼婦孺在中央睡覺,由青年們環繞他們唱歌跳舞,通宵達旦來藉此驅鬼,這很可能就是排灣族有火和酷愛歌舞的起源。但是,如此仍無法抵抗鬼的侵擾,只好搭木筏四處漂流,後來居民在今高雄的下淡水溪附近登陸,建立了第二個家園。後來,排灣人漸向山中撤退。在此次民族大遷移中,有一青年率領族人披荊斬棘,克服萬難以抵達新聚點,他

是柯拉拔林（kalapeilin），成了排灣族的第一位英雄。他與其妻幾威（givi）教族人耕種、造屋，並制定社會制度，創立祭祀天地的儀式，柯乃為日後男巫的始祖，而幾威則為女巫的第一人。

本則敘述排灣族海外來源說，也兼述了排灣族的第一位英雄和第一位女巫。

大社部落遷徙史：（註十一）

　　清代期間，黛勞神石的一名後裔，攜狗上山打獵，據說獵狗受到了聖靈的囑咐，在獵場途中的某一地區，蹲伏而歌，不願意離開，獵人感到很奇怪，獨自返回部落，把這個異象告訴了頭目，頭目便率領族人前往尋找獵犬，發現獵犬依舊在唱歌，歌曲的意思是祖靈囑咐全體族人，必須遷村來此定居。頭目仔細觀察附近的地理形勢，認為山清水秀，易守難攻，的確是一處勝地。於是，達瓦蘭部落就集體遷村，遷到現在的屏東縣三地鄉的大社村。

本則故事敘述達瓦蘭部落遷徙屏東縣三地鄉大社村的故事。

海外來源：許功明〈排灣族古樓村頭目系統來源與承繼之口傳〉載：（註十二）

　　排灣族祖先最先到台灣的路線，是經由馬來亞到大陸雲南，再繞道菲律賓，於西部的台南登陸。之後，又遷到東部pagaruaru，才建立了piuma，落地生根，開始創建部落。

本則傳說故事為 piuma 之海外來源傳說。本故事自海外之遷徙路線是馬來亞→雲南→菲律賓→台南→ pagaruaru。

《邊政學報》，《台灣文獻》，引自《排灣族信仰體系》：（註十三）

　　很久以前，在東南方的海上有一個叫馬賽賽 marairai 的小島。在那裡，人民過著快樂舒適的生活。某一年，該島突然出現很多鬼，居民大受其擾，這時，有一位青年起來領導大家生火，圍成一個圓圈，老幼婦孺在中央，由青年們環繞他們唱歌

跳舞，通宵達旦來藉此驅鬼，這可能就是排灣族有火和酷愛歌舞的起源，但是，如此仍無法抵抗鬼的侵擾，只好搭木筏四處飄流，後來居民在今高雄的下淡水溪附近登陸，建立了第二個家園。後來，排灣人漸向山中撤退，在此次民族大遷徙中，有一青年率領族人披荊斬棘，克服萬難以抵達新聚點，他是柯拉披林 kalapeilin，成了排灣族的第一位英雄。……

本則是排灣族海外來源的故事，也述及了帶領族人披荊斬棘找到新據點定居的民族英雄柯拉披林 kalapeilin。

本則傳說故事情節如下：

（一）排灣族原來是住在海外的叫馬賽賽 marairai 的小島，原本生活美滿。

（二）馬賽賽島突然出現很多鬼騷擾族民。

（三）有一位青年領導大家生火，圍成一個圓圈，老幼婦孺在中央，由青年們環繞他們唱歌跳舞，通宵達旦來藉此驅鬼，但是仍然無法抵抗鬼的侵擾，只好搭木筏四處飄流。

（四）他們飄流到今高雄的下淡水溪附近登陸，建立了第二個家園。

（五）後來，他們更向山中遷徙移居。

林道生《原住民神話・故事全集（二）》載久阿久社〈新的村社〉：（註十四）

從前，在久波洛康的山頂上有紅白兩塊大石，從當中生出了男女兩個人。男的叫魯莫吉，女的叫凱琳。魯莫吉娶凱琳為妻，生了不少孩子，但是僅有兩人存活下來，哥哥叫布拉利樣（Burariyan），弟弟叫帕朗（Paran），雙親下了很大工夫養育他們長大。哥哥住在久波洛康，弟弟帶著狗為求美地而到處奔走。有一天走到庫久林時，狗卻一動也不動地，不管怎麼哄牠都不肯走，因此弟弟猜想狗是要他在此地居住下來，就在這裡建立了村社，後來娶茉阿卡葉（Moakae）為妻。並且趕快回去

告訴哥哥一切的經過，哥哥聽了大為高興，便送給弟弟許多
小米及甘薯慶賀他。經過了許多年，弟弟帕朗所開拓的帕朗
村，子孫繁殖，便又開拓了村社卡基亞比茲。這時原社區的久
波洛康的人口也增加了許多，因此也開拓了新村社：塔利利基
（Taririki）、帕朗（Baran）、茲仔（Tsuzui）、帕此卡爾（Babikar）
等諸村社。

本故事是一則部落的開拓史。

註釋

註一：林道生《台灣原住民族口傳文學選
集》，花蓮縣立文化中心，1996年6月。
註二：陳千武譯述《台灣原住民的母語傳
說》，台北，台原出版社，1995年5月。
註三：內政部委託台灣大學人類學系研究
《台灣山胞各族傳統神話故事與傳說文獻
編纂研究》，1994年4月30日。
註四：同註三。
註五：歐威尼·卡露斯〈族親：巴達因和
好茶人〉，台灣時報，1994年。
註六：同註五。
註七：同註三。

註八：李嘉鑫〈古樓意喻山涼風有聲〉，
中國時報，1998年7月24日。
註九：同註二。
註十：同註三
註十一：洪田浚《台灣原住民籲天錄》，
台北，台原出版社，1995年5月。
註十二：許功明〈排灣族古樓村頭目系統
來源與承繼之口傳〉。
註十三：龍寶麒：註五四：內政部委託台
灣大學人類學系研究《台灣山胞各族傳統
神話故事與傳說文獻編纂研究》，1994年
4月30日。同註六。
註十四：林道生《原住民神話·故事全集
（二）》，台北，漢藝色研文化公司，2002
年1月。

排灣族洪水神話
口傳文學

第四章

排灣族的洪水神話傳說故事也是非常精采的：

　　古代的時候，洪水氾濫，四面八方都是大水。當時有兄妹二人抓住水中的「拉蔦蔦日」草，她（他）們才沒有被水淹死；但是他們找不到一塊乾燥的土地，住家也不見了，兩人就相對而哭。忽然有一條蚯蚓出現，蚯蚓排出的糞，變成一座浮出水面的山陵，兄妹二人依附在這座山陵。兄妹二人在山陵上住了一段時間，因為沒有火種，所以日子過得非常難過。突然間，空中飛來一隻甲蟲，他們遠遠看見甲蟲口中銜著一根細火繩，便把細火繩取來。從那個時候，火就不停地燃燒，從來沒有熄滅。兄妹二人長大以後，便在土地上耕作，他們到處找尋地瓜、山芋和粟米的種子，找到了種子便開始播種，於是有了充足的食物。日子一天天過去了，兄妹二人也已長大成人了，他們找不到人做配偶。後來兄妹只好結為夫妻，最初他們所生的孩子都是殘缺不全，有瞎子及四肢不完全者。到了第二代以後，生下的子女就開始比較正常些了。到了第三代所生下的子女就都健康正常了。據說孩童身體殘缺不全，是因為兄妹近親結婚所產生的結果。

本則傳說敘述，遠古時代，世界曾遭洪水氾濫，人類僅留存一對兄妹，不得已他們近親結婚，他們就是排灣族的祖先。

本則故事涉及到四件事情：

（一）蚯蚓排糞變成山稜，洪水劫後餘生的一對兄妹就依附在這座山稜上，這座山稜是否即指台灣？

（二）這一對兄妹見到甲蟲，便把其口中所含的細火繩取來，從此人類火種不斷。

（三）兄妹開始尋找地瓜、芋、粟等播種，人類開始耕種。

（四）最初的人類是兄妹結合，惟近親結婚所以起初生下的孩子都
　　　殘缺不全，到了第三代所生下的孩子才漸漸正常，頗符合優
　　　生學的觀念。

中央研究院民族學研究所編譯《蕃族慣習調查報告書・第三卷》載
高士佛社洪水後大地之形成：

　　古時，大地一片平坦，沒有山岳。有一天發生大地震，緊
接而來的是大洪水。當時人類、牲口都被淹死了，只有兄妹兩
人因為緊抓住了強韌的長草，才得以倖免，沒有被水沖走。大
水退去之後，出現了成群的大蚯蚓繁殖，這些蚯蚓排出了很多
的糞，這些糞便變硬之後就在各地形成了現在的山岳……

本則傳說故事敘述，洪水過後，蚯蚓的糞便形成了現在的山岳。
林道生《台灣原住民族口傳文學選集》載大鳥萬社〈洪水〉：（註一）

　　有一次，大地起了大洪水。許多的山都由於雨水太大泥土
被雨水沖失而崩塌。大鳥萬社（註：在台東）的兄妹二個人也被
大洪水沖走。但是很幸運地他們捉到了拉戛戛斯草（lagagaz）
才救了命。可是，原來的部落已經被洪水沖走，連一幢房屋也
沒有留下，菜園也不見了。看了這悽慘景象，兄妹兩人只有整
天哭泣。就在他們不知道該怎麼辦而哭個不停時，忽然看到了
一隻斷了半截的蚯蚓。不一會，當蚯蚓大便時，牠的糞便卻漸
漸高了起來，經過相當的時日又成了一座新的山。兄妹還在山
上找到了一隻鍋，不過已經壞了。他們在新的山定居下來，
但是由於沒有火而苦惱。妹妹說：「我們要用甚麼方法得到火
呢？」有一次，偶然看見一隻甲蟲，嘴巴咬著一隻身上有著火
的小昆蟲，兄妹二人奇怪地走近甲蟲把牠提了回家。從小蟲身
上的火引接燃燒，並且每天都小心地保留了火種。他們的火從

來沒有熄滅過，一直延續到今天。兄妹兩人漸漸成長。蚯蚓糞便變成的山也越來越高越大，已經可以栽種農作物了。可是他們又沒有可栽種的地瓜和小米的種子。雖然開墾了田地，還是不能長出東西來。因此兄妹二人，每人都到山中去尋找。終於找到了地瓜和小米正長出芽來，而把它帶回去栽種。兄妹二人長大成人，可是找不到可以嫁娶的人。有一天，哥哥說：「妹妹你也該嫁了，而我也該娶了！可是我們又從來沒有見過有其他的人。我們該怎麼辦才好呢？」妹妹想了想說：「哥哥！那只好由你娶我了！」兄妹兩人從此成了夫妻。可是，他們生下的第一代孩子，都是身體上有殘缺，有的是眼睛瞎了，有的缺手，有的缺腳，沒有一個孩子是正常的身體。第二代，就是這對兄妹夫妻做了阿公阿媽時，他們的孫子們的身體才好些。一直到第三代生下的孩子身體才正常。人口增加了，才又形成了新的部落。從來大鳥萬社的排灣族人才知道兄妹近親結婚不吉利，會生下殘缺不全的孩子，因此延續到今天近親的婚姻一直都是排灣族人的禁忌。

本則傳說故事涉及的層面甚多，如「洪水氾濫」、「山」、「火」、「種子」、「兄妹婚」等。

本故事情節要述如下：

（一）洪水氾濫，只有兄妹兩人捉到了拉戛戛斯草才救了命。

（二）一隻斷了半截的蚯蚓大便，糞便漸漸高了起來，經過了一些時日，形成了一座新的山。

（三）兄妹二人看見一隻甲蟲，嘴巴咬著一隻身上有著火的小昆蟲，他們從小蟲身上的火引接燃燒，並且每天都小心地保留了火種。他們的火從來沒有熄滅過，一直延續到今天。

（四）兄妹二人每天到山中尋找種子，終於找到了地瓜和小米正長出芽來，而把它帶回去栽種。

（五）兄妹二人長大成人而成婚，繁衍創生人類。

本故事亦涉及到近親成婚生下的孩子殘缺不全的實際體驗，因此後來排灣族人嚴禁近親婚姻。

《原語による台灣高砂族傳說集》，小川尚義、淺井惠倫著（昭和十年），余萬居譯：（註二）

　　自古傳說曾發生洪水，各地山土被沖走。因此到處山峰崩塌而消失，有二兄妹，抓住 lagagaz 草（因此未被沖走而得救），他們沒有土地，也沒有家，所以只是哭個不停。適有（斷掉部分身段的）一截蚯蚓，當牠拉屎一次，都形成一條山稜線。他們找到了一個鍋子，（可是）它也破了。於是他們落居（某處），可是苦於無火，說：「（用）什麼做我們的火呢？」偶有一甲蟲出現，口銜著了火的火繩來。兩個孩子說：「那是什麼呢？」（甲蟲）到身邊來了，見之，有火，於是他們取了甲蟲所攜來的火。他們取了火，甲蟲就「vty、vty……」地叫著飛走。自那時起，其火（迄今）未熄滅過。他們長大成人了，因為那蚯蚓排出土壤，（所以有了田地）可是他們看了看田地，沒有薯、沒有芋，也沒有粟，所以到處去找，終於發現薯、芋和粟的種苗了，於是他們以其為種，予以栽培。他們成長了，（可是沒有對象，所以）說：「我們怎麼辦呢？」就去找伴侶，可是沒有找到人。（情非得已）他們遂以兄妹之關係而成了夫妻。第一代所生者身體上有傷痕，或瞎，或手腳不全，第二代所生者稍佳，第三代所生者都是非盲、非殘障者。因此，（人們）獲知兄妹不可結婚事，傳說是這樣說的。

本則傳說與上則故事相同，惟本故事對於「火」的取得比較詳細與明確，本故事謂，甲蟲是口銜著了火的「火繩」來。至於甲蟲很像是有意送來的，可從故事中說：「他們取了火，甲蟲就 vty、vty……地叫著飛走」得知。

《原語による台灣高砂族傳說集》，小川尚義、淺井惠倫著（昭和十年），余萬居譯：（註三）

古時候，陸地（因洪水而）溶解，山也全都變成了水。然而，有一小山尚存。據說人都死了，但有兩個人倖存，掛在山上的 lavilu 樹枝上。未幾，水退了，掛在樹上的兄妹活了。可是，（他們）沒有火，什麼也沒有。於是，（他們）折了其所曾掛住的小枝而鑽火。這一來，生出火來了，因而焚之。於是，有了用以煮東西（的火）。而，他們兩人於是成為夫妻，可是，據說（他們）生了瞎子或瘸子或患鼠瘡者等兒女。傳說中說，（他們）於是把患有鼠瘡者遣到平地去，把瘸子和瞎子遣到台東去，把優秀的（留）做自己的子女；而，據說他們是兄妹結婚之故，所以才生了瞎子、瘸子和患有鼠瘡者，並且自古傳說，隨著結婚者的血緣漸遠，漸生不瞎、不瘸、不患有鼠瘡者而逐漸好轉。

本則傳說故事謂，洪水災禍倖存的一對兄妹，是因為掛在山上的 lavilu 樹枝上，所以得以存活了下來。

他們生活沒有「火」，於是，折了其所曾掛住的小枝而鑽火，他們開始有了「火」。

兄妹兩人後來成婚，因為是近親結婚，所以剛開始所生下的孩子，身體結構上不健全，隨著結婚者的血緣漸遠，就生下健全的孩子了。

陳千武譯述《台灣原住民的母語傳說》:(註四)

　　排灣族內文社與大鳥萬社,均為洪水來了,只有兩個兄妹
抓住樹枝或草救了命,因洪水沒有火,用樹枝摩擦鑽火,或甲
蟲口銜火繩來,才用火煮東西。兩兄妹結婚,生下盲目、跛
腳、瘰瀝的孩子,把瘰瀝的孩子送去平地,跛子或盲目的送去
台東,好的孩子留下來傳宗接代。他們都相信,會生下瘰瀝盲
目的孩子,是因為血親結婚的關係。

本則故事強調兄妹近親婚姻與優生學的關係。

原住民有豐富的「洪水神話」。洪水神話生動地反映了先民與洪
水作鬥爭的過程,後期的洪水神話還與兄妹(或姐弟)互婚神話相互結
合、滲透,反映了更為廣闊、深刻的社會內容,以其獨具的人文價值而
為人們所重視。後期的洪水神話,有的與兄妹(或姐弟)血緣婚神話合
璧,學者稱之為「洪水同胞配偶型」神話。這種神話流傳極廣。

早期的洪水神話顯然帶有圖騰主義的遺跡,後期的洪水同胞婚配神
話則是原住民遠古時期血緣婚的產物。後者不僅如實地記錄了人類社會
發展中必經的煉獄,敘述血緣婚的某些情景與痛苦,如許多神話描寫同
胞互婚,生下可怕的肉團、螃蟹或石頭等物,而且直率地反映了先民從
中獲得的慘痛教訓,以及對自然選擇原則的朦朧認識。

范純甫《原住民風情》(下)排灣人的神話寫道:(註五)

　　兄妹互婚,生下的第一代子女「眼睛長在腳趾上」,第二
代「眼睛長在膝蓋上」,第三代「眼睛長在臉龐上」。

本則傳說故事以「眼睛」為例,說明近親結婚的不利影響,第一代
子女「眼睛長在腳趾上」,第二代「眼睛長在膝蓋上」,第三代「眼睛長
在臉龐上」。

陳千武譯述《台灣原住民的母語傳說》：載下排灣社（註六）

　　在平地有個叫達洛凡的怪物，河川的水是流進怪物嘴裡去的，因怪物的嘴閉下來，河水流不進去才成災。人們逃難到妥馬巴來山和霧頭山。妥馬巴來山的人沒有火，派小鹿去霧頭山取火，才有火煮飯。不久，怪物達洛凡的嘴張開，積水才消退。水退後，頭目發現蚯蚓吊在樹枝上，便給蚯蚓食物，蚯蚓脫糞成土，才有了耕作的土地。

本則傳說故事情節要述如下：

（一）在平地有個叫「達洛凡」的怪物，牠是專門把河川的水吞流進嘴裡去的怪物。

（二）有一次，「達洛凡」怪物的嘴閉了下來，因此河川的水流不進去牠的嘴裡，所以釀成了洪水災難。

（三）當時洪水災難，人們都逃難到妥馬巴來山和霧頭山的山頂。妥馬巴來山的人沒有火，派小鹿去霧頭山取火，才有火煮飯。

（四）等一段時間之後，「達洛凡」怪物張開嘴讓水流進嘴裡，大地的積水才逐漸消退。

（五）好心的頭目發現蚯蚓吊在樹枝上，便給蚯蚓食物，蚯蚓脫糞成土，才有了耕作的土地。

《原語による台灣高砂族傳說集》，小川尚義、淺井惠倫著（昭和十年），余萬居譯：（註七）

　　古時候有那叫做 tarovar 的怪物在平地，河水都流入其（口中）。可是，tarovar 的嘴巴塞住了，以致於積水，發生洪水，水太多，小山都被水淹沒，只有 tomapalapalai 山和霧頭山和大武山，沒有被水淹沒。下 paiwan 社的人逃上 tomapalapalai，而其處無火。（恰有）小鹿（羌？）在其處，人們派遣牠到霧頭

山去取火。小鹿泅往霧頭山，攜（火）返回 tomapalapalai 山。 tomapalapalai 山上可以煮（飯）了。其後日久，tarovar 的嘴巴打開了，不再積水，洪水遂退。有蚯蚓掛在樹上，頭目發現之，給了食物。這蚯蚓拉屎成土。（今）有土，是因此之故，又，這些土地之所以屬於頭目，是他們曾以食物餵過蚯蚓之故。

本則傳說與上則故事相同，惟本則故事多了一個情節，就是為什麼排灣族的土地屬於貴族頭目，而平民佃農使用土地必須要納租的原因，就是因為頭目曾以食物餵過蚯蚓之故。

在排灣族的洪水神話傳說故事中，多認為「土地」是蚯蚓的糞便所產生，所謂「拉屎成土」。而頭目拿食物餵食過蚯蚓，理所當然的，土地是屬於頭目家族的了。

《原語による台灣高砂族傳說集》，小川尚義、淺井惠倫著（昭和十年），余萬居譯：（註八）

古有洪水肆虐，大地成為汪洋一片，山上的泥土都被水沖去，山石也崩裂。當時有兄妹兩人因為緊抓住細長且強韌的「拉葛葛日」草，才沒有淹死。但是他們找不到適合耕作居住的土地，家也不見了，兩人只能相對哭泣。突然有一條蚯蚓出現，牠排出的糞便變成一座高出水面的山稜，兄妹兩人依附在這座山上，在那邊暫時住下來了。但是因為沒有火源，日子過得非常難受，忽然間半空飛來了一隻甲蟲，他們遠遠看見甲蟲口中啣著一根細火繩，就把火繩取下，甲蟲便「撲撲撲」地飛走了。從那時起，他們有了火源，讓火不停地燃燒，沒有熄滅過。兄妹兩人長大後，便在蚯蚓排出來的土地上耕作。他們到處尋找地瓜、山芋和粟米的種子，找到後，就闢地耕種。日子一天天過去，兄妹兩人長大了，在世間卻找不到其他的人作為

配偶，兄妹只好結為夫婦。最初他們生下的孩子都不太健康，有眼睛看不見的，也有四肢不健全的。到了第二代，生下的子女就比較正常些，很少有殘疾的嬰兒。到了第三代，所生下的子女都很健康正常了。

本傳說敘述洪水肆虐，只有一對兄妹劫後餘生。蚯蚓排出的糞便變成山稜，也述及火源和闢地耕種和繁殖後代。

林道生《原住民神話・故事全集（二）》載內文社〈大洪水後的子孫〉：(註九)

古時候，來了一次大洪水，水多得把陸地都溶化了，連山也都被水淹沒了，人也都淹死了。只留下一座小山，沒有被淹沒。不過，有兩個兄妹卻活了下來。他們是被洪水沖掛在拉瓦路（lavalu）樹的樹枝上才沒有被洪水淹死的。過了些時候洪水退了，他們兄妹兩人才從樹上下來。可是，大地上什麼東西都被洪水沖走了。兄妹兩人折下原先掛著他們身體，救了他們一命的拉瓦路樹枝 Patoti 鑽木取火，煮東西。後來的排灣族人才知道鑽木取火，煮物果腹，就是從他們傳下來的。這一對兄妹，在大地上見不到其他人類，日久也就自然地成了夫妻。他們生下的都是些目盲、跛腳、瘰癧的孩子。孩子們長大了，瘰癧的下山到平地、跛腳和目盲的前往台東的方向去自力更生。另外身體沒有殘缺的留在父母身邊。到了第三代、第四代孫子的血親關係已經越來越遠了，生下瘰癧、跛腳、目盲的情形也越來越少，他們才知道兄妹結婚所造成的不良後果，才知道近親不宜結婚，以避免對後代造成不良的影響。

本傳說敘述，洪水餘生的一對兄妹發明了鑽木取火煮物果腹，當時已無其他人類，兩人就成了夫妻，繁衍後代。

註釋

註一：林道生《台灣原住民族口傳文學選集》，花蓮縣立文化中心，1996 年 6 月。

註二：內政部委託台灣大學人類學系研究《台灣山胞各族傳統神話故事與傳說文獻編纂研究》，1994 年 4 月 30 日。

註三：同註二。

註四：陳千武譯述《台灣原住民的母語傳說》，台北，台原出版社，1995 年 5 月。

註五：范純甫主編《原住民風情》，台北，華嚴出版社，1996 年 8 月。

註六：同註四。

註七：同註二。

註八：同註二。

註九：林道生《原住民神話・故事全集（二）》，台北，漢藝色研文化公司，2002 年 1 月。

排灣族與太陽的
愛恨情仇口傳文學

第五章

一、太陽生育人類傳說故事

許功明、柯惠譯《排灣族古樓村的祭儀與文化》載：（註一）

……tjureng 家系發源於 kaviangan（佳平）部落。該處有間小房子，屋內立一石柱，柱後有兩個太陽所生的蛋，從中孵出一男一女，兩人結為夫妻，生下了畸形的子女，子女彼此間又結婚，所生的子女仍然不正常。後來，從石柱後太陽蛋孵生出的男人再和他第三代的孫女結婚，終於生下了正常的小孩，一共四男一女。這五個人就是 tjureng 家的祖先，其中唯一的女孩，名「tjuku」太陽形狀渾圓之意。……

這是一段太陽卵生人類的傳說神話故事。敘述 tjureng 家系最初因為近親結婚，所以生下來的孩子都不完整，後來親屬關係漸遠，婚配生育的孩子才開始正常與完整。

排灣族大多數人深信，人的一生，從生至死之命運，都操縱於象徵太陽的造物者（naqemati a qadau）手中。

二、排灣族射殺太陽傳說故事

陳千武《台灣原住民的母語傳說》載沙洛瓦方言四社部落傳說：（註二）

傳說太陽過熱，青芋不長大，兩個男人用麻絲捻成繩子，綁在家屋柱子，便爬繩子上天去射太陽。太陽流血，血很燙，一個人跳入水裡，被太陽熱量燒滾的血水燙死。一個人躲進黑暗的岩窟一年，很苦。後來人跟野獸們商量，用牲禮祭拜太陽。可是蚯蚓躲進地下，魚群浸在水裡，不願送牲禮。只有人跟野獸們，備送牲禮祭拜，才跟太陽講和。

本則傳說故事情節要述：

（一）因為太陽太熱，所以種植的青芋無法長大，所以要去射太陽。

（二）兩個男人用麻絲捻成繩子，綁在家屋柱子，爬上繩子上天去
　　　射太陽。

（三）太陽被射中後流血，血很燙，一個人跳入水裡，被太陽燒滾
　　　的血水燙死。

（四）一個人躲進黑暗的岩窟，所以他沒死。在那裡他躲了一年。

（五）存活的這個人與野獸們商量，要用牲禮祭拜太陽。

（六）有些動物不願意送牲禮，便紛紛逃避，例如：蚯蚓躲進地
　　　下，魚群浸在水裡。

（七）最後只有人跟陸地上的野獸們，備送牲禮祭拜，才跟太陽講
　　　和了。

本故事有諸多疑點：

（一）本故事沒有說明太陽有幾個？只說「太陽過熱，青芋不長
　　　大」，如果本故事的太陽只有一個，那麼射太陽的目的就是讓
　　　太陽的熱度減弱。

（二）本故事謂「只有人跟野獸們，備送牲禮祭拜，才跟太陽講
　　　和」，至於講和的內容故中沒有說明，臆想大概是：

　　　1、請太陽停止報復。

　　　2、請太陽恢復光明。此因故事中說「一個人躲進黑暗的岩窟
　　　　　一年，很苦」。

三、排灣族撞太陽傳說故事

　　林道生《台灣原住民族口傳文學選集》載下排灣社〈兩個太陽〉：
（註三）

　　　　從前天很低，而且有兩個太陽，造成了人們生活上的困
　　擾。大家整天工作，也沒有夜晚可以休息睡覺。因此，大家
　　都說：「我們都太累了，該怎麼辦呢？」有一天，特卡尼旺
　　（tokanivon）家的人在搗小米的時候，他的杵撞到了天，掉下來

一個太陽。天也因為被撞而升高了。從此大地上就有了夜晚，
人們才得以休息睡覺。

本則傳說故事情節要述：

（一）古代天很低，而且有兩個太陽，沒有夜晚，不停的工作，不
　　　知道什麼時候休息，人們的生活產生很大的不便與困擾。

（二）有一天，特卡尼旺家搗小米的時候，杵撞到了天，結果掉下
　　　來了一個太陽。天也因為被杵撞了而升高了。

（三）一個太陽升高了，一個太陽落下了，從此日夜分明，人們工
　　　作和休息就有了依據。

陳千武《台灣原住民的母語傳說》載下排灣社傳說：（註四）

　　天低矮，又有兩個太陽輪流出現，人民很艱苦，幸好有一
天，特卡尼家人搗粟的時候，不小心拿杵撞到天，天昇高，其
中一個太陽掉落下來，才有了夜晚。

本則傳說故事與上則故事相同。

陳千武譯述《台灣原住民的母語傳說》載〈妻逃回娘家〉：（註五）

　　女人們在屋頂上搗粟。當時的天很低，太陽很熱。一個女
人怕熱，用杵大力撞上去，果然撞壞一個太陽盲目了，變成月
亮，同時天發出聲音昇高了。

　　本則傳說故事謂，古代天很低，而且天上有兩個太陽，因此很熱。
有一位怕熱的女人，用木杵大力撞上去，果然撞壞一個太陽，而使其盲
目了，變成了月亮，同時天發出聲音且上升了。

　　在排灣族人的觀念中，「天」原本很低，是被推高、舉高或撞高
的。太陽有兩個，一個被射瞎，變成了朦朧的月亮。

　　范純甫主編《原住民傳說（上）》載〈太陽和月亮的故事（二）〉：（註
六）

　　遠古遠古的時候，天空是很低很低的，像一口倒扣著的大
鍋。那時，排灣人都住在山洞裡，出門都得彎著腰走路，不弓

著身子,頭就碰天,不好走哇!一天,有個叫嘎拉斯的女人,她要出門,頭一抬就撞著天,想弓身,肚裡又懷著孩子,彎不下來,她只好在洞口舂米。她弓起背舂著,那長杵一提起就撞著天,只好低低的搗著,舂得好慢好慢。嘎拉斯急了,對丈夫咖道說:「這怎麼辦哪?天擋著,力氣使不出來哩!」咖道說:「你捅吧!把天捅出個洞來,力氣就好使了。」嘎拉斯點點頭,就一邊舂米一邊捅;可是女人力氣小,她舂呵捅呀,只聽見那天空「咚咚」地響,半天也沒捅出個洞來,她就叫丈夫咖道來幫忙。咖道卻是個大力士,他過去抓住長杵,和嘎拉斯用力往上一提,「蹦」地一聲巨響,天給捅出個大洞來,在一陣嘩嘩的聲音中,天慢慢地升起來了,升呀!升呀!一直升得好高好高。從此,人們就可以直著身子走路,可以挺著胸膛幹活,再也不用彎腰曲背了,方便得多啦!傳說,當天空被嘎拉斯和咖道捅破以後,風來了,光也來了;在一陣閃閃的白光中,他倆被風捲上了天宮,以後就變成了天上的月亮和太陽。所以,百宛人叫月亮做「嘎拉斯」,稱太陽為「咖道」。

本則傳說故事敘述,古代「天」很低很低,天地又暗,人類住在山洞裡,出門都得彎著腰摸黑走路,否則頭就碰到天了,生活非常不方便。

有一位孕婦叫做「嘎拉斯」,她彎著身體搗米,真希望把天捅出一個洞來工作方便些,就一邊舂米一邊捅天,可是女人力氣小,就叫丈夫「咖道」來幫忙。

「咖道」和「嘎拉斯」兩夫妻抓住長杵,用力往上一提,「蹦」地一聲巨響,把「天」捅出了一個大洞來,在一陣嘩嘩的聲音中,「天」慢慢地升起來了。

「天」升高之後,風來了,光也來了;自此,人們的生活就幸福快樂了。這都是「咖道」和「嘎拉斯」兩夫妻的功勞。

話說「咖道」和「嘎拉斯」兩夫妻撞破了「天」，使「天」升高，傳說「在一陣閃閃的白光中，他倆被風捲上了天宮，以後就變成了天上的月亮和太陽。所以，百宛人叫月亮做『嘎拉斯』，稱太陽為『咖道』」。

《原語による台灣高砂族傳說集》，小川尚義、淺井惠倫著（昭和十年），余萬居譯：（註七）

> 據說古時候天空低，有兩個太陽，人們難消受。人們只是工作，未曾睡覺。（他們常說：）「這該怎麼辦呢」？（有一次）tokanivon 家的人舂粟，杵撞了天，有個太陽掉了下來，天也昇高，因而有了夜晚了，我們也可以睡覺了！

本則故事敘述，以前「天」很低，tokanivon 家的人舂粟，杵撞了天，天也昇高了。

《原語による台灣高砂族傳說集》，小川尚義、淺井惠倫著（昭和十年），余萬居譯：（註八）

> 有一群女人，在屋頂上舂小米，可是，天很低，太陽很熱。於是，女人乃商量說：「太陽為何如此之熱呢？」其中一個人說：「如果我們用杵撞它呢？」說了，真地就撞。這一來，有個太陽瞎了，那個月亮就是它。接著，天空 tsalugtsag……地叫著，往上昇高。

本故事說古代有兩個太陽，有一個被杵撞瞎了，就是現在的月亮。

註釋

註一：許功明、柯惠譯《排灣族古樓村的祭儀與文化》，台北，稻鄉出版社，1998年9月。
註二：陳千武譯述《台灣原住民的母語傳說》，台北，台原出版社，1995年5月。
註三：林道生《台灣原住民族口傳文學選集》，花蓮縣立文化中心，1996年6月。
註四：同註二。
註五：同註二。
註六：范純甫主編《原住民傳說（上）》，台北，華嚴出版社，1996年8月。
註七：內政部委託台灣大學人類學系研究《台灣山胞各族傳統神話故事與傳說文獻編纂研究》，1994年4月30日。
註八：同註七。

排灣族變異與災變口傳文學

第六章

　　民間故事凝聚了民眾的情感與風俗，「變形」母題在民間故事中具有特別的文化意涵。這些古老和耳熟能詳的故事之所以能廣布流傳至今必定有著深刻的原因。故事的寓意對古人來說並不複雜，他們總是能直觀地明白説者的意圖。台灣原住民各族群世世代代流傳著口傳故事，而其中變形故事更是大量的出現，變形的材料及方式豐富且有趣，變形情節除了增加故事的豐富性與趣味性，必定有其創造及流傳的原始思維。

一、排灣族人變鳥傳說故事

　　林道生《台灣原住民族口傳文學選集》載卡吉來社〈鳩古路易鳥與嘎嘎鳥〉：（註一）

　　　　在卡吉來社部落，住著一位母親。這位母親有兩個孩子，由於母親常常去田裡工作，因此常常要哥哥揹著弟弟去玩。有一天，母親要去田裡摘蕃薯葉做菜，便又吩咐哥哥揹弟弟去玩。可是，不久小弟弟哭泣得很厲害，怎麼哄他都不停止哭泣，而且哭聲越來越大。因此，哥哥便揹著弟弟去田裡找母親。「媽！把弟弟放下來吧！他哭個不停哪！」「再等一會吧！我得摘更多的地瓜葉子才夠吃啊！」弟弟繼續地哭泣著。哥哥實在是受不了了。「媽！把他放下來吧！」可是媽媽還是不答應，忙著她的工作。中午到了，媽媽自己在田邊的樹底下吃午飯，也沒叫孩子一起來吃。哥哥看著，心裡很難過地自己走往田裡的另一邊去。哥哥割斷了揹弟弟的方巾，放下弟弟，然後又把方巾撕成一條一條地。用樹葉為自己跟弟弟做成鳥的翅膀綁了起來。在那邊模仿空中的飛鳥練習飛行。過了一會，吃過午飯的媽媽來到。看他們那怪模怪樣，又頻頻往上衝地在練習飛上天空。「你們為甚麼那麼笨地要學鳥兒飛呢？趕快回

家！」但是，哥哥並不想回家。他對母親說：「我們要做一隻會飛的鳥！」母親聽了很生氣，心想：「這個笨孩子怎麼有這種怪想法呢？」就在這個時候，孩子們飛了起來，飛過母親的頭上。把母親嚇了一大跳。孩子們越飛越遠。兄弟倆在空中談話。「你往西邊飛去，我飛東邊。」哥哥對弟弟說。兄弟兩準備要分手了，他們用嘴巴互相啄一啄，哥哥說：「當我們下次再回到這裡相會的時候，恐怕都是白髮的老人了！」兄弟倆便依依不捨地分手各自飛向自己的前程。不知道經過了多少年，兄弟倆才又見面。那時候這兩隻鳥的頭上都變白了。他們停在樹梢上互道平安，敘述過去的一切。哥哥鳥一聲啼叫：「嘎嘎！嘎嘎！」弟弟鳥便回應地啼叫：「鳩古路易！鳩古路易！」今天，山上有鳩古路易鳥和嘎嘎鳥，就是這樣來的。

本則是「鳩古路易鳥」和「嘎嘎鳥」的傳說故事，這兩種鳥是人類的小孩子變成的，哥哥是變成「嘎嘎鳥」，弟弟變成「鳩古路易鳥」。

哥哥揹著弟弟到田裡找媽媽，中午到了，媽媽自己在田邊的樹底下吃午飯，也沒叫孩子一起來吃。哥哥心裡很難過，就割斷了揹弟弟的方巾，放下弟弟，把方巾撕成一條一條地，用樹葉為自己跟弟弟做成鳥的翅膀綁在身上，變成了天上的飛鳥，離開沒有愛心的媽媽。

林道生《台灣原住民族口傳文學選集》載內社〈戛蓋鳥和久古利鳥〉：(註二)

有一天，母親對大兒子戛蓋說：「快去背弟弟來，我們要去田裡挖地瓜。」戛蓋便去背弟弟久古利，跟隨母親一起去田裡。到了途中，戛蓋說：「媽媽！弟弟換你背，我很累！」母親說：「等一下，到了那瓦那瓦爾（navanaval）就由我來背。」到了那瓦那瓦爾，戛蓋又對母親說：「媽媽！弟弟給你背，我實在很累了！」母親說：「等一下，到了西路瓦路瓦吉（silvilvic）再交給我背。」可是到了西路瓦路瓦吉，母親仍然不願背弟弟

久古利。因此哥哥又哀求地說：「媽媽！我把弟弟交給你好嗎？我實在很累了！」母親說：「等一下，我要採地瓜葉，等採完了我會餵弟弟吃奶。」戛蓋又說：「媽媽！久古利交給你啦！弟弟實在很重呀！」母親說：「再等一下，我現在要煮飯了。」戛蓋說：「是的，媽媽！但是弟弟真的很重，我已經受不了了！」母親說：「再等一下，我要從灶上面把飯拿下來，放到木頭上面。」戛蓋說：「媽媽！久古利交給你，我們也該吃東西了！」媽媽聽了，丟了一個地瓜給他，戛蓋去掉了地瓜皮，把肉的部分用手拿著越過肩膀來餵弟弟吃，然後又對母親說：「媽媽！也給我一個吧！」可是，母親丟過來的是地瓜皮，戛蓋只好從皮上面剝下些剩肉吃。這時候母親也吃飽從樹上下來。戛蓋說：「媽媽！我累了，弟弟交給你！」母親說：「等一下，我要收拾東西準備回去了！」戛蓋說：「媽媽！給弟弟吃奶吧！」母親說：「再等一下，我把這些東西搬到小丘那邊去，我會回來。你在這邊等著。」母親說完便走了，等了些時候，天也黑了。戛蓋心想：「奇怪了！媽媽說要回來的，到底在哪裡呢？」這時在遠處有了火光，戛蓋以為是母親拿著火把來接他們。等火光近了，才知道原來是螢火蟲的亮光。戛蓋對弟弟說：「久古利你下來，我不能背你了，我實在累了。我們必須來做些什麼才行。哦！對了！我們來做小鳥吧！」戛蓋把背負弟弟用的帶子撕裂成一半做成尾巴。又把包弟弟的四方布撕成兩半做成翅膀。然後告訴弟弟說：「久古利，我們爬到樹上去，再飛去找爸爸。」由於天黑了，不見孩子們回來的父親這時也出去找他們。在途中遇到妻子一個人回來而問：「吉克吉克呀！我們的孩子在哪裡呢？」妻子回答：「他們在後面，應該馬上就到了。也許在途中做什麼吧！」父親說：「我去迎接他們！」而快步向前走去。父親回來說：「我的孩子們在哪

裡呢？我怎麼在路上沒碰到他們呢？」這時候，已經變成小鳥的孩子們停在樹上說：「爸爸，我們都在這裡。因為媽媽欺負我們，我們只好變作小鳥。」父親聽了說：「啊！原來如此！」父親回到家裡，大聲叫著他的妻子：「吉克吉克，你過來！」父親拿起山棕櫚枝猛抽打他的妻子，他的妻子便變成一隻老鼠「咕！咕！」地叫著說：「從今以後我要咬壞你那擺放貴重物品的月桃箱子！」兩隻小鳥，一隻夏蓋鳥，另一隻是久古利鳥，也啼叫著說：「再見了，我們要飛到別處去了，要找我們的話就到大武山來吧！」

本則傳說故事基本上與上則故事相同，都是同一種鳥，本則故事則多了一個情節就是，父親得知兩個孩子變成了小鳥，非常生氣，拿起山棕櫚枝猛抽打他的妻子，他的妻子便變成一隻「咕！咕！」叫的老鼠。

范純甫主編《原住民傳說（下）》載〈鳩閣雷與阿艾鳥〉：（註三）

百宛人的獵手，什麼飛禽走獸都打，就是不打兩種鳥：一種是深山老林裡的「鳩閣雷」，一種是平原樹下的「阿艾鳥」。大家都說牠們是益鳥。鳩閣雷和阿艾鳥是兩兄弟變的；為什麼兩兄弟會變成兩隻鳥，就得從兩兄弟的父母說起。那是古老的年代，有對年輕夫妻，兩個人都生成倔強性子，但剛結婚時，小倆口還合得很好：白天一同下地種田，一起上山砍柴，到了晚上，男的編織藤筐，女的紡紗織布；夫妻倆一塊幹活，一塊唱歌。兩人相親相愛，不久妻子懷孕了，小倆口更是快樂。是生個男的好呢，還是生個女的好？夫妻倆各有各的心思：丈夫說：「生個男孩好！」妻子說：「生個女孩好！」夫妻倆常為這件事爭吵，有時鬧得臉紅脖子粗。這天，妻子臨產了，生了個胖墩墩的男娃娃。妻子因不高興，對生下來的男孩不理不睬，餵奶也是有一頓沒一頓的，丈夫見兒子餓得呱呱哭鬧，又

痛心又氣憤。月起月落，花開花謝，日子過了三年，妻子又懷孕了。妻子說：「要是生個男孩，我就不奶大，任他死去！」丈夫也使倔，把那硬邦邦的話甩了過去：「你敢，孩子死，我也不叫你活！」。就這樣，孩還沒出世，夫妻心裡的疙瘩，就在吵聲裡越結越大。一天又一天，一月又一月，妻子懷胎到十月，又臨產了。孩子哇地一聲出胎，一看還是生了個男孩。妻子更氣了，對老二比對老大還苛刻，吃奶從不讓孩子吃飽，一天也只餵個回把，氣得她丈夫常打她。妻子恨丈夫，連帶也恨兒子了。對兩個兒子，她死活不理，由丈夫去管。沒娘愛的孩子苦呵！衣服成了破筋筋，人瘦瘦，臉青青，誰見了都可憐，都痛。時間又過了五年。這天，丈夫去打獵，想到山裡弄點山羊獐麂回來，讓兩個兒子吃頓好的。臨走前，他對妻子說：「我走了，孩子照顧點。」妻子聽了，不點頭，也不吭聲。丈夫走了，妻子也下地去了，把兩個孩子扔在家裡，餓得兄弟倆歪歪巴巴，七蹭八蹭地找到田裡來，見娘正在樹下吃蕃薯，就上前伸手要吃的：「媽媽，我們肚子餓啦！」當媽的，心也不軟一下，竟拿些剩下的薯蒂和薯皮給孩子吃。老大很懂事，盡揀厚厚的薯皮給弟弟吃，自己吃些薄薄的。弟弟吃不飽，又哭又鬧，哥哥又伸手向媽媽討。媽媽不耐煩地說：「沒有了，要吃，你倆在這裡等著，我回家拿去。」就把兩個兒子扔在地裡，自己就走了。回到家，她磨磨蹭蹭的，到快天黑了，也不見她去給孩子弄什麼吃的，就想上床睡了。正好這時，她丈夫背著山羊、鹿子回來了，不見兩個兒子，就問：「孩子呢？」妻子說：「在田裡呢！」丈夫聽了好火，這麼黑了，還讓孩子在田裡。他什麼心思也沒了，點起一支火把，便下田找孩子去了。……天黑漆漆的，風又大，丈夫一邊找，一邊叫，找了好幾處地方，沒聽到一聲回音，也沒見到一個人影。此時，這倆

兄弟，正傷心地哭著哩。他倆躲在一個山坳坳的地方，又冷又餓，不見媽媽回頭拿吃的來，又不見來領他倆回家，越想越難受，正抱成一團哭著呵！哥哥說：「弟弟，媽媽不愛我們，我們不如死了，變成鳥還好！」弟弟說：「哥哥，死了好，變成鳥還自在，到處都可以找到吃的。」於是，兄弟倆把身上的衣服脫下來，扯成四條長塊，剩下的全撕成一條一條的布筋筋——這就是鳥的翅膀和羽毛了。說也神，兄弟倆真的變成了兩隻鳥，哥哥變成鳩鬪雷，弟弟變成阿艾鳥！兄弟倆真的變成了兩隻鳥，想到要飛走，要離開爸爸，心裡又難受了，傷心地哭了起來。這時正好爸爸找來了，見變成鳥的兩個兒子在風中痛苦地旋轉著，就說：「孩子，可憐的孩子，跟我回去吧！」兄弟倆說：「不，媽媽對我們不好，我們不回去了！」爸爸又說：「孩子，回去吧，媽媽不好，我們不跟她一起過。回去吧！」兄弟倆說：「不行了，我們已經變成鳥了！」說著，兩隻鳥飛了起來，一前一後地圍著爸爸頭上轉了三圈，「爸爸！爸爸！爸爸！」地連叫了三聲，就一個飛上高山，一個飛向平地。所以，至今在排灣人居住的地方，哥哥變成的鳩鬪雷生活在深山老林裡，弟弟變成的阿艾鳥則生活在平原坡地一帶。再說，爸爸見兩個兒子變成鳥飛走了，痛苦得像刀子戳心，對妻子就更憤恨了。一回到家，他就跟妻子大吵，妻子也不讓，兩人就打起架來。丈夫火了，拿起一支竹鞭子就抽，見鍋裡的水開著，又舀了一瓢朝妻子潑去，只見妻子倒在地上，吱吱吱地叫著，滾來滾去，最後竟變成了二隻老鼠。也從這以後，百宛人的祖先傳下話來：不准用竹鞭子打人；慢慢地，這不僅成了生活中的禁忌，也形成為一種風俗。而那兄弟倆變成的鳩鬪雷和阿艾鳥，傳說以後牠們就專門吃鼠。不管是在高山平地，樹下田邊，路旁屋後，也不管是白天或是黑夜，牠們見到老鼠就抓起來吃。

　　排灣族的獵人不打兩種鳥：「鳩閣雷」和「阿艾鳥」，因為傳說牠們是被母親虐待的兩兄弟變成的。

　　林道生《原住民神話‧故事全集（三）》載卡拉波社〈姊妹化作鳥〉：（註四）

　　　　從前，有一對生有兩個女兒的夫妻。有一天，父親去打獵，母親要姊姊揹著妹妹三個人一起到田裡挖掘芋頭。到了田裡姊姊背上的妹妹哭個不停。姊姊努力的搖著、哄著，可是妹妹的哭聲還是不停。姊姊想：「或許妹妹是餓了吧！」而請母親餵妹妹奶。但是母親說：「還早啦！」繼續挖掘芋頭。等到挖好了芋頭，母親開始煮芋頭，也不想餵妹妹。妹妹的哭聲越來越大，姊姊揹著妹妹到母親旁邊要求給妹妹餵奶。母親還是回答：「等一下！」不一會芋頭煮熟了，母親拿著熟芋頭坐到木棚上自己吃了起來，只把剩下的芋頭皮丟給姊姊。姊姊傷心的哭著撿起掉在地上的芋頭皮，剝下黏在皮上僅有的一點點芋頭肉給妹妹吃。吃飽了的母親，話也不說一聲的走了。姊姊看了這情形非常難過的想：「母親這樣對待我們姊妹，我們留在這個家還有什麼意思呢？我真不如天空中的鳥呀！」想了又想，姊姊放下揹著的妹妹，脫下自己的衣服把它撕成四片做成翅膀綁在雙臂上，也為妹妹做了翅膀。先為妹妹擺動幾下雙臂，然後自己擺動，姊姊兩個便飛了起來，姊姊變成一隻特弗路伊鳥，妹妹變成卡卡伊鳥，在空中一起飛行很是快樂。傍晚，父親打獵回來，姊妹鳥在父親頭上飛著，向父親申訴母親是如何無情的對待她們姊妹，然後飛走了。父親回到了家，正好妻子在燒開水，父親隨即用那開水潑向妻子，被滾燙的開水潑了的妻子「吱吱」的叫了兩聲，變成一隻老鼠，害怕的鑽到洞裡去了。從此，老鼠也經常咬破衣物、器具的報復，以洩牠心中的怨恨。

　　這是一則惡劣母親虐待一對姊妹變成鳥的故事，最後母親被父親用滾燙的開水潑了，變成了老鼠。

二、排灣族人變青蛙傳說故事

范純甫主編《原住民傳說（下）》載〈喳嘓兒〉：（註五）

　　有個叫拔催斯的男人，很怕老婆。這老婆是個「母老虎」，可厲害著哩。要是丈夫上山打獵空手回來，她就沖著男人「哇哇」地罵個不停，不給他飯吃，也不讓他進房間睡覺。因此，拔催斯一聽見她那「哇哇」的聲音，心就跳了，臉就青了，而腳顫顫，身子抖抖，連話也說不清了。這天，這個饞嘴老婆想吃野味了，叫丈夫上山去打獵，拔催斯「嗯」地應了一聲，背起弓箭就出了門。一彎過屋邊那口池塘，他就覺著輕鬆，腳步也快了。拔催斯出了部落，上了大山，翻過一嶺又一嶺，穿過了一林又一林。他走呀走呀，第一天什麼鳥獸都沒打到；他轉呵轉呵，第二天還是什麼都沒打到；他跑喲跑喲，第三天仍舊什麼都沒打到。帶在身邊的乾糧都吃光了，拔催斯想想不敢回去。帶在身邊的茶水也喝光了，拔催斯想想，還是不敢回去。他就在山林裡轉喲轉喲，走呀走呀，人走累了身子瘦了，兩條腿也越走越長了。最後，拔催斯歪歪扭扭地來到一口山塘前，他餓得厲害，也渴得厲害，想喝幾口山塘水填填肚、解解渴。誰知他身子太虛弱了，剛蹲下眼就一花，便栽進塘裡淹死了，變成了一隻青蛙。就是我們常見的那種肚子鼓脹脹、身子瘦乾乾的長腿青蛙，原住民叫牠「喳嘓兒」。拔催斯變成了喳嘓兒倒活潑了起來，牠「哇哇」地叫著，一蹦一蹦地跳回家，在他家旁邊的池塘裡住了下來。從此，不管是白天或是晚上，喳嘓兒總是鼓著一肚子的氣，「哇哇」地叫著，鬧得那老

婆吃無味、坐不安，睡不寧，躲也無處躲，急得像個瘋子一
樣。排灣人住的地方常常見到這種喳喞兒，人們一聽到牠那
「哇哇」的聲音，就說：「丈夫在罵他的老婆了！」

本則傳說故事敘述，有一位非常兇的老婆，她的丈夫拔催斯非常害
怕她。要是丈夫上山打獵空手回來，就被她罵得狗血淋頭，不給他飯
吃，也不讓他進房間睡覺。

太太只要一開罵，丈夫「心就跳了，臉就青了，而腳顫顫，身子抖
抖，連話也說不清了」。

有一回，太太叫丈夫上山狩獵，丈夫在山中打獵數天，都沒有獵獲
物，她更不敢回家了。

丈夫的食物吃完了，又飢又渴，他來到了山塘想喝幾口水填填肚、
解解渴。誰知他掉進塘裡淹死了，變成了一隻青蛙。

青蛙一蹦一蹦地跳回家，在他家旁邊的池塘裡住了下來。「不管是
白天或是晚上，喳幗兒總是鼓著一肚子的氣，「哇哇」地叫著，鬧得那
老婆吃無味、坐不安，睡不寧，躲也無處躲，急得像個瘋子一樣」。

三、排灣族人變老鼠傳說故事

《生蕃傳說集》，佐山融吉、大西吉壽著（大正十二年），余萬居
譯：(註六)

古時某社有人打群架，有人站出來勸解，可是打架者都在
氣頭上，活活把那調解者打死。調解者心有不甘，馬上就變成
了老鼠，決定夜夜偷食人們的穀類，以洩其恨。

有人打群架，調解者被打群架者活活打死。調解者當然心有不甘，
死不瞑目，因此馬上就變成了老鼠，天天夜夜偷食人們的穀類，以洩其
勸架反而被打死之恨。

《生蕃傳說集》，佐山融吉、大西吉壽著（大正十二年），余萬居
譯：(註七)

　　古有一人，名 sarizumu，用泥土塑了一隻老鼠，向其吹氣、唱歌，泥老鼠竟活了起來，到處去吃粟。父親不在時母親虐待孩子，孩子變成了鳥兒，父親回來，用滾熱的水往母親身上潑，母親遂變成了老鼠。

本則傳說故事敘述兩件事：

（一）有人用泥土塑造一隻老鼠，向其吹氣、唱歌之後，泥老鼠竟然有了生命活了起來，而且到處去吃粟。

（二）母親虐待孩子，致使孩子變成了鳥兒，父親一氣之下用滾熱的水潑向妻子身上，妻子變成了老鼠。

四、排灣族人變熊與豹傳說故事

《生蕃傳說集》，佐山融吉、大西吉壽著（大正十二年），余萬居譯：（註八）

　　古有一男子，每晚都到某家去見一少女。有一天，少女開了個玩笑，把那男子每次一來就坐的臼藏了起來，從此，男子就未曾再來過。少女很傷心，到處找，就是沒有找到那男子。後來，人們獲知該男子已經變成了熊。有個朋友可憐他，也進入山中成了豹。熊的毛色之黑，是那朋友嫉妒該男子之英俊，有一天用墨把他染黑所致，至於豹的毛色之美，是該男子同情羨慕他的那朋友，特別用心給他塗成鮮明黑黃間雜紋樣所致。

本則傳說故事敘述，有一男子，每晚都到某少女之家，但是，有一日，少女開了個玩笑，把來訪男子常坐的臼藏起來，從此，該男子就沒有再來過。因為他已經在山中變成了熊，其友可憐他，也進入山中成了豹。熊與豹互塗顏色，變成了現今之毛色。

《生蕃傳說集》，佐山融吉、大西吉壽著（大正十二年），余萬居譯：（註九）

某地有兄弟二人，弟弟羨慕哥哥的美衣，將之偷走。哥哥大怒，窮追其後。弟弟穿上了那美衣，變成了豹，所以，哥哥就變成了熊。因此，現在熊依然窮追豹而不甘休。

本則傳說故事謂，熊與豹本來是兩兄弟，弟弟偷走了哥哥美麗的衣服，哥哥非常生氣，窮追其後欲奪回其衣服。

弟弟穿上了偷盜哥哥那件美麗的衣服，變成了豹，而哥哥變成了熊。至今熊還窮追不捨著豹。

《生蕃傳說集》，佐山融吉、大西吉壽著（大正十二年），余萬居譯：（註十）

古有一女，生了個私生子，自覺慚愧，把嬰兒放在 jarajak（台灣松）上面，緊緊用布綁住，棄置在那兒。可是，嬰兒卻脫了綁，「nyao、nyao……」地哭著，從樹上下來，走進山中去變成了豹。今人縱使有殺豹等情事，也不會吃豹的肉，另外，殺了豹之後也一定要像獵得人頭一樣舉行 parisi（祭祀），因為牠原來是人。

本則傳說敘述，排灣族人不吃豹肉，因為豹原來是人變成的。

《生蕃傳說集》，佐山融吉、大西吉壽著（大正十二年），余萬居譯：（註十一）

某地有兄弟二人、哥哥 kurere 是個美男子，身邊常有少女們雲集，撒嬌獻媚。反之，弟弟是個醜男子，沒有人願意親近。可是，母親疼愛弟弟 puraruyan 而憎惡哥哥。有一次，兄弟一起出草去，母親在弟弟的飯包裡裝的是肉和麻糬，卻給哥哥的飯包裝了蒼蠅和頭髮……等東西。在路上打開飯包一看，kurere 的飯包裡裝的不是人之所能下嚥的東西，kurere 很傷心，也埋怨母親的無情。弟弟百般安慰他，可是他不聽，終於身纏黑布，變成了熊。弟弟也以不能單獨回家為由，同樣走入山中，變成了豹。

這是一則母親偏私的愛，致使兩兄弟變成了豹與熊。

五、排灣族人變山羊傳說故事

《生蕃傳說集》，佐山融吉、大西吉壽著（大正十二年），余萬居譯：（註十二）

> 古有父子二人下田幹活，兒子不肯賣力，讓年老的父親做得滿頭大汗。老父生了氣，用木鋤打兒子的頭，兒子驚慌，向崖下跑，可是，打在頭上的木鋤插了進去，怎麼也拔不出來，變成了角。兒子無奈，只好逃進山中做了山羊。這便是山羊之祖。

本則傳說故事敘述，因為兒子工作不賣力，老父氣極，用木鋤打兒子的頭，木鋤插進他的頭變成了角，只好逃進山中做了山羊。

六、排灣族人變猴子與穿山甲傳說故事

《生蕃傳說集》，佐山融吉、大西吉壽著（大正十二年），余萬居譯：（註十三）

> 古有二男子，一起到山上去採 karujiji 的果實，兩人約好一個爬上樹摘果實扔下，一個在樹下撿拾整理，可是，在樹下者心生貪念，悄悄地把熟了的果實埋在地中，只把未熟的果實收集成堆在地上，上樹者起疑，兩人爭吵不休，而在樹下者終於成了穿山甲，攀上樹者則終於成了猴子。

本則傳說故事謂，兩人到山上去採 karujiji 的果實，一個人爬上樹摘果實，一個人在樹下撿拾整理。可是在樹下的人把熟了的果實埋在地中。因此兩人起了爭執，在樹下者變成了穿山甲，爬上樹摘果實者變成了猴子。

七、排灣族人變山傳說故事

林道生《台灣原住民族口傳文學選集》載卡沙亞沙亞社〈人變成山〉：（註十四）

> 從前，一對叫特可與布拉露康的夫妻⋯⋯生了兩個小孩，叫庫利利及胡拉路樣。⋯⋯母親對於同是自己親生的孩子⋯⋯愛弟胡拉路樣，卻嫌棄哥哥庫利利，⋯⋯有一天，兄弟二人跟村人一起去打獵，母親在哥哥的飯盒裡只裝了頭髮，在弟弟的飯盒內放了肉。⋯⋯哥哥⋯⋯悲傷地說：「為了不使媽媽經常虐待我，我要永遠留在這裡而變成了一座山。」弟弟⋯⋯也決定不回去了，隨即也變成一座比哥哥小的山。⋯⋯

母親因為虐待哥哥，讓哥哥萌生變成一座山的決定，弟弟雖然被母親寵愛，但是母親虐待哥哥，弟弟看在眼裡，也決定陪伴哥哥，也變成了一座比哥哥小的山。

八、排灣族大武山變高了

《原語による台灣高砂族傳說集》，小川尚義、淺井惠倫著（昭和十年），余萬居譯：（註十五）

> 古時，那 tomapalapalai 山和大武山都很高，他們說：「這不行！」大武山向 tomapalapalai 山說：「快變低吧！」tomapalapala 向大武山說：「好！快！快！你先變低！」大武山說：「不，你才要先變低！」tomapalapalai 聽了大武山的話，矮了下去，但是大武山未矮縮，因此大武山顯得高了。大武山之所以高，其因在此。

本故事敘述大武山顯得比 tomapalapalai 山高的原因。

林道生《台灣原住民族口傳文學選集》載下排灣社〈大武山〉：（註十六）

　　從前，在下排灣社後面有一座特馬巴拉巴萊山（tomapalapalai），它與大武山一樣的高。有一天，兩座山都認為這樣不好。大武山說：「喂，我的鄰居特馬巴拉巴萊山呀，兩座高山並排在一起，看起來並不怎麼好看，應該要低一點才好」。特馬巴拉巴萊山說：「對呀，我也覺得兩座高山並排在一起不好看。」大武山說：「讓我們都變低一點看看？你先變吧！你的能力向來很強。」特馬巴拉巴萊山不知道是大武山的陷阱而說：「好，你看我怎麼變的！」特馬巴拉巴萊山一下子就變低了。大武山看著變低了的特馬巴拉巴萊山，自己很高興地不願變低，仍然矗立在那邊。可是特馬巴拉巴萊山後來雖然知道上了當，但是已經變不回來了，因此大武山到今天還是排灣族最高的山。

本故事敘說特馬巴拉巴萊山和大武山本來一樣高，特馬巴拉巴萊山被大武山騙了而變矮。

范純甫主編《原住民傳說（下）》載〈兄弟山〉：（註十七）

　　從前有一對夫婦，生了克利里和布拉爾陽兩個兒子。母親偏愛小兒子布拉爾陽，一點也不愛大兒子克利里，而且常常虐待他。有一天，兩個兒子要和社人去狩獵，母親就在哥哥飯裡放了些頭髮，弟弟的飯裡卻放了好吃的肉。兄弟兩個人在山上吃飯時，哥哥因飯裡雜有頭髮不能吃，非常失望，悲痛的說：「我寧可不回家，以免常被母親打罵。」說罷，變成了一座山。弟弟自己一個人也不想回去，也就同樣地變成了山。這就是大武山和霧頭山。

本則故事敘說大武山和霧頭山是兩兄弟變成的。

范純甫主編《原住民傳說（下）》載〈大武山和露頭山比高〉：（註十八）

從前，大武山和霧頭山是兄弟，弟弟的大武山比哥哥的霧頭山較低一點。有一天，大武山對霧頭山說：「哥哥，你可不可以變低一下身子？」哥哥聽見弟弟這麼說，就點頭把自己縮低了。弟弟看見了很歡喜，趁此機會就伸長身子。自此變成了大武山比霧頭山高啦。

九、排灣族人變臭蟲

《生蕃傳說集》，佐山融吉、大西吉壽著，大正十二年，余萬居譯：（註十九）

男子 Pujajan 嫌棄老女，跟年輕貌美的 Tsiyoko 結了婚，老女生妒，變成臭蟲去咬死了他們。

《生蕃傳說集》，佐山融吉、大西吉壽著，大正十二年，余萬居譯：（註二十）

Sukusukus 社曾有兄弟二人，弟弟 Kataira 在河邊發現了個美女，把她藏在小農屋裡，卻被哥哥 Sauraruyan 搶走。弟弟變成了臭蟲去咬他們，哥哥嫌煩，把牠捉住，擲入火中，臭蟲邊說：「偷人家女人的哥哥……！」一邊就死了。

《生蕃傳說集》，佐山融吉、大西吉壽著，大正十二年，余萬居譯：（註二一）

古有一男子，名 Tutuur，有一次到河邊去取水，可是水濁不堪飲用，所以沒有取。第二天和第三天仍然如此。Tutuur 仔細瞧瞧水中，發現了一隻螃蟹。Tutuur 猜想原因必在於牠，把牠給殺了，此時，眼前突然出現了一個美女。Tutuur 捨不得美女，所以就脫下衣服裹住她，把她帶回家去藏在穀倉裡。同一天，頭目獵得一鹿，Tutuur 分送鹿肉。Tutuur 沒有拿去分給頭目的親戚，而是把它帶回自己家裡，若無其事地去給頭目覆命。Tutuur 回來得太快了，頭目生疑，夜裡到他家屋外去

查看。屋裡有人說：「妳喜歡鹿心呢？還是鹿肉？」接著又傳出女人的聲音。頭目推門而入，看到的竟是一個絕世美人，所以就硬逼 Tutuur 讓賢。決定在那裡住下一宿，把女人拉到自己的身邊去。煮熟的鴨子被端走了，Tutuur 不甘，所以也往榻邊躺下去。頭目以阻礙他吐痰為由，叫 Tutuur 到別地方去睡。Tutuur 不敢違逆，去躺在他們的腳邊，頭目說不能伸腿。Tutuur 躺到頭目的手邊去，頭目罵說不要摸到他的手。Tutuur 大感委屈，繼而恨得咬牙切齒，說：「我到臼裡面去睡好了！」而 Tutuur 一進臼就變成了一隻臭蟲，立即爬出來吸那美女的血，直到血涸致死為止。

《生蕃傳說集》，佐山融吉、大西吉壽著，大正十二年，余萬居譯：（註二二）

　　古時候，Sirabuku 社有個絕色美女，芳名 mokai。頭目 Kurere 愛上了她，夜夜去 Kisojo（夜訪），另有男子 Tsyokorar 也去 Kisojo。一天，Tsyokorar 要去找 mokai，卻在路上遇到了正要下田去工作的她。於是，他就把她放進袋中帶回家去。當天傍晚頭目自山中獵得山豬回來，Tsyokorar 也去道賀，並幫做舂製麻糬等事。頭目要 Tsyokorar 去跑腿，替他分送獸肉和麻糬去給他的親戚們。Tsyokorar 領命就走，卻沒有真正去執行，而是逕自回家去，把肉和麻糬藏在一個桶子裡。夜深之後，Tsyokorar 把 mokai 從袋子裡放了出來，給她麻糬和肉吃，可是 mokai 不吃，兩人還因此口角兩、三句。頭目也去找過 mokai，沒有找著，這時恰好找到 Tsyokorar 家來。頭目來到門外，就聽到屋內有人聲，就想衝入，但是大門緊鎖，進不得。頭目怒如烈火，掀屋頂而入，搶走了 mokai。Tsyokorar 難斷情，纏著他們兩人不放，久而久之，終於變成了臭蟲，使得他們痛苦不堪。

《生蕃傳說集》，佐山融吉、大西吉壽著，大正十二年，余萬居譯：（註二三）

> 古時有一美女，叫做 Mokai，跟老人 Puraludan 結了婚。可是 Mokai 本來就有一個情夫 Pururugan，所以很想脫離老人的掌心。有一天，老人打獵去了，她馬上把情夫引進屋裡，享樂一番。傍晚時 Pururugan 暫離，Mokai 躲進廁所裡去。老人回來了，見不到 Mokai，正大失所望而垂頭喪氣時，Pururugan 來訪。老人請他代勞，送獸肉去給親戚，他卻繞到屋後去，進廁所裡，跟 Mokai 兩人吃起那些肉來，談談笑笑。老人聽到，燃火把去，目睹其親暱狀，醋勁大發之餘，說：「可惡的姦夫淫婦！此恨不報，我死也不瞑目！」就變成了臭蟲，附到他們身上去，使得他們痛癢難受。他們拿滾燙的開水往那蟲子潑，臭蟲哭著說：「我的妻子被槍走了，我的妻子被槍走了！」……便死去了。

十、排灣族災變故事

《原語による台灣高砂族傳說集》，小川尚義、淺井惠倫著（昭和十年），余萬居譯：（註二四）

> 這一塊土地，是個叫做 salaats 人，用藤子和一種叫 tsatsuun 的葛，把它綁住了的。而，據說是 salaats 心想：「我綁上了繩子會不會自然腐朽呢？」且想換一換其物而予以換了的時候，土地就會動。傳說中說偶爾會動得久一點，或震動很多次，是 salaats（下手）試探土地是否牢固所致。

本則傳說故事謂，人類居住的地球是被綁著的，所以才不會墜落。

本故事情節要述如下：

（一）地球是被一個叫做 salaats 人，用藤子和一種叫 tsatsuun 的葛，把它綁住了的。

（二）當 salaats 換新的繩子的時候，土地就會動。

（三）當 salaats 換新的繩子的時候，換得久則地動會久一點，或震
動很多次。

（四）地球會震動，是因為 salaats 試探土地是否牢固所致。

〈台灣土著の口碑〉《東京人類學會雜誌》，明治四三年（1910），伊
能生著，劉佳麗譯：（註二五）

> 從前，一場強烈的大地震，人類悉數罹難，僅一對兄妹倖
> 免於難。於是兩兄妹結婚生子，但所生子女皆不健全，後來與
> 異族通婚，再也沒有產下不健全的孩子。

本則傳說故事敘述，古代曾經發生過一場強烈的大地震，人類全部
都罹難了，只有一對兄妹存活。後來兩兄妹結婚生子。

本故事涉及到近親婚生下的子女會不健全，而與沒有血親的人結
婚，才會生下很好的孩子。

註釋

註一：林道生《台灣原住民族口傳文學選
集》，花蓮縣立文化中心，1996 年 6 月。
註二：同註一。
註三：范純甫主編《原住民傳說（下）》，
台北，華嚴出版社，1998 年 4 月。
註四：林道生《原住民神話·故事全集
（三）》，台北，漢藝色研文化公司，2002
年 12 月。
註五：同註三。
註六：內政部委託台灣大學人類學系研究
《台灣山胞各族傳統神話故事與傳說文獻
編纂研究》，1994 年 4 月 30 日。
註七：同註六。
註八：同註六。
註九：同註六。

註十：同註六。
註十一：同註六。
註十二：同註六。
註十三：同註六。
註十四：同註一。
註十五：同註六。
註十六：同註一。
註十七：同註三。
註十八：同註三。
註十九：同註六。
註二十：同註六。
註二一：同註六。
註二二：同註六。
註二三：同註六。
註二四：同註六。
註二五：同註六。

排灣族農耕
口傳文學

第七章

排灣人探索了一套適應當地氣候條件，宜於作物生長的農時程序，一年的農活是從陽曆頭年的十二月開墾整地、播種粟子開始，到翌年十一月收穫芋頭、薯類，清理田地為主。主要農事的安排是：頭年，十二月至翌年一月開墾、整地；二月收穫樹豆；三月播種粟子；四月種花生；五月種芋頭；六月割粟子；七月收穫花生；八月收穫豆類，舉行粟收穫節；九月舉行豐收節；十月收穫芋頭和各種薯類；十一月清理土地。對土地的利用比較合理，善於間作套種，並且實行輪耕和土地休耕制。排灣耕作稻田的歷史較早，是向漢族學習的。特別在沿海一帶，和漢族相鄰，經濟上交流較多。故一年種雙季稻，有不少地區一年三收。（註一）

排灣族主要生計方式是以山田燒墾為主，兼事狩獵畜養與山溪捕魚。生產的主要目的是自用，一部分則作為繳付給貴族的租稅。以小米、芋頭為主糧，芋頭烘乾可供一年的食用。獵場屬貴族所有，獵場之物必須向貴族繳獵租 vadis，捕魚或婚事與家屋落成時舉行儀式殺豬，亦需繳 vadis；由此可明顯的看出排灣族的貴族制度，在生計經濟 subsistent economy 的基礎上，已發展出再分配（redistribution）制度（蔣斌，1980）。（註二）

一、排灣族封建領主制

有關排灣族傳統社會組織，根據衛惠林的研究，排灣族的親族組織是台灣原住民中最複雜，也最具特殊性的典型，既非父系，也不是母系，而是以長系（長男長女）繼嗣為主，旁系分出的一種家氏系統，稱之為「雙嗣合併家系制」，早期排灣族社會有「世襲貴族制度」，貴族家庭被稱為「頭目家」。每一頭目所管轄的區域大小不同，其任務主要是維持領區內的秩序及與其他部落交涉有關事宜；集政治、軍事、經濟權力於一身。平民階級皆處於被動地位，貴族則可以享受種種特權：家屋使用之用品可以採用各種圖案的文形紋，如人頭紋、百步蛇紋等；有配戴飾物的特權，如鹿角、豬牙；著皮衣，有免除勞役及文身刺墨的特

權。這些特權表現在排灣族人的衣、食、住及各項活動中，因此，極易區分出貴族階級和平民階級（註三）

　　排灣人的社會是封建領主制度，土地、山林、河流均屬領主所有。領主不僅占有自己的作地，凡居住在其領地範圍內的居民，均為其佃農，要租種土地、交納地租；凡上山打獵、打柴，到河裡打魚，均須先徵得該地領主的許可，並向他們納貢。排灣人一般分為兩個階級、六個階層。兩個階級就是貴族階級和佃農階級。貴族階級又分為四個階層，即：（一）封建領主階級，或稱「貴族」，這部分人約占總戶數的百分之三左右。在其居住地區範圍內，有占一份或甚至好幾份領地、山林和河流，靠地租和貢品來維持一家的生活。他們還有文身、門前裝飾雕刻品的特權。長嗣繼承其特權，旁嗣降為「近親貴族」或其他階層。封建領主階級還設置「長老會議」，從政治上來維護領主制度。（二）「近親貴族」，或「核心貴族」，係從貴族家庭中分出之旁系子女。他們已不具有領主身分和特權，只享受免交地租及各種納貢的待遇，但保留有文身、門前裝飾雕刻品之特權。長嗣繼承其貴族身分，旁嗣降為一般貴族及平民，人數較少。（三）領主旁嗣及從孫，稱「二級貴族」。這部分人除與特權貴族所享有的文身、門前裝飾雕刻品特權外，其餘與平民同，也要交租、納貢。長嗣繼承其貴族身分，旁嗣降為平民或其他階級成分。為數不多。（四）「遠親貴族」，或稱「邊緣貴族」，他們名為貴族，實際已淪為平民，除保留有貴族的姓氏和人名外，和平民一樣是領主的佃農，照規定繳納各種租賦，其地位也由長嗣承繼，全為平民。在排灣人社會中，「士」的社會地位低於貴族，高於平民，長嗣承繼「士」的社會地位，餘為平民或其他階級成分。他們只要居住在某一領主的領地範圍內，必須租種領主的土地並交納地租；使用其山林、河段並納貢。這部分人為數甚少，一般只有百分之二左右。

平民階級又稱「佃農階級」，是排灣人社會中地位最低、經濟上最受剝削、政治上最受壓迫的階級。他們占總戶數和人口的百分之九十以上。平民有選擇居住地的自由，但在實際生活中和封建領主有著依附關係；平民一旦選定居住地點，即成為該地領主的佃農，祖孫輩必須為主人家種地，難以擺脫。在不堪壓迫剝削情況下，有冒風險拋家棄屋，跑到他鄉領主家避難；如被原主人抓獲，要遭到嚴厲懲罰。頭目是排灣人社會的另一個階層，他是部落的行政頭目及部落長老會議的主持人，是部落中握有實權的人物。他負責部落內的行政事務，處理和裁決各種不規行為和民事糾紛，以維護封建領主制度。排灣人常稱頭目為領主的大管家。同時他又是全部獲利益的代表者。頭目一般推選在全部落中最有辦事能力，為人公正和最有威望的人擔任，而不論其階級成分和社會地位，實際多由平民階級出身的人擔任，頭目一般行終身制，但子女不得繼位，必須另選。在任期內，頭目可免交地租、納貢。排灣領主均收實物地租，以穀類與小米為主。如芋頭、薯類、豆類，由領主派人到地區按需要隨便自取。領主常把一塊莊稼地分為兩份，一份給佃農收。一份由領主派差役與佃農共同收割，然後對半分。由於領主常挑禾苗長勢最好、穗大而飽滿的地，故地租實際上不止土地產量的四分之一。除地租外，封建領主還進行超經濟剝削，如佃農打獵、砍材、下河捕撈魚蝦、飼養肥豬等，均須先徵得領主許可，並交納一部分收穫。例如上山打獵，要交野獸的前腿和胸肉一塊，獵得豹需獻皮、牙；打撈魚蝦，要獻最大的魚，數量占收穫量的百分之二十左右；飼養家畜、家禽，也得納貢，如養二、三隻豬，領主指定的一隻，宰後要交後腿一隻及一塊豬肝；子女結婚，也要送一部分聘禮；差役剝削，即以勞役來為領主服務。（註四）

台灣之先住民，除了排灣族之外，大都採取選賢與能的頭目選舉制，選有能力的人來領導並統制族內之各項事務，同時有長老會議與部落會議做為決策機構。他們是以血族為中心，來維繫整個部落之共同生活。族人其生活的普遍現象是一種共同生產。主要用於生產的土地均屬

於公有，各社員只要無妨礙，都可以使用共有土地的一部分，在共有土地的範圍內自由行獵。然而，只有排灣族採行「世襲貴族制度」，換句話說，排灣族的社會有一種「封建領主」的存在。而此制度，也成為台灣先住民的唯一例外。（註五）

二、排灣族貢賦由來傳說故事

拉瓦爾亞族大社傳說中，獵獲獸肉貢獻給頭目之貢賦（vadis）由來如下：（註）劉寧顏總纂《重修台灣省通志·卷三住民志同胄志》第一冊，1995年5月。

> Dagivalit 家的祖先 Sadel 很有神力，射箭很準。古時由瑪家往南一直到牡丹一帶，都有很多怪獸會吃人，吃人時連木材一起吞下去。人被吞下去第一天還不會死，兩天就會死掉，各地人要求 Sadel 用箭射怪獸，並要求只能射它的腿部以免傷及腹中未死的人。Sadel 射中後剖開獸的腹部，發現果然昨天吞下去的人還活著，前天被吞下的人都死了。人們非常感激 Sadel，當時還沒有頭目，以 Dagivalit 家地位最高，人們為了表示感謝，每年豐年節收獲的芋頭、小米、稻米都會送到大社向 Dagivalit 家表示謝意，這就是最早的貢賦（蔣斌，1970）。

三、排灣族農耕傳說故事

林道生《台灣原住民族口傳文學選集》載德文社〈孤兒的鳥伯父〉：（註六）

> 有兩位兄弟，他們是沒有父母親的孤兒。當他們在田裡工作的時候，有個叫瓦路瓦倫（vuluvulun）的老人對他們說：「我來教你們日常生活的各種工作。」而把他們帶回家。第二天，天亮了，老人說：「兩位好兄弟，你們去砍做木棒的樹枝。」兩兄弟去砍樹枝，老人在家捻繩子。不一會，兩兄弟把樹枝砍

了回來，對老人說：「伯伯！到處都有人在開墾了！」老人回答：「別擔心！現在你們要去找獸骨！」兩兄弟背負著竹籃去找獸骨。不一會，兩兄弟背負著獸骨回來。問老人：「伯伯！可以了嗎？」老人聽了說：「還不夠，你們得再去一趟。」兩兄弟看老人忙著捻繩子，好奇地問：「伯伯！你在捻繩子做什麼用？」老人說：「沒什麼！你們還得去找胡瓜的種子。」當兩兄弟去找胡瓜種子回來後，老人對他說：「現在我們一起去田裡，你們要帶木棒、獸骨，還有胡瓜種子。」到了田裡，老人要兩兄弟把木棒插在田的四周圍，再用繩子圍起來又打了許多活結。老人說：「如果順利就好了！」然後要他們埋下獸骨並且在石頭垣埋下種子。兩兄弟照著老人的話做了。便一起回去。過了些時候，老人說：「不知道田裡的情形如何？你們去看看！」兩兄弟到田裡去看看，竟長了一片的新芽而趕緊回來。老人見兩兄弟回來，迫不及待地問：「田裡的情形怎麼樣？」兩兄弟說：「種子都從泥土裡長出新芽了。別人種的小米也都熟了！」老人說：「熟了又怎麼樣，別擔心。」老人要兩兄弟帶著白跟杵，一起去田裡。到了田裡，老人說：「如果聽到呻吟的聲音就把它捉來。」他們看到了，原先埋了的獸骨變成了豬，種子長成了小米，還有許多胡瓜。他們在田裡宰了一隻豬用小米作成餅，老人說：「要把胡瓜統統摘下搬回家，獸骨長出來的豬也要挖出來帶回去。我們走吧！胡瓜可以掛在頭上，豬就打打牠的屁股趕回家！」回到了家，老人告訴兩兄弟：「你們可以帶些豬腳、豬心，到處去逛逛。」兩兄弟帶著豬腳、豬心到處去逛，看到他們的人都取笑著說：「哇！你們把鳥當作伯父了！真有趣！」「那個老人是鳥的化身！」之類的話。兩兄弟回來告訴老人。老人說：「大家都這麼說也沒有關係！」兩兄弟又出去，仍然聽到人們在談論：「把鳥當作伯父

了」、「鳥做了人的伯父」之類取笑的話。兩兄弟回到了家，又照實地把人們說的話告訴了老人。老人說：「那好！我也可以回去了！」說完話，「嘎！嘎！」地叫了兩聲飛走了，口中還說：「穀物、豬也都不要了！」老人吹著口哨遠走高飛。從此，家裡不再有吃的東西，兩兄弟又像以前一樣地挨餓而哭泣。他們說：「如果伯父留下來就好了！我們就不會為了食物而造成生活上的困難」地懷念起伯父來。但是，瓦路瓦倫已經走了。

本則傳說故事敘述有兩兄弟是孤兒，有鳥化人的瓦路瓦倫（vuluvulun）的老人，把兩兄弟帶回家，教他們日常生活的各種工作。

第二天，天亮了，瓦路瓦倫（vuluvulun）老人吩咐兩兄弟去砍做木棒的樹枝，老人則在家捻繩子。

兩兄弟回來後，老人又吩咐兩兄弟去找獸骨。回來後，老人又吩咐兩兄弟去找胡瓜的種子。

找齊了所要的東西，便一起到田裡去。老人吩咐「兩兄弟把木棒插在田的四周圍，再用繩子圍起來又打了許多活結」，然後「埋下獸骨並且在石頭垣埋下種子」。這樣工作就完成了。

過了一些時候，老人吩咐兩兄弟到田裡帶著臼跟杵，「老人說：『如果聽到呻吟的聲音就把它捉來。』他們看到了，原先埋了的獸骨變成了豬，種子長成了小米，還有許多胡瓜」。

兩兄弟把胡瓜統統摘下搬回家，獸骨長出來的豬也都挖出來，打牠的屁股趕回家。兄弟倆收穫豐碩。

但是看到他們的人都取笑他們把鳥當作伯父了之類的話，起初兩兄弟還不是很在意。不過，兩兄弟出門後，常聽到「把鳥當作伯父了」、「鳥做了人的伯父」之類取笑的話。

鳥化人的瓦路瓦倫（vuluvulun）的老人，看得出兩兄弟很在意別人說他們「把鳥當作伯父了！」因此，「嘎！嘎！」地叫了兩聲飛走了，口中還說：「穀物、豬也都不要了！」

兩兄弟又恢復像以前一樣挨餓的生活，也開始懷念起鳥伯父，但是一切都已經來不及了。

本故事是一則未能及時把握眼前幸福美滿的機會，凡事在意別人的看法而失去了自己的主見，因此也失去了自我，更辜負了他人的一番濟助之心，真是得不償失。

《原語による台灣高砂族傳說集》，小川尚義、淺井惠倫著（昭和十年），余萬居譯：（註七）

曾有二兄弟，他們是無母、無父的孤兒。（他們）去到田上，有個叫 vuluvuluy 的老人。老人對他們說：「來吧！我把工作的方法教（給你們）！」就同赴其家。天亮了，老人要兄弟們去採木棍，老人則在家裡撚繩子，兄弟倆見別人已開始拓荒了，老人知道了，說：「不管他們。」要兄弟倆去找骨頭。之後又叫他們找胡蘆的種子去！之後老人叫兄弟倆帶著木棍、骨頭和胡蘆種子和他一起下田去。到田上，老人要他們把木棍插上，他則把繩子綁到木棍上去，圈住田地而一拉。「若能成功，就有多好呢？」這樣一說，果然成功了。老人又要他們把骨頭和胡蘆種子埋下去。那骨頭要在石垣下，種子則埋在石垣上方，之後他們就回家了。不久之後，老人要他們去田上看看，他們回來說：「種子發了芽，但是別人的粟都成熟了。」老人說：「管他！」他們下田去，老人要他們帶杵臼，並說：「如果有哼著的，把他帶來！」兄弟倆去看，骨頭已成了豬，胡蘆種變粟了。他們在田間屠豬，做麻糬。老人又教他們把長出來的胡蘆，都拿到小屋裡，把豬都挖出來，之後把胡蘆掛在頭上（搬），豬都趕回家去。到家了，老人又要孩子們把豬腳和豬心拿去玩！人們見了，笑他們是把烏鴉當祖父，他們回去向老人說，老人說：「不管他們。」之後，人們又說，二兄弟又回去說。老人說：「好，既如此，我就回去吧！」就「a、a、 a⋯⋯」地叫著走了。又，邊吹著口哨，說：「穀類和豬都消失吧！」於是什麼都沒了。兄弟倆恢復原狀，因飢餓而哭。

這是一則烏鴉祖父的故事，教一對兄弟孤兒耕種，一時變成衣食無缺且豐足的生活，有農作物和肉可吃，但是二兄弟很在意部落的人笑他們把烏鴉當祖父。烏鴉就飛走了，二兄弟又回歸貧窮挨餓的日子。

《原語による台灣高砂族傳說集》，小川尚義、淺井惠倫著（昭和十年），余萬居譯：（註八）

> 古有名為 sapajas 者，曾赴 vilipil 社。這時，（他）遇到了 qavuluy 家的人，於是提起（多年懸案）的 vilipil 土地事。sapajas 說：「這一塊土地該是我的！」而，（對方也）說：「這土地是我們的！」而爭。（因無法解決，所以 sapajas 約以：）「下次見面談」便離去。過後不久，（他們在）pinaqaqulatan（vilipil 社上方的平地）之地見了面。sapajas 這邊是一個人，vulavulat 社（qavuluy 家之所屬的社）的一切是全社人在場。sapajas 說：「來商議土地事吧！」qavuluy 家的人們則說：「來打吧！」且想射 sapajas。sapajas 說：「別射！來談！」（對方）不聽，還是射。（敵方）發射時，sapajas 傾身以避，沒有中。於是，sapajas 再說：「別射。」可是別家人不聽。sapajas 就磨刀，刀就發火，延燒整個平地，且燒到 riluriluan 之地去。qavuluy 家的人們說：「咬唷！我們打不過，跑啊！」qavuluy 對 sapajas 說：「住手！我們承認（你的）土地！」此爭終息。傳說，其後在今 vilipil 的那一塊土地就歸 sapajas 有。

這是一則兩家族有關土地糾紛的故事。

四、排灣族平地的誕生

林道生《台灣原住民族口傳文學選集》載卡斯博康社〈平地誕生〉：（註九）

　　　　古時候並無平地，山腰直通大海，人們步行諸多不便，有
一天，一位長老忽然想起，何不求助於海神呢？因此在海岸
備了酒食供奉，頌唱咒文，再投入一張捲了的草席於大海。草
席沉入海中，被海水沖得張開來又捲起來，並且被海浪沖到岸
邊，就這樣一捲一張開地沖到岸邊時，也刮走了山腰斷崖的士
石，漸漸地斷崖有了缺口，後來便成為平地，從此人們走路也
方便多了。

這是一則平地（平原）形成的故事。

五、排灣族造河川傳說故事

陳千武譯述《台灣原住民的母語傳說》載「造河川」：（註十）

　　　　聽說古早沒有河川。希希爾鳥和鳶主張造河川，說：「我們
連喝的水都沒有。」可是鷹和鴛不願幫忙，只有鳶幫忙希希爾
鳥，合作造成了河川。希希爾鳥說：「你們不幫忙，就不要喝
河水，如果喝了身體會膨脹。」因此，鷹和鴛喝水，身體都會
膨脹。現在也是如此。

本則傳說故事謂，古代是沒有河川的，因此鳥就創造了河川，解決
了鳥類飲水的問題，後來對人類的飲水與農耕灌溉也有相當大的功績。

本故事情節要述：

（一）希希爾鳥主張造河川以解決飲水的問題。

（二）只有鳶幫忙了希希爾鳥，雙方合力造成了河川。

（三）鷹和鴛不願意幫忙希希爾鳥造河川。

（四）希希爾鳥對鷹和鴛說，你們不願意幫忙，以後喝了河水身體
　　　會膨脹。所以鷹和鴛喝水，身體都會膨脹，一直到現在。

六、排灣族砍樹歌

排灣族〈砍樹歌〉（註十一）

你的樹葉很多

我不會感到奇怪

讓我好好修整一下

我把樹葉修整乾淨

讓你煥然一新

你的樹葉都多到

傷害了你這棵樹啊！

讓我修整你吧！

我不會被你的樹形嚇到

讓我把你的樹枝修整乾淨

讓我砍下你的樹枝

而不至於讓你枯死

註釋

註一：陳國強《百越族與台灣原住民》，台北，幼獅文化事業公司，1999年。

註二：王嵩山《阿里山鄒族的歷史與政治》，台北，稻鄉出版社，1992年10月。

註三：劉鳳學《台灣原住民舞蹈》，商周編輯顧問公司，2000年12月。

註四：陳國強《百越族與台灣原住民》，台北，幼獅文化事業公司，1999年。

註五：高淵源《台灣高山族》，台北，香草山出版公司，1977年2月。

註六：林道生《台灣原住民族口傳文學選集》，花蓮縣立文化中心，1996年6月。

註七：內政部委託台灣大學人類學系研究《台灣山胞各族傳統神話故事與傳說文獻編纂研究》，1994年4月30日。

註八：同註二。

註九：林道生《台灣原住民族口傳文學選集》，花蓮縣立文化中心，1996年6月。

註十：陳千武譯述《台灣原住民的母語傳說》，台北，台原出版社，1995年5月。

註十一：周明傑〈牡丹村（sinvaudjan）的歌謠〉。

排灣族狩獵
口傳文學

第八章

排灣族狩獵的方式，大致可分為下列數種：（註一）

（一）武器獵：弓矢用於小型動物和鳥類，火槍及刀矛則用於撲殺大型猛獸，通常會攜帶獵犬同行，令犬出逐獵物，人殺之。

（二）陷獵：預先探查野獸之通徑，設下陷阱或機關，伺其通過時陷入或中槍、中圈套。通常山豬用大型捕獸夾，田鼠或飛鼠用一般捕獸夾，竹雞等鳥類，則利用細線做活套並借力於彎曲的樹梢或竹枝。

（三）焚獵：冬季乾草時集體行獵，獵隊伏於山林路口，持弓矢、刀槍候之，焚林並以犬逐之。

▲ 狩獵壁雕 / 田哲益提供

獵獲物之分配是絕對公平而從無自私隱匿的情事發生。廉潔與誠實，勇敢與自我犧牲，是任何一個原始社會不能或缺的德性。部落英雄，就是叱咤於戰場與獵場的人物。他們為了追求榮譽，會不顧生命之危險，縱橫於戰場與獵場。但是，失敗在任何情況下，是一個不能同情的莫大恥辱。信義也是很廣泛的德性，一切誓約都是要堅守不渝的。尤其敬老尊長的風氣，在任何一族裡遵守的非常澈底。有時候，長老的決定縱然是不合理的，後輩的人仍遵守不二。（註二）

一、排灣族狩獵的起源傳說故事

高淵源《台灣高山族》載〈打獵的起源〉：（註三）

往昔，山上的禽獸是不怕人的，時常徘徊在人們的部落周圍與人雜居在一起。當時天神告訴人類的祖先說：「你們若要吃山豬肉，就叫山豬來，山豬就會靠過來，叫來後，只要拔一根毛，放在筐中蓋起來，稍後掀開就可以得到你們所需要的山豬肉了。其他的動物也一樣，都可用此法取得其肉。但嚴禁用刀子割傷其肉……。」自此，人們得肉容易，生活的非常富

裕。不幸，有一個貪得無厭的人，他想：動物的毛既能變肉，其肉一定更好吃，何不割一碗試試？於是叫山豬來，出其不意用刀割取了一塊肉，山豬痛叫一聲，恨恨的罵了那個貪夫說：「好啊！從現在起，你們人休想輕易的吃到我們的肉了，誰想要我們的肉，我們就猛咬你們。」說罷，掉頭遁入深林之中。從這個時候開始，人們就得冒很大的危險上山打獵才能吃得到野肉了。而且出獵之前如不得占鳥的啟示而擅自上山打獵，就會被山豬咬傷。

本則傳說故事情節要述：

（一）古昔排灣族人不需要上山狩獵，所有的野獸就生活在部落周圍與人雜處。呼喚之，動物即來。

（二）只要拔一根毛，放在筐中蓋起來，稍後掀開就可以得到獸肉，任何獸類皆可呼喚之，拔其毛以得其獸肉。此時期人類的生活，可以說是最豐榮富裕景象的時刻。

（三）拔獸毛以得其肉，還有一個必須遵守的倫理與規範，那就是「嚴禁用刀子割傷其肉」。

（四）美好的豐榮景象，總是會有人破壞倫理規範與秩序，犯了禁忌，美好的生活最後化為烏有。

（五）凡事貪得無厭的人最會壞事，有一個人覺得如果割下獸肉，一定會更好吃，山豬被割殺取下一塊肉，身體痛得不得了，從此人類就沒有那麼方便，只呼喚野獸，拔其毛，就可得到肉吃了。

（六）所有的野獸因為人類的殘忍行為與不遵守禁忌規範，都循入深林之中，以後人類想要吃肉，就必須到很遠的深山去尋找野獸，而且野獸也會攻擊人類，自此豐榮富裕景象的生活，完全結束。

本故事也涉及到排灣族人出獵之前一定要行鳥占，如果鳥占不吉利，仍然擅自上山打獵，就會被山豬咬傷，或途中發生意外。

二、排灣族狩獵傳說故事

排灣族有關狩獵的傳說故事也很豐富：

> 很古老很古老以前，森林中的禽獸都與人相處，禽獸與人類雜居一塊兒。古時候的人類，想要吃山豬肉，只要從牠的身上拔一根毛，放入籮筐裡蓋起來，過一會兒把蓋兒打開，就會得到所需要的肉食了。有一天，部落裡有一位貪心的人，想著山豬身上的肉一定更好吃，於是割下了一塊山豬身上的肉下來，野豬慘痛的叫喊著逃跑，遠離有人住的地方。從此以後，族人再也不能只從山豬身上拔毛就有山豬肉吃了，必須到很遠的深山裡才能獵獲到山豬。

遠古人類想要吃肉，非常方便，只要從山豬身上拔毛，就可以有山豬肉吃了。後來被一位貪婪的人壞了事，他不按規矩獲得肉食，把山豬殺得逃竄遠離人居住的地方，以後的人想要吃肉，就必得到很遠的深山才能獵獲到山豬。

林道生《台灣原住民族口傳文學選集》載太麻里社〈瓦路利奧〉：（註四）

> 有一位叫做瓦路利奧的人，沒有父母兄弟地單獨生活著。部落裡的一位老婦看他孤單，便收了瓦路利奧做孫子。瓦路利奧選擇最差的土地做為自己的田地，瓦路利奧雖然不常去田裡工作，但是小米收成時他的產量總是最多。打獵時，部落的人都守候在山崖或是山貓常走的路，但是瓦路利奧專找沒人要去的地方。不過，當太陽下山，大家回部落時，瓦路利奧的獵物，總是比別人多得多。後來，排灣族人都以瓦路利奧做模範

來教導他們的子孫們。

本則傳說故事具有很高的教育性：本故事的男主角有著一顆謙讓與不爭的心，因而獲得了更多。

（一）瓦路利奧是孤兒，被好心的老婦收了做孫子。

（二）瓦路利奧選擇最差的土地做為自己的田地耕種，上天眷顧他，小米收割的時候總是大豐收。

（三）瓦路利奧狩獵的時候，也不跟人家相爭到野獸多的獵場，而專找沒人要去的地方狩獵。但是他的獵物總是豐多。

本故事的瓦路利奧是一個溫和謙遜的人，這種人往往會得到天神蔭護，本故事常常被排灣族人引用教導他們的子孫們。

《原語による台灣高砂族傳說集》，小川尚義、淺井惠倫著（昭和十年），余萬居譯：（註五）

> 曾有名為 valuliau 者，無母、無父、無兄弟姊妹。有一老嫗，收養 valuliau 為孫。下田時，人們找出地質不佳的地方分給他。他下田只一天，可是收刈時，是其祖孫的粟最多。狩獵時，人們特選斷崖和山貓路地方分給他，可是日暮將歸時，valuliau 的獵獲物甚多。這一位 valuliau 是 paiwan 教導孩子時，引來做為榜樣的人。

《原語による台灣高砂族傳說集》，小川尚義、淺井惠倫著（昭和十年），余萬居譯：（註六）

> 傳說那狗（從前）是 qeizin 社的。那狗（原來）在下蕃，打獵的時候，（對象）是山豬、鹿或小鹿等大的東西，狗就圍之，趕到蕃社近邊來。而（人們）將之全捕食。那是，（大獸）不能從遠處拿來，所以要圍住住家附近來。如果那是小獵物，（狗）就銜在嘴裡攜回家，……

本則傳說故事敘述「犬獵」的方法：

（一）狗圍捕大型動物如山豬、鹿、小鹿等，會一直追趕至住家附近，這樣攜帶獵物回家才方便。

（二）狗圍捕小型動物，則直接撲殺，銜在嘴裡攜回家。

三、排灣族獵豹禁忌傳說故事

《生蕃傳說集》，佐山融吉、大西吉壽著（大正十二年），余萬居譯：（註七）

> 古有一女，生了個私生子，自覺慚愧，把嬰兒放在 jarajak（台灣松）上面，緊緊用布綁住，棄置在那兒。可是，嬰兒卻脫了綁，「nyao、nyao……」地哭著，從樹上下來，走進山中去變成了豹。今人縱使有殺豹等情事，也不會吃豹的肉，另外，殺了豹之後也一定要像獵得人頭一樣舉行 parisi（祭祀），因為牠原來是人。

本故事之中，生下私生子的女人，把嬰兒棄綁在台灣松上面，結果嬰兒卻脫了綁，從台灣松樹上下來，走進了山中，變成了豹。

據說排灣族人不吃豹肉，如果誤殺了豹，一定要像獵得人頭一樣舉行 parisi（祭祀），因為牠原來是人。

註釋

註一：郭東雄〈七佳村（chi-ka-dan）部落起源說口述歷史〉，《再生的土地》，台北，常民文化，1998 年 1 月。
註二：高淵源《台灣高山族》，台北，香草山出版公司，1977 年 2 月。
註三：同註二。
註四：林道生《台灣原住民族口傳文學選集》，花蓮縣立文化中心，1996 年 6 月。
註五：內政部委託台灣大學人類學系研究《台灣山胞各族傳統神話故事與傳說文獻編纂研究》，1994 年 4 月 30 日。
註六：同註五。
註七：同註五。

排灣族動物
口傳文學

第九章

▲ 山羊瓷畫／田哲益提供

原住民族的傳說故事有甚多是與動物、昆蟲有關連，且動物與人共同生活，並且把動物擬人化，動物說著族人的話語，賦予人格或神性，具有生命靈性。動物幻想故事在原住民各族中可以說是蔚為大宗。更有趣的是人變動物或動物變人的傳說故事也特別多，由此可知原住民與動物的情感是那麼密切。

排灣族關於動物的故事，有很多近似寓言童話，不僅趣味盎然，而且寓意深遠，很有教育意義。

一、排灣族穿山甲與猴子傳說故事

林道生《台灣原住民族口傳文學選集》載太麻里社〈穿山甲與猴子〉：（註一）

　　山中一隻穿山甲與猴子是個好朋友。有一次，猴子對穿山甲說：「朋友，我們去採薪柴。」穿山甲聽了他的朋友猴子要約他去採薪柴，很高興地回答：「好呀！太好了！」兩個人便一道去採薪柴。猴子的手腳靈活，是採薪柴的好手。可是，穿山甲的手腳不夠靈活，不太會採薪柴而請教猴子說：「我要怎麼做，才能像你那樣靈活地採薪柴呢？」猴子回答說：「要先躺下來打滾，然後就可以採得好薪柴了！」穿山甲聽了趕緊爬到芋草上躺下來打滾。可是，薪柴仍然不像猴子說得那麼容易採到。猴子跟穿山甲不久便都回去了。第二天早上，穿山甲看到猴子便對他說：「朋友！今天我們去捉螃蟹！」猴子聽了他的朋友穿山甲要約他去捉螃蟹，很高興地回答：「好呀！太好了！」兩個便一道去河邊捉螃蟹。穿山甲是捉螃蟹好手。可是，猴子對於捉螃蟹一點也不在行。猴子便請教穿

山甲說：「我要怎麼做，才能像你那樣靈活地捉到螃蟹呢？」
穿山甲回答說：「你要先用石頭敲你的手指頭，自然可以捉到
螃蟹了！」猴子聽了趕快去撿來石頭敲打自己的手指頭，結果
手指頭痛得要命，但是仍然沒那麼容易捉到螃蟹。不一會，兩
個人又想出了新的玩耍花樣說：「我們還是去烤地瓜吧！」說
完，兩個便一道去挖地瓜來烤。烤好了地瓜，穿山甲說：「要
吃地瓜前，我們先去池塘裡沐浴吧！」猴子和穿山甲便一道來
到池塘沐浴。穿山甲說：「我們來潛水，看誰潛在水裡的時間
長！」猴子說：「好！就由我先來潛水吧！」猴子潛入水中，
很快又浮了上來。穿山甲看了說：「現在該由我來潛水了！」
穿山甲潛入水中，在水底挖洞，一直挖到剛才烤地瓜的地方，
把大的地瓜都吃光了才又潛回來浮出水面。對猴子說：「好
了！我們去吃烤地瓜吧！」他們回到剛才烤地瓜的地方，從
灰中去拿地瓜。可是大的地瓜都不見了，他們只好吃那些小地
瓜。吃完了小地瓜，猴子有些不甘願地對穿山甲說：「吃完地
瓜該去大便了！大便粗又大的人一定是偷吃了大地瓜的人。」
兩個一起走到草叢中去大便。不一會，兩個互相查看對方的大
便。一看，穿山甲的大便粗又長，猴子便生氣地對穿山甲說：
「原來是你偷吃了大地瓜，你這個傢伙實在不老實。」說完了，
用雙手挾住穿山甲的脖子，把牠絞死了。

本則故事充分顯示「人為財死，鳥為食亡」。本故事中的猴子與穿
山甲是好朋友，但是牠們相處互相鉤心鬥角，例如牠們去採撿薪柴，穿
山甲笨手笨腳，猴子騙他：「要先躺下來打滾，然後就可以採得好薪柴
了！」穿山甲如是做，結果還是笨手笨腳。

又有一次牠們去抓螃蟹，抓螃蟹可是穿山甲的拿手，猴子請教如何
抓螃蟹，穿山甲騙他：「你要先用石頭敲你的手指頭，自然可以捉到螃
蟹了！」猴子用石頭敲打手指頭，痛得要命，但是仍然沒那麼容易捉到

螃蟹。

牠們又去烤地瓜，又比賽潛水，潛水也是穿山甲的專長，穿山甲潛入水裡面，挖洞到烤地瓜的地方，把大顆的地瓜都吃光光，再潛回來。

當牠們要去吃地瓜，猴子發現大的地瓜被偷吃了，原來是穿山甲吃的，就用雙手挾住穿山甲的脖子，把牠絞死了。

《生蕃傳說集》，佐山融吉、大西吉壽著（大正十二年），余萬居譯：（註二）

> 猴子在河邊跟穿山甲玩，同時，採了一些山芋，放在石堆裡烤。穿山甲從河底挖了一個洞，通到那火堆下方去，把較大的山芋都偷光。牠還惡人先告狀，說是猴子趁牠不在的時候偷吃了，使得猴子有口難辯，悶悶含冤。可是，二者都去拉屎的結果，真相完全大白，不再容穿山甲抵賴，於是，猴子把穿山甲帶到山上去，自己摘些成熟味美的樹果吃，並摘一些未熟而不可食的樹果丟給穿山甲，以報一箭之仇。穿山甲見其得意洋洋的樣子，怒火中燒而故作鎮定，邀猴子到草原上去玩火，遂把猴子燒死，因此，在人們的心目中穿山甲的智慧是在猴子之上。

本則傳說故事中的穿山甲非常工於心計，最後穿山甲把猴子燒死了。所以在排灣族的心目中，穿山甲的智慧是在猴子之上。

《生蕃傳說集》，佐山融吉、大西吉壽著（大正十二年），余萬居譯：（註三）

> 古時，猴子和穿山甲是朋友，有一天下河去捕魚，穿山甲捉了很多，猴子連一條也沒有，問其法，穿山甲說是用食指打小指即可，害得猴子信以為真，白痛一場。接著烤魚，穿山甲趁猴子去小便時，把大魚都吃掉了，二者之間起了爭執。不過，他們又很快地言歸於好，一起上山去採樹果。樹上是猴子的天下，牠摘到了成熟甜美的果實都塞進自己的嘴巴裡，只把生硬酸澀的果實丟下去給穿山甲。猴子悠哉悠哉地下樹來，更

惹穿山甲生氣，把牠騙到草原上去放火燒死。可是穿山甲又覺得自己有些過火，所以先把猴子的肚子剖開，取出心臟之後再將之縫合起來，然後念念咒詞，使猴子活回來。猴子一醒來即覺飢餓，所以吃了自己的心臟。穿山甲見之，極盡揶揄、嘲諷之能事，二者之間終於結下永難化解的怨。

本則傳說故事敘述的穿山甲，較前幾則故事更為血腥，穿山甲把猴子燒死後，還把猴子肚子剖開取出心臟，又把肚子縫合起來。穿山甲念念咒詞，又使猴子活回來。猴子醒來，覺得肚子餓，所以吃了自己的心臟。穿山甲見之，極盡揶揄、嘲諷之能事。

《生蕃傳說集》，佐山融吉、大西吉壽著（大正十二年），余萬居譯：（註四）

　　有天，rairair（猴子）和 kakam（穿山甲）一起上山去。kakam 叫 rairair 薪柴是怎麼撿的，猴子教他說，只要採兩條葛藤，排在地上，薪柴就會自動地由山上滾下來讓他綁起。kakam 試了，但是，等了半天都沒實現，kakam 大罵 rairair 不該騙人。但是 rairair 把葛藤排地上，薪柴自己便疊在葛藤上。接著，rairair 把網袋掛在樹枝上，稍開其口，就有大量蔬菜自動飛來。kakam 如法泡製，結果毫無收穫。kakam 大覺窩囊，心想，我也有我的法術，一定要找機會來報仇。rairair 採了一大堆地瓜，放在石子上烤，但卻在火邊打起瞌睡來了。kakam 趁機偷吃完地瓜。rairair 醒來，說是 kakam 偷吃的，但是他就是不承認。最後 kakam 建議到茅草原上做個了結。kakam 說，只要是問心無愧，就不被火燒死，所以就自動進入茅草原中，但因為牠會挖地洞，於是逃走了，次由 rairair 放火，牠本來就不會逃生，於是便燒死。kakam 剖開 rairair 的肚子，取出其膽，再將之縫合，念了咒語，使 rairair 復活。rairair 醒來，覺得餓，伸手抓旁邊的膽，就吃了下去。kakam 嘲笑牠，rairair 大

怒，說：「我永遠也不跟你這種東西來往了！」就爬上樹去，猴子之會上樹，穿山甲之會入地，就是從那時起。

本則穿山甲與猴子的傳說故事，較其他傳說的內容與情節更為豐富，穿山甲一直扮演著黑臉的角色，本則故事一樣不例外。

穿山甲把猴子燒死後，先剖開猴子的肚子，取出其膽，又再將猴子的肚子縫合，穿山甲念了咒語，讓猴子復活。猴子醒來覺得餓，伸手抓了旁邊的膽吃下去。穿山甲又嘲笑猴子一番。

猴子非常生氣：「我永遠也不跟你這種東西來往了！」就爬上樹去了。據說猴子之所以會上樹，穿山甲之所以會入地，就是從那時開始的。

《生蕃傳說集》，佐山融吉、大西吉壽著（大正十二年），余萬居譯：(註五)

　　古時候，猴子和穿山甲一起上山去採樹果，二者約好分工合作，由猴子攀上樹摘果、折枝，再扔下來，再由穿山甲在下方拾撿。可是穿山甲竟把成熟的樹果藏進洞裡，只把那些未成熟的東西放一堆，猴子下來，大起疑惑，但穿山甲卻不認帳。之後，他們又一起去捉螃蟹。穿山甲的成績可觀，猴子卻始終掛零。猴子問要如何才能捉到螃蟹，穿山甲教他要用力打自己的手，螃蟹便會爬出來。猴子照樣做了，打得自己手都快痛死了，但沒有螃蟹爬出來。牠知道自己上當了，但也沒辦法。上岸之後，猴子生火，烤了一大堆地瓜，穿山甲挖了個地洞過去，把地瓜偷吃掉許多。猴子估計差不多烤好了，耙石頭掀開來，只剩一些小地瓜，大的已經不見了。猴子懷疑是穿山甲搞的鬼，但穿山甲還是否認。最後猴子要求穿山甲拉屎，結果是穿山甲的大便比猴子要多得多。猴子氣極了，把穿山甲請到一片茅草原上去，從四周放火，要燒死穿山甲。但穿山甲挖地洞逃走了。猴子不解，自己也想試試，於是放火，但卻把自己燒死了。穿山甲不忍，先把猴子的睪丸挖出來再念咒，猴子復活

了。於是，二者盡棄前嫌，一起回族社去。傍晚時，他們一起到一個姑娘家去。女孩對猴子特別喜歡，不理穿山甲。穿山甲嘲笑猴子連 kisoju 也不能，還神氣啥？少女和猴子一起罵穿山甲，穿山甲招架不住，落荒而逃。猴子想坐下來休息一下，這時還才不經意地看一下自己的股間，應有的東西不見了，而且是鮮血淋漓，羞得無地自容，逃上山去。其後，猴子和穿山甲都不再輕易接近族社。

猴子與穿山甲交朋友，但是穿山甲卻有極盡做壞事的本能，猴子真是不幸交到了這種朋友。最後，猴子還被穿山甲挖出睪丸，十分悲慘。

《原語による台灣高砂族傳說集》，小川尚義、淺井惠倫著（昭和十年），余萬居譯：（註六）

　　曾有穿山甲和猴子，互為朋友。一天，猴子向穿山甲說：「朋友！採薪去吧！」一起去採薪。猴子很會採，穿山甲則不會。他請教猴子，猴子教他躺下去滾，就能採得好。然結果不似（猴子）所教。於是，他們回家去了。翌晨，穿山甲邀猴子去捉蟹，猴子不擅捉蟹，便請教穿山甲，他說，要用石頭敲自己的手。猴子照做，但只覺疼痛，沒變高明。然後，他們烤芋頭。吃前，穿山甲建議去池塘裡洗澡。他們比賽潛水，看誰較久，結果穿山甲掘地道，到他們烤芋頭的地方去，把烤熟的大芋頭吃了，才出外面來，（向猴子）說，「吃我們烤的芋頭吧！」就從灰中取出，可是較大的都沒了，只剩小的，他們吃了。吃完，他們說要拉屎，看誰的大便較粗，便是誰吃了大芋頭。結果當然是穿山甲的，所以猴子掐穿山甲的膀子。後來，他們商議說：「我們來（躲藏並且）彼此燒山！」穿山甲先躲，就進草中，猴子燒穿山甲，可是沒死。換猴子時，他爬上樹上，所以被燒死。猴子死了，（穿山甲）割取了猴子的陰莖，猴子又復活了，穿山甲給猴子吃那陰莖。可是又不告訴他，後

來，穿山甲向猴子說：「喂！把你的東西給我看看！」猴子於是查看己物，結果陰莖已無，是把自己的東西吃掉了！

本則傳說故事中的穿山甲非常過分，當猴子被燒死，穿山甲把猴子的陰莖割取下來。不過猴子又活過來了，穿山甲卻拿猴子自己的陰莖給牠吃，猴子完全不知情。

有一天，穿山甲跟猴子說：「喂！把你的東西給我看看！」猴子查看，怎麼陰莖已經沒有了，穿山甲嘲諷的告訴猴子，你當然沒有了陰莖，是你自己把自己的陰莖吃掉了呀！

《人類學雜誌》，森丑之助著（明治四四年），黃文新譯：（註七）

從前，猿猴和穿山甲是好朋友，有一天，猿猴引誘穿山甲去燒山，到了茅原，猿猴將穿山甲留在茅叢中，然後放火燒之，穿山甲立刻鑽入土中，終免燒死。後來穿山甲決心復仇，於是施計誘使猿進入茅原，然後放火，結果猿猴被火焰包圍而不得出，遂死於火難，日後猿猴的膽重生而為猿猴。

本則傳說故事謂，猿猴死於火難，不過，日後猿猴的膽，又重生而成為了猿猴。

二、排灣族蝦子與蜻蜓傳說故事

林道生《台灣原住民族口傳文學選集》載卡維央社〈蝦子與蜻蜓〉：（註八）

在河邊有一群蝦子和蜻蜓。有一次，蜻蜓對蝦子說：「我們來打架！」「好！」蝦子一口答應了。「來吧！到寬闊的茅原來！」蜻蜓對蝦子叫著。當蝦子來到茅原時，蜻蜓一把火燒了茅原，把蝦子都燒死了。剩下僅有的一隻蝦子生氣地築堤堰止了河水，然後也大聲地挑釁蜻蜓說：「來吧！過來吧！」蜻蜓來到了河邊，蝦子趕緊切斷堰堤，大量的河水沖了下來，把蜻蜓都淹死了，只剩下一隻活著。

本則故事有趣是，蝦子與蜻蜓打架一事，蜻蜓約一群蝦子到茅原打架，蜻蜓一把火燒了茅原，把蝦子都燒死了，僅剩下一隻蝦子。

蝦子築堤堰擋了河水，然後挑釁蜻蜓，蜻蜓來到了河邊，蝦子趕緊切斷堰堤，大量河水把蜻蜓都淹死了，只剩下一隻活著。

三、排灣族猴子與螃蟹傳說故事

林道生《台灣原住民族口傳文學選集》載庫瑙社〈猴子與螃蟹〉：（註九）

一隻猴子跟一隻螃蟹在一起玩耍。有一天，猴子對螃蟹說：「我們去採柿子！」兩個便一道來到柿子樹下。螃蟹看著樹上黃橙橙的柿子，急急忙忙地要爬上去摘，卻一次又一次地滑落下來，很難爬上去。猴子看了笑著說：「還是由我來吧！」猴子三步做兩步，假快就爬了上去。看著黃橙橙的柿子，一粒粒地摘下來放到方布內（註：一種披掛在肩膀上猶如袈裟的布片）。螃蟹看著口水都要流下來。於是搖了幾下方巾布下角，熟透了的柿子便了下來。螃蟹高興地撿起熟柿子。猴子從樹上下來，覺得方布內的柿子好像輕了。便問螃蟹：「朋友，是你剪破了我的方布嗎？」「你說什麼呀？朋友！你自己何不檢查一下方布呢？也許破了也說不定！」螃蟹回答。猴子照螃蟹的話查看了一下方布，也沒甚麼不對呀！猴子：「方布是好好的！」螃蟹：「朋友，你看！我的柿子都是在地上撿的呀！我們回去吧！」猴子跟螃蟹便一道回家去了。第二天，猴子對螃蟹說：「我們去摘松枝做火把玩！」螃蟹便跟著猴子去摘松枝。摘得了松枝，猴子對螃蟹說：「我們來玩捉迷藏！燒野草！」螃蟹說：「好！我先去前面躲藏！」小螃蟹跑到前方躲了起來。猴子放了一把火燒野草，要把螃蟹逼出來。過了一會，對螃蟹說：「朋友！你對我這一把火覺得怎麼樣？」

螃蟹：「沒什麼！我是大丈夫，我還活著呢！現在該換你躲藏了！」猴子：「好的！這沒什麼！」於是猴子爬上了樹。螃蟹在樹的附近也放了一把火，要把猴子逼下來。過了一會兒，對猴子說：「朋友！你對我這一把火覺得怎麼樣？」猴子：「沒什麼！我是大丈夫，我還活著呢！」不一會，火熄了。但是螃蟹沒聽到猴子的聲音。螃蟹擔心了起來，心想：「我應該去找我的朋友。」當他找到猴子的時候，猴子已經死了。螃蟹有些難過。「我要怎麼做，才能使我的朋友生返呢？」螃蟹想著。想了些時候，螃蟹下了決心要救他的朋友，便拿出自己的心臟，切了一塊用火烤了一下塞到猴子的嘴巴裡讓他吃。又大聲地對猴子說：「我的朋友，你活過來好嗎？」猴子便活了過來，猴子跟螃蟹兩個又整天繼續在山中玩。

這是猴子與螃蟹整天在山中嬉戲、快樂相處的傳說故事，他們有時候也會玩一些因為兩種動物習性與能力不同的遊戲，例如摘柿子就是螃蟹能力所不及的了，但是螃蟹也運用智慧獲得了柿子；再如玩捉迷藏燒火遊戲，則是猴子所不擅長的，因此被燒死了。

可是從本則故事來看，猴子與螃蟹的交情是真摯的，螃蟹看到好朋友猴子死了，決心無論如何一定要把牠救活，於是「拿出自己的心臟，切了一塊用火烤了一下塞到猴子的嘴巴裡讓他吃」，結果猴子活過來了，牠們又整天繼續在山中玩樂，非常快活。

《原語による台灣高砂族傳說集》，小川尚義、淺井惠倫著（昭和十年），余萬居譯：（註十）

從前曾有猴子和螃蟹。兩人一起去採柿子。螃蟹爬不上樹。所以猴子上去，他把所採的柿子，放進方巾（如袈裟般披在肩上→腋下的布）裡。螃蟹拉動方布，熟的掉下了就揀。猴子認為是螃蟹剪破了方布，螃蟹卻說是他自己的方布破了。查看之，沒有什麼。之後，他們去採松明，同時燒草原（輪流

躲），螃蟹先躲，猴子燒了，（且）說：「朋友！你覺得我的火如何？」螃蟹說：「有什麼嘛！我是男子漢，還在這裡活著。朋友！輪到你（躲）了！」猴子就爬上了樹，螃蟹放火了，問：「朋友！你覺得我的如何？」（猴子說：）「有什麼，我是男子漢！還在這裡活著！」火熄了，可是聽不見（聲音）。螃蟹說：「我去找一下朋友！」可是猴子已死。螃蟹把猴子心臟割下，用火烤，且說：「朋友，活過了好不好？」猴子就活了。螃蟹說：「我有在 sicuvalulukai 比賽所獲之物！」就把那心給猴子吃掉！日暮時，猴子邀螃蟹去訪問女孩子，螃蟹說不去卻悄悄跟蹤，躲進床下，剪掉了猴子的陰莖，然後到窗口去。（在屋裡）cukucuku 把（架子上的）飯拿下來給猴子，當他正在吃時，（螃蟹）把（那）陰莖，從窗口放下，使掉在飯上。猴子說：「哎唷！這是我的陰莖！」就將之拾起，離開其屋而返回。（猴子）問：「你為什麼拿我的陰莖？」螃蟹答：「我只是睡著！」

本則傳說與上則故事不同者是，上則故事的螃蟹是「拿出自己的心臟，切了一塊用火烤了一下塞到猴子的嘴巴裡讓他吃」，結果猴子活過來了；本則故事則是「螃蟹把猴子心臟割下，用火烤」，且說：「朋友，活過來好不好？」猴子就活了。

另外，本則故事螃蟹還把猴子的陰莖剪掉，最後螃蟹還死不承認。

《台灣土著種族的原始藝術研究》，引自《排灣族信仰體系》，佐藤文一著（一九三一），黃耀榮譯：（註十一）

古時，在某處曾有螃蟹與猴為友者。在螃蟹家有棵稱為 kaldel 的樹，但螃蟹爬不上去。猴遂騙他說：「我去摘下 kaldel 來，然後我們一起吃。」結果，猿猴在樹上自己享用其果實，不給螃蟹吃，而且把剩餘的果實用披肩包起來掛在樹枝上。因為沒掛好，故披肩同果實一起掉了下來，螃蟹趕緊去撿來吃，並拾起

猴的披肩逃回家裡，猿猴要螃蟹還他披肩，可是螃蟹生氣猴子不給他吃 kaldel，故不肯還，還說要拿披肩來當寢具。猴子也生氣了，欲到溪谷找其他的螃蟹報仇，當撿起石頭要砸螃蟹時，卻砸到了自己的手。猴子一面哭，一面走，恨死了螃蟹，最後回到自己家。

排灣族在許多有關猴子與其他動物的相處的傳說故事中，猴子都是被欺負者的角色，本則故事猴子卻是欺負者的角色。

故事敘述猴子在螃蟹家的 kaldel 果樹採果實，卻自己在果樹上吃，又把剩餘的果實用披肩包起來掛在樹枝上。但是因為沒有掛好掉了下來，螃蟹趕緊去撿來吃，並帶著猴子的披肩回家，猴子要回披肩，可是螃蟹不肯還，還說要把披肩用來當寢具。

猴子到溪谷找其他的螃蟹報仇，想要用石頭砸螃蟹，卻砸到了自己的手。猴子哭著走回到自己家。

四、排灣族穿山甲與螃蟹傳說故事

《原語による台灣高砂族傳說集》，小川尚義、淺井惠倫著（昭和十年），余萬居譯：（註十二）

古有穿山甲和螃蟹，穿山甲把螃蟹帶到樹下去，螃蟹對穿山甲說：「（你）在下面，我上去採 kalujil 果！」螃蟹採了果就扔，穿山甲在下面，把熟的都放進自己的窩裡，只把未熟的集在一起。螃蟹很奇怪，為什麼熟的都不見了。這時，他正好看見穿山甲把一些熟了的放進自己的窩裡。螃蟹很生氣地回家去了。過了些日子，他們相約去打獵，穿山甲說：「我埋伏，你燒鬼茅原（以便趕出山豬來）！」就到茅草原裡去。螃蟹以為穿山甲是去草裡埋伏，但是穿山甲卻是在挖土造窩，以好在火燒過時躲進窩裡。第二次穿山甲又跟螃蟹說：「這次由你埋伏！」螃蟹問他，那他應該埋伏在那裡？穿山甲說：「到茅草交錯的地方

去！」於是螃蟹照辦，但卻被火燒死了，穿山甲割下了螃蟹的陰莖唱了唱，螃蟹便復活了。然後穿山甲把陰莖攜回家去。翌晨，穿山甲讓（螃蟹）吃那陰莖。穿山甲說：「哈！吃自己的陰莖！」於是，螃蟹邊吐口水邊說：「唉！討厭！你給我吃我的陰莖！」可是，沒辦法了，他吃下了陰莖。可是，後來螃蟹的陰莖又復原了。

穿山甲在本則傳說故事中扮演黑臉，極盡欺負螃蟹之能事，把螃蟹燒死了，又讓螃蟹復活，又給螃蟹吃螃蟹自己的陰莖，穿山甲真是壞事作絕。

五、排灣族蝦子與蜥蜴傳說故事

《生蕃傳說集》，佐山融吉、大西吉壽著（大正十二年），余萬居譯：（註十三）

古時候，蜥蜴和蝦子因細故而爭吵，進而到叢中去以放火決定勝負，結果是蝦子落敗，被燒成焦炭。蝦子的子孫們深記此仇，終於把蜥蜴騙到河邊去殺死。蝦子們從此殺伐成性，有一次殺了猴子，取其首級，覺得比殺蜥蜴好玩多了，所以就誇言還要來取人類的首級，不過，此事談何容易！他們終於無法實現。

本則傳說故事敘述，蜥蜴和蝦子爭吵，便相約到草叢中以放火決定勝負，結果蝦子被燒成焦炭。

不過，蝦子的子孫們並未忘記祖先被蜥蜴燒成焦炭的深仇大恨，終於把蜥蜴騙到河邊殺死。蝦子們從此殺伐成性，還殺過猴子取其首級，又誇言要來取人類的首級，不過，蝦子還沒有實現過。

本則故事涉及「貪婪」的問題，蝦子成功的殺死了蜥蜴，又成功的殺死了猴子，又揚言要取人類的首級。貪婪之心愈來愈大，恐怕會得不償失，而遭被滅族的命運。

六、排灣族蝦子與壁虎傳說故事

《原語による台灣高砂族傳說集》，小川尚義、淺井惠倫著（昭和十年），余萬居譯：（註十四）

> 據說曾有蝦子和壁虎，壁虎說：「來打架吧！」蝦子說：「好！打就打！」壁虎說：「到茅原來吧！」蝦子來了，這時壁虎（放火）燒茅草，所以蝦子都死了，火口餘生的蝦子只有一隻。蝦子於是大怒，堵住了河流，說：「來吧！」壁虎來到河裡，蝦子就決了堤，而壁虎都被水沖走了，只剩一隻。

本則傳說是蝦子和壁虎打架的故事，牠們的戰事各有輸贏。

七、排灣族蜥蜴與螃蟹傳說故事

《生蕃傳說集》，佐山融吉、大西吉壽著（大正十二年），余萬居譯：（註十五）

> 有一次，gagarui（蜥蜴）和karugi（螃蟹）結伴去採樹果，他們說定由蜥蜴上樹去摘果扔下，由螃蟹在樹下負責收集整理。螃蟹起貪，將較好的樹果都藏進洞裡去，當蜥蜴下來時，地上只剩下一些尚未成熟而看來就很難入口的東西。蜥蜴大怒，要殺螃蟹，螃蟹躲入洞裡。蜥蜴想用尾巴去戳死牠，可是一將尾巴伸了進去，就連同睪丸一起，被螃蟹剪掉。蜥蜴不堪其痛，在十分不情願的情況下跟螃蟹恢復舊交。當晚，二者結伴，到某少女家去kisoju。螃蟹坐在高高的床上，開懷地唱，快樂地玩，許久才告辭回去。蜥蜴坐在矮凳子上，俟螃蟹一走，就靠到少女身邊去，可是，牠一站起，少女就發現凳子上面滿是鮮血。少女大怒，說：「你竟然用血沾污我的凳子！哪有比這更不吉利的事？以後不准你來了！」蜥蜴既被宣布絕交，這一場愛情之戰的勝利者自然是狡猾的螃蟹。

本則故事傳說螃蟹是極惡者，無所不用其極的欺負蜥蜴，連有一位少女都變成了螃蟹的戰利品。

八、排灣族兔子與鹿傳說故事

《生蕃傳說集》，佐山融吉、大西吉壽著（大正十二年），余萬居譯：（註十六）

　　古時候，是兔子的頭上有角而鹿則無之。有一次，這兩隻動物在路上碰了面，兔說：「你究竟是男，還是女呢？如果是男，怎麼會沒有角？」這是何等的羞辱！鹿恨之，心生一計，說：「那麼，你就暫時把你的角借給我插在頭上試試看！」兔子不知要受騙，折下角來，就交給鹿。鹿把角接下了，起步就跑，兔子大驚，隨後窮追，只恨腳程不如人，徒呼奈何！後來，這兩隻動物又見了面，兔為無理而道歉，鹿為搶拿而求恕，完完全全地言歸於好，可是兔子很大方地說：「我現在吃草維生，就是再有了角，也派不上什麼用場。現在正式贈送給你好了！」兔子有很多肛門，那是從前上了當，逐鹿山野之間，躍過一道溪谷時用力過猛而糞便噴出，肛門為之破裂而無法癒合所致。

本則傳說故事情節如下：

（一）古時候，是兔子的頭上有角而鹿則無。

（二）兔子與鹿遇上了，兔子羞辱鹿說：「你究竟是男，還是女呢？如果是男，怎麼會沒有角？」

（三）鹿佯裝借戴兔子的角，便逃跑了。

（四）兔子雖然窮追逃跑的鹿欲奪回「角」，但是趕不上，只能望鹿興嘆。

（五）後來兔子與鹿又遇上了，彼此互相道歉，兔子為羞辱鹿沒有「角」而道歉，鹿為搶拿兔子的「角」而求恕。

（六）又因為兔子已經以草食維生，所以「角」已經無用武之地，
　　　正式把「角」贈送給鹿。

（七）傳說「兔子有很多肛門，那是從前上了當，逐鹿山野之間，
　　　躍過一道溪谷時，用力過猛而糞便噴出，肛門為之破裂而無
　　　法癒合所致」。

九、排灣族羌與鹿傳說故事

《生蕃傳說集》，佐山融吉、大西吉壽著（大正十二年），余萬居
譯：（註十七）

　　　古時候是羌仔的角較長較大，鹿的角較短較小。有一次，
二者巧遇路中，交談甚歡，且彼此同意換角。自此，現在的鹿
才會有那麼大，那麼美的角，羌仔才會有那麼小，那麼寒酸的
角。

本則傳說故事謂，鹿的角原是羌仔的角，而羌仔的角原是鹿的角；
有一回，羌仔與鹿巧遇路中，因為彼此交談甚歡，因此彼此交換了頭上
的角。

十、排灣族熊與豹傳說故事
《人類學雜誌》，森丑之助著（大正三年），黃文新譯：（註十八）

　　　從前在中央山脈的高山有二匹野獸，其兄為熊，弟為豹，當
時他們毛色皆同，形狀也無異。一天，他倆商議互相為其身體化
妝，首先由熊在豹身上繪上美麗的斑紋，後由豹替熊彩畫，結果
豹將熊身上塗黑後，就逃入深山。熊發現後十分生氣，一天終
於找到豹，豹察言觀色後，說要將所獲野豬奉獻，而約在溪底
等候，如此，豹又再度脫離虎口以免一死。

本則傳說故事謂，熊與豹為兄弟，熊替弟弟豹彩繪一身漂亮的斑

紋；弟弟豹卻把哥哥熊塗抹的一身黑，就逃入深山。

有一天，熊終於找到豹，豹以「要將所獲野豬奉獻」，兩者約在溪底等候，如此，豹又再度脫離虎口以免一死。

本則故事中的排灣族人認為豹比熊機伶與狡猾。

《生蕃傳說集》，佐山融吉、大西吉壽著（大正十二年），余萬居譯：（註十九）

　　rikurau（豹）和 tomai 結伴去挖芋頭，工畢休息的時候相較說，彼此的體毛都是白色的，沒有意思，應該染一染，變得漂亮一點。商議既決，就先由 tomai 以掘芋之用的木棒為筆，給 rikurau 身上染上斑紋。次由 rikurau 服務，可是，tomai 竟然打起瞌睡來，rikurau 就趁機偷工，用手沾墨，把牠塗成一面黑色，只留喉部未塗。tomai 醒來大怒，rikurau 遂許以今後只要是捉到了鹿，都一定會相贈。現在山中時而傳來「u……」的吼聲，這就是豹在通知熊說牠捉到了鹿。

本則傳說故事謂，熊被豹全身染黑非常生氣，豹則以「只要是捉到了鹿，都一定會相贈」，如今山中時而傳來「u……」的吼聲，這就是豹在通知熊，說牠捉到了鹿。

十一、排灣族小鹿傳說故事

林道生《台灣原住民族口傳文學選集》載利基利基社〈小鹿〉：（註二十）

　　相傳，那一隻鹿是從海的那一邊過來的。當牠剛剛才從海的那一邊來到這裡的時候，我們並沒有殺牠。因為那時候牠像樹木發出來的新芽那麼地嫩，所以我們沒有捕捉牠，也沒有射殺牠。那是牠還沒有長成為獸的緣故，後來牠才長成為鹿，牠長了毛，腳蹄也分開，腳也強壯起來，在山中到處奔跑。那就成了我們狩獵的對象，變成了我們要射殺的鹿。我們還獵

取身上有花紋的梅花鹿。大的鹿角分叉成為八支，小鹿並不長角。小鹿一年年增多，後來滿山都可以看到小鹿在奔跑。有一次，小鹿遇見了梅花鹿而問牠：「你是打從哪裡來的？怎麼一個走來走去呢？」「我本來就住在這裡的！沒事就到處走一走！」梅花鹿回答。「牠為甚麼是那樣呢？為甚麼頭上的角是分叉的？又那麼多角呢？」小鹿邊想著梅花鹿的模樣邊往大武山走去。在大武山居住者小鹿的祖先。小鹿心想：「這裡有我談話的對象（水鹿）了。去向水鹿借用牠的帽子戴戴。這就去拜訪牠吧！」小鹿走去向水鹿借得了帽子，戴著又回去拜訪梅花鹿。小鹿對梅花鹿說：「為甚麼你頭上的角那麼多？我的角卻那麼少呢？」然後又回到大武山水鹿那邊。小鹿對水鹿說：「我要讓我的角，我的帽子長得多一點！」可是，水鹿聽了竟然說：「沒有這一回事！你把向我借的東西還給我！」又說：「我要去看看你所說的梅花鹿。」水鹿來到了大武山，可是並沒有看到梅花鹿。水鹿心中奇怪：「為甚麼梅花鹿不在呢？」心中一頭霧水的水鹿回去了。牠對小鹿說：「你說謊話，梅花鹿並不在那邊。你只是想愚弄我罷了！你只是想借我的帽子戴而已。我不想把帽子借給會說謊話的人！」水鹿向小鹿要回了帽子。小鹿傷心地「哇！哇！」哭了起來。今天山上的小鹿常常「哇！哇！」地哭，就是這緣故。

本傳說故事謂，小鹿對於梅花鹿的角覺得很好奇，小鹿走到大武山，看到水鹿，借得了帽子，然後又去見梅花鹿，可是小鹿還是很欣賞梅花鹿的多角，而水鹿的角卻那麼少。

小鹿回大武山告訴水鹿說梅花鹿多角美麗，他們去找梅花鹿，可是沒看到梅花鹿。水鹿以為小鹿欺騙牠，只是想借帽子戴而已，水鹿把帽子要回，小鹿傷心地哭了起來。據說今天山上的小鹿仍然常常「哇！哇！」地哭，就是這個緣故。

《原語による台灣高砂族傳說集》，小川尚義、淺井惠倫著（昭和十年），余萬居譯：（註二一）

　　傳說鹿是來自海洋的。當甫自海洋來時，我們未曾殺牠們。牠還像嫩芽一般地軟，所以我們不捕牠，也不槍擊牠，牠後來變成野獸，後來（才）變成了鹿，長了毛，分蹄，腿也硬了，能到山上走動。我們去打獵，槍擊（捕之）就是其鹿。我們首次所捕，（也）就是其鹿。我們捕的是有花紋的鹿（梅花鹿）。公鹿有八隻角。母鹿則不長角。（鹿）多了，在到處的土地上走來走去。（有一次，梅花鹿）遇到了小鹿。小鹿問牠是從哪兒來的。牠說：「牠本來就在這裡走來走去的！」小鳥很好奇牠的樣子（長相），就到大武山上（去請問祖先鹿）。小鹿問大武山上的祖先（水鹿），小鹿去借了水鹿的帽子去訪問梅花鹿。一去，小鹿就說：「為什麼你的角較多，我的角少？」就又返回大武山（水鹿處）。小鹿要自行添加牠的角和牠的帽子，水鹿卻要牠還牠帽子。水鹿說要去看小鹿講的梅花鹿。但是沒有遇到。這水鹿於是說：「沒有什麼梅花鹿，小鹿是在愚弄他。」這一來，據說小鹿就哭了。傳說中說，如今小鹿之所以會「a、a」地叫，就是為了此一緣故。

本則故事述及台灣的鹿，如小鹿、梅花鹿、水鹿等，按小鹿可能是指山羌。

十二、排灣族烏鶖傳說故事

林道生《台灣原住民族口傳文學選集》載太麻里社〈烏鶖〉：（註二二）

　　有姊姊和弟弟兩個人。有一天弟弟去汲水場汲水，把小弟弟留在家裡。當姊姊汲水回來的時候卻不見了弟弟。姊姊擔心地想：「我的弟弟哪裡去了呢？會不會被敵人捉去了？」

這時候飛來了一隻烏鶖停在屋前的樹上啼叫著「啾！啾！妳先別哭了！給我一些真正的油吧！我會去久洛沙格莎可英（curozagozagoin）把妳的弟弟找回來！」姊姊聽了很高興地趕快去拿好油給烏鶖。烏鶖用得到的油塗滿了全身後又啼叫起來「啾！啾！妳在這邊等著。我去久洛沙格莎可英把弟弟找回來給妳！」說完，烏鶖便飛走了。等了一會，烏鶖真的把弟弟帶了回來交給姊姊，讓她們又團圓。因此排灣族人才知道了烏鶖是了不起又好心腸的鳥。後來的排灣族人也都不傷害烏鶖。

這是一則排灣族人不傷害烏鶖的傳說故事：姊姊去汲水，把小弟弟留在家裡，結果失蹤了，姊姊哭了起來，一隻烏鶖停在屋前的樹上啼叫著，願意幫忙把弟弟從洛沙格莎可英（curozagozaqoin）找回來，牠向姊姊要了好油，便飛去找了，過了一會兒，烏鶖把弟弟帶回來交給姊姊，讓她們姊弟又團圓。這就是為什麼排灣族人不傷害烏鶖的原因。

《原語による台灣高砂族傳說集》，小川尚義、淺井惠倫著（昭和十年），余萬居譯：（註二三）

> 曾有姊弟倆，姊赴汲水場，把弟弟留在家裡。可是，姊自汲水場歸，弟已不在，是被敵人抓走了。姊姊於是哭著說：「糟了！弟弟哪兒去了呢？」就去找。這時來了一隻烏鶖，停在樹上，唱著說：「caciu，caciu……，稍待，別哭，給我工錢，真正的油，我去領回，在 curozaqozaqoin 的汝弟！」於是，姊姊把油給了，（烏鶖）把油塗了上去，然後唱著說：「caciu，caciu……！在這兒吧！我去帶妳在 curozaqozaqoin 的弟弟來！」而烏鶖去找弟弟，（未幾，）弟弟被烏鶖帶了回來。paiwan 自此知道了烏鶖是了不起的（鳥兒），所以（迄今）不殺烏鶖。

這是一則關於鳥的禁忌傳說，弟弟失蹤了，姊姊急如熱鍋中的螞蟻，最後烏鶖找回了弟弟，族人很感恩，所以至今排灣族人不殺不吃烏鶖。

十三、排灣族種鹿傳說故事

陳千武譯述《台灣原住民的母語傳說》載「種鹿」:(註二四)

　　沙布爾用苧麻捻成繩子，帶孩子去雜木林。叫孩子握住繩子的一端站著，沙布爾拿長繩子在林子邊緣繞了一圈，回到孩子的位子，把繩子兩端合起來，然後用力拉緊繩子，林子的樹林木都一次被砍倒了。過了一段時間，樹木都乾枯了，沙布爾就去把乾材燒盡，再播下粟籽。過了不久，沙布爾叫孩子去看播種的結果。「看到甚麼?」「伯父，甚麼都沒有。」再過了不久，沙布爾又叫孩子去看，孩子回來說:「伯父，有很小的東西在蠕動。」「不管它，讓他蠕動就好。」再過了不久，沙布爾親自帶孩子去看，旱田的那些東西都已經長大成為鹿、豬、山羊了。

沙布爾是具有神力的人，只用苧麻繩子圍繞樹林子一圈，「把繩子兩端合起來，然後用力拉緊繩子，林子的樹林木都一次被砍倒了。」

把林木乾材燒盡，再播下粟籽，過一段時間地土開始蠕動，再過一段時間「旱田的那些東西都已經長大成為鹿、豬、山羊了。」真是神奇的故事。

十四、排灣族蜂傳說故事

陳千武《台灣原住民的母語傳說》載排灣族卡知萊社傳說:(註二五)

　　古早，有個人名字叫沙卡波拉。他的東西很長，……有一次社裡的人們去狩獵的時候，大家商量調戲沙卡波拉，說:「把你的男根給我們看看。」他慢慢把肩膀的男根解開，讓人家仔細觀察。然而大家圍著看男根的時候，有人騙他喊著:「敵人來了!」驚嚇了他。沙卡波拉來不及把男根捲起來掛上肩

膀，便拖著男根跑了。……很多刺扎上男根，痛得要命。他回到家，把刺拔出來，放入壺裡存起來。之後，沙卡波拉招待大家來喝酒，……他把四個壺子拿下來，……大家很高興，爭先恐後去打開壺蓋子。然而從壺子裡飛出來很多蜂，欺騙過他的人，都被蜂螫得叫痛了。蜜蜂、山峰、黃蜂、熊蜂都由不同的草刺產生的。現在山裡的很多蜂，就是如此產生的。

本則傳說故事謂，有一人叫沙卡波拉，他的男根很長，有一次社人狩獵，要求沙卡波拉把肩膀的男根解開，讓人家仔細觀察。然後惡作劇說敵人來了！他來不及把男根捲起來掛上肩膀，便拖著男根跑了，跑動中男根也被刺扎得非常疼痛。

沙卡波拉把刺拔出來，放入壺裡存起來。後來他請大家喝酒，壺裡飛出許多蜂，把欺騙過他的人螫得叫痛。

據說現在山裡的蜂，例如蜜蜂、山峰、黃蜂、熊蜂，都是由不同的草刺產生的，所以會螫人。

《生蕃傳說集》，佐山融吉、大西吉壽著（大正十二年），余萬居譯：（註二六）

　　古有一老人，陽物頗長，怕它拖地，所以都扛在肩上走。有一次，跟社人們去打獵的時候，他的陽物被草莓的刺刺上了，受了傷，老人大呼倒楣。可是，一回到了家，老人就把那刺拔了出來，泡在酒甕裡，念了念咒，把它變成蜂。社人們聞到酒味，想來叨擾一番，老人掀開甕蓋，放出蜂去，使得他們落慌而逃。社人們大怒，想殺老人，可是，看他朗朗高歌就有人生出來……，愈看愈怕，始終不敢下手而眾自散。

本則傳說故事謂，陽物頗長的老人，陽物都扛在肩上走。有一次，參加狩獵，陽物被野草莓的梗刺刺傷，他拔出刺泡在酒甕裡，念了念咒，把它變成蜂。此即「蜂」的由來。

《生蕃傳說集》，佐山融吉、大西吉壽著（大正十二年），余萬居譯：（註二七）

　　古時有個男子，住在 dadoru，名字叫做 hapurar，據說是 mateyasan 的 rusurus 之弟。一天，hapurar 到 kinuran 社去了，有個女人在織布。見之，他的春情大動，靠到女人身邊去了，可是女人堅拒不從。hapurar 惱羞成怒，奪了她的梭，把她打得慘兮兮之後，通過叢間急步逃回。可是，一回到家裡，他就覺得陽具痛得離譜，把丁字褲脫下一看，原來是刺上了無數荊棘。hapurar 悶著一肚子氣，將之逐一拔起，存在甕中。過五、六天，有社人們到他家聊天，他公開了那霉運故事之後，掀開了那甕蓋。那甕中的刺都已經變成了蜂，紛紛飛出螫人，人們驚慌走避。hapurar 制止蜜蜂的行動，並告訴牠們以後千萬不可螫人，因此現在的蜜蜂也不螫人。

　　本則傳說故事謂，hapurar 見女人正在織布，春情大動被拒，惱羞成怒用梭把女子打得慘兮兮後從叢間逃逸，陽物被荊棘所刺，他逐一把刺拔起，存在甕中。有人到他家，他敘述陽物被刺故事之後，掀開了那甕蓋。那甕中的刺都已經變成了蜂。

十五、排灣族狗傳說故事

　　《原語による台灣高砂族傳說集》，小川尚義、淺井惠倫著（昭和十年），余萬居譯：（註二八）

　　古時有個富者。可是，竊賊屢次光顧，他不能安心。於是他便想，應該如何做，偷兒才會害怕呢？有一次來了一個老人，於是他問他，他一直擔心竊賊會來偷他東西，他想知道這老人家能不能告訴他避免的方法。老人說：「你別擔心，這種事我很懂！」於是老人教他：「我見過 gorolan 山（據說是在鯉龍山之北）上有狗，有很多，而且漂亮。我們如果到那個地方

去捉狗，我們就會被狗咬，但是，（我們可以）用小米做麻糬，在裡面摻入頭髮，把它給母狗吃，這一來，麻糬會黏在狗嘴上，母狗拚命要去除它。這時我們去到那個地方，母狗就不會發覺我們捉牠的孩子，我們（趁機）捉（牠的）孩子，帶回家來養。那一隻小狗長大了，夜裡有賊來的時候，（牠就）會叫或咬。賊就不敢來了！」

本則傳說故事敘述一位富者，家經常遭竊，於是想著要如何讓偷兒「怕」。剛好有老人到來，富人即請教他，讓老人指導他如何防範：

（一）製作麻糬，給在 gorolan 山上的母狗吃。

（二）麻糬黏在狗嘴後，趁機捉小狗帶回家來養。

（三）小狗長大了後，就會叫或咬，賊兒就不敢來偷盜了。

《原語による台灣高砂族傳說集》，小川尚義、淺井惠倫著（昭和十年），余萬居譯：（註二九）

> ……二人赴平地，發現了狗，雙雙被咬死。人們說：「為什麼有那狗呢？我們真想要！」可是，狗會咬人，所以說：「我們該怎麼辦？」於是，做了粟糕，並把頭髮摻進去，狗吃了它，就纏住了狗的牙齒。人們捉了兩隻小狗，一隻是公的，一隻是母狗，返回 paqabuqabu（台東一帶）。傳說是生了孩子，所以人們才有了狗。

本則傳說故事中，捉狗的方法與上則故事相似。捉回來養育的兩隻狗生育了，人們才有了狗。

〈台灣土蕃の口碑〉《東京人類學會雜誌》，伊能生著（明治四三年），劉佳麗譯：（註三十）

> 從前，沒有人家裡養狗。mutasukusu 祖先中，一位叫 pavurogan-zeikon 的，一日帶著弓箭，與四名壯丁到山上打獵。他們發現一種毛色有白、有黑的動物，牠們善於迫逐其他獸類，並圍捕之。因此五人想抓回去，訓練後幫助他們狩獵，怎

知費盡心思仍不達目的，乃打道回府。後來想到一個好方法，將婦人的長髮和在麵粉中做成餅，綁在木枝尖端，誘食之，果然有三頭上當了，牙齒扯住了頭髮因而被帶回黑白各一頭。喚作 valu（即狗）。從此，好好馴養，成為家畜的一種，也是狩獵的好幫手。

本則傳說故事敘述，獵人在山上發現野生狗，牠們善於追逐圍捕其他野獸，於是他們回家將長髮和在麵粉中做成餅，綁在木枝尖端，誘食山上的野狗，果然有三頭上當了，牙齒扯住了頭髮，因而被帶回黑白各一頭，並加以馴養。後來，狗成為狩獵的好幫手。

〈台灣土蕃の口碑〉《東京人類學會雜誌》，伊能生著（明治四三年），劉佳麗譯：（註三一）

很久很久以前，狗和人一樣可以暢所欲言，但因為牠們總是很自負，吹噓自己在狩獵時如何捕到鹿或豬，完全抹殺了人的功勞，有一次牠們的舌被割了下來，不能言語，從此就只能發出像現在一樣的吠聲。

本來狗會言語，但是牠們的舌頭被人們割了下來，就不能講話了，人們會把牠的舌頭割下來，是因為：

（一）狗很自負。

（二）狗很會吹噓自己狩獵捕捉野獸的成果。

（三）狗抹殺了人在狩獵上亦有功勞。

《生蕃傳說集》，佐山融吉、大西吉壽著（大正十二年），余萬居譯：（註三二）

古時犬輩言語自如，但是其言驕慢而令人無法消受，人們因而請託 purigao，施展巫術，封住其言語。自此，他們只能搖尾表示其意。

本則傳說故事敘述，因為狗說話驕慢而令人無法消受，因此人們請託 purigao 施展巫術封住其言語。從此以後，狗就只能用搖尾巴表示牠

的意思。

《人類學雜誌》，引自《排灣族信仰體系）森丑之助著（1915），黃耀榮譯：(註三三)

> 古時，某處有一對母女一起過日子。一天，母親要女兒到旱田去除草，少女中途被繁茂的咬人狗毒草困住了，再不能再前進，遂向神祈禱。結果，其林分裂且路自通，再行走數丁（一丁為約190公尺）即有住屋，庭院中有隻狗搖尾示意少女入屋內，在狗的指引下，少女在屋內做炊食，之後在寢室內躺了下來，那狗就叼來寢具覆蓋在少女身上。少女在對這一切仍感到不解時，忽有二兄弟牽著許多狗狩獵回來。弟弟見少女睡在床上，覺得很納悶，在得知事情原委之後，乃鼓勵哥哥與少女成親，後來，兩人便成親而結為夫妻了。

迷失在旱田的一位女子，進入了一間神秘的住屋，在狗的示意下進入屋內炊食，並在寢室內躺了下來。屋主二兄弟狩獵回來，最後哥哥與少女成親結為夫妻。

十六、排灣族烏龜傳說故事

《生蕃傳說集》，佐山融吉、大西吉壽著（大正十二年），余萬居譯：(註三四)

> 有人想蓋新屋，先用木頭架好了，可是，第二天去一看，已經全被弄壞。他再架，可是第三天一看，一樣已全倒。他氣極了，當晚就地露宿，準備逮住那個搗蛋鬼。至深夜，來了一隻烏龜，推倒了柱子。他大怒，罵曰：「你為什麼要搗蛋？」拔起刀來就砍下去，烏龜不在乎，笑說：「那麼鈍的刀，還想殺我？」他更怒，把烏龜抓起來，投入火中，可是，火卻熄掉了。烏龜說：「我不怕刀，也不怕火，我只怕水。」他又把烏龜抓起，投入水中，烏龜「hapo-hapo……」地叫著游走了。

本傳說故事謂有一人想蓋新屋，先用木頭架好了，可是，次日全被弄壞，再架又被弄倒。於是當晚就地露宿，才發現是一隻烏龜在破壞。

那人拔刀想砍烏龜，可是烏龜不怕；把烏龜投入火中，可是，火卻熄掉了。烏龜說：「我不怕刀，也不怕火，我只怕水。」於是把烏龜投入水中，烏龜卻游走了。

十七、排灣族蛇傳說故事

《生蕃傳說集》，佐山融吉、大西吉壽著（大正十二年），余萬居譯：（註三五）

> 古有 viryatot 和 tsyanabas 二人，各生了一個蛋，把它放在床下，不久之後孵出蛇來，可是，蛇長大了之後成了搗蛋鬼，無法調教之餘，帶到山上去丟掉。這便是今 buron（一種蛇）的祖先。

本傳說故事謂，有二人各生了一個蛋，置於床下孵出蛇來，但是，蛇長大是個搗蛋鬼，無法調教，於是把牠丟到山上，此即 buron 蛇的祖先。

《生蕃傳說集》，佐山融吉、大西吉壽著（大正十二年），余萬居譯：（註三六）

> 古時 kaburugan 之地住有一條大蛇，路過者悉數葬身其腹，後因有個勇士把牠殺了，才不再有人遇難。

本傳說故事謂，古時候有一條大蛇，許多人都葬身蛇腹，後來，有個勇士把牠殺了，才不再有人遇難。

《原語による台灣高砂族傳說集》，小川尚義、淺井惠倫著（昭和十年），余萬居譯：（註三七）

> 古時，tsulul 家的 qalamudis 去打獵，可是跌倒了，放開了（手握的）長矛。（長矛）直向滑落，掉進深淵裡，不知如何才能撿拾。於是，（他）就潛入 dinoalan 深淵裡。可是，潛

入其中，（竟見）有一條叫 valavuval（龍）的蛇。qalamudis 叫：
「我的長矛何在？」龍說：「我把它跟竹筒並排在那裡，（你）
拿吧！」拿了長矛，他們商量了，（龍）說：「我們做朋友吧！
釀酒共飲吧！」於是，qalamudis（回家一下，）穿著背心，穿
著褲子，頭插鷹羽飾等打扮一番，到水底去喝酒，（未幾）
qalamudis 醉了，到外面去，（臨別時）告訴龍說：「下次到我那
兒來！」其後，龍到 tsulul 家來喝過酒。而據說龍是醉著回去
了，並且在中途跌了跤。傳說中說，qalamudis 的那一位朋友在
別人眼裡是一條蛇，但是，在 qalamudis 眼裡是個人。

本傳說故事謂，有一名叫 qalamudis 的人去打獵，長矛掉進深淵
裡，他就潛入深淵裡尋找，深淵裡有龍，他們非常投緣，交起朋友來
了，qalamudis 到水底去喝酒，龍也曾經到 tsulul 家來喝過酒。本則是人
與龍（蛇）交好的傳說故事。

《人類學雜誌》，引自《排灣族信仰體系》，佐山融吉著（1940），余
萬居譯：（註三八）

據說排灣族各部落的頭目都是蛇的後裔，故凡是頭目的家
族成員，不論男女皆得在身上刺上蛇紋的黥墨，男的刺在胸、
背、上肢；女的刺在手背和手臂上。另外，他們住家的下橫樑
上，也會畫上或雕上蛇的圖案，而那些簷下的蛇都環繞著女陰。

按排灣族人身體上施以黥墨刺青的裝飾藝術，只有頭目家族才可
以施刺，一般平民百姓則不可以任意施刺。身體刺文以蛇紋為主要圖
案。又「他們住家的下橫樑上，也會畫上或雕上蛇的圖案，而那些簷下
的蛇都環繞著女陰。」

十八、排灣族豬傳說故事

《原語による台灣高砂族傳說集》，小川尚義、淺井惠倫著（昭和十
年），余萬居譯：（註三九）

古時候沒有豬，所以（人們）把山豬骨集起來，向著它唱：

「變成豬吧！ 變成豬吧！」於是，骨變成豬，自古傳說，今日

之所以有豬，是因此之故。

本傳說故事謂今日之所以有豬，是因為人把山豬骨集起來，向著它唱：「變成豬吧！ 變成豬吧！」於是，骨變成了豬。

十九、排灣族青蟲傳說故事

《生蕃傳說集》，佐山融吉、大西吉壽著（大正十二年），余萬居譯：（註四十）

古時，gujijo 捉著一隻青蟲，哭著找洞。人們覺得可笑，問

以：「你找洞是幹嘛的？」他回答說，是要把那青蟲放進去，

使之生小蟲。

本則傳說故事非常可愛，gujijo 捉著一隻青蟲，哭著找洞，要把青蟲放進去，以便能生小蟲。gujijo 真是非常有愛心。

二十、排灣族臭蟲傳說故事

《生蕃傳說集》，佐山融吉、大西吉壽著（大正十二年），余萬居譯：（註四一）

古有一妙人，名 sarimuzu，用泥土造了臭蟲。初製時的臭

蟲有拳頭那麼大，因為一旦被咬就痛得不得了，所以他又予以

改良，改成如今所見的小型臭蟲。

傳說臭蟲是一位名叫 sarimuzu 者用泥土製造的，初製的臭蟲有拳頭般大，如果被咬，痛得不得了；所以又改良成現今所見的小型臭蟲。

二一、排灣族蝨子傳說故事

《原語による台灣高砂族傳說集》，小川尚義、淺井惠倫著（昭和十年），余萬居譯：（註四二）

古時候沒有虱子，也沒有工作，所以無聊。（有一次，人們）商量說：「我們要怎麼樣才能有事做呢？」（這時，某人）說：「買虱子吧！」就買了虱子，撒在頭上。（人們）於是有了工作，無聊時，互捉虱，不再無聊了。而，古時的傳說說，購虱者是 qaqoayan 家的人。

此傳說敘述，人類頭上本來沒有虱子，據傳是 qaqoayan 家的人買來的，撒在頭上，沒事時就抓抓頭虱，排遣空虛無聊與寂寞。

二二、排灣族老虎的故事

范純甫主編《原住民傳說（上）》載〈打虎英雄甘沬勞〉：（註四三）

在台灣，原住民許多人住在深山老林裡。山裡有豹子，有狗熊，有豺狼，有山羊野兔，有野雞山猴，有小山麂，小山獐，還有像姑娘一樣美麗的山鹿……，真是什麼野獸都有呀，唯獨沒有老虎！你說怪嗎？。但是，老人說，很久以前，在原住民居住的山地裡，有過很多的老虎，以後怎麼又變成沒有老虎了呢？這裡有則故事。相傳，在大武山下的一個部落裡，有對夫妻生了五個女兒。因為住在大山腳下，出門就是山，山裡有許多老虎。一到夜裡，這些害人的畜牲就下山來咬人，這對夫妻的五個姑娘，一個個地全被老虎叼進山裡吃掉了。夫妻倆傷心呵，眼睛哭腫了，聲音哭啞了，人也哭瘦了！兩口子常常想起那五個可憐的姑娘，總是嘆著氣說：「唉，哪天部落裡能出個打虎的大英雄，除掉那些害人的畜牲才好哩！」一天，夫妻倆進山種田，人做累了，躺在一棵柚子樹下休息。妻子長長嘆了一口氣，說：「願神保佑，賜給我們一個兒子吧，讓他長大了去打打虎才好哩！」丈夫也嘆著氣，他一抬頭忽然看見樹上有個大柚子，金光油亮的，比別的柚子大得多，很是顯眼。他爬上樹就把那個大柚子摘了下來，帶回家裡。第二天，

夫妻倆從山裡種完小米回來，肚子咕咕響，嘴又渴得很，丈夫就捧來那個大柚子朝石桌上一放，剛要剖開，妻子就把他叫住了：「哎，你忙什麼？這柚子，你看有多漂亮、還有一股清香味呢！慢點開，讓我多瞧幾眼吧。」「瞧吧瞧吧，讓你看夠了我再開。」丈夫說著，把柚子推到妻子身邊，就蹲到一邊抽煙去了，妻子捧著那個油光閃亮的大柚子，越看越順心，越看越喜歡，竟像抱孩子似地將柚子摟在懷裡，搖搖晃晃地哼起歌來。說也真奇呀，那個大柚子竟然也跟著「唔唔呀呀」地哼了起來！「噯！」妻子驚訝地看了看懷裡的大柚子，回身對著抽煙的丈夫喊道，「你過來。你瞧瞧，這個大柚子會唱歌哩。」「說鬼話！哪有柚子會唱歌的？」丈夫不信，還是蹲著不動，又揮了揮手裡的竹煙竿說：「你樂什麼呵，都四十歲的人了，還在耍瘋？」「你嚼什麼嘴皮子？過來呀！」妻子提高了嗓音，眼一瞪，丈夫才走過來，一聽他就愣了。怎麼回事呵，「唔唔呀呀」的，大柚子還真的會唱歌哩！「這是什麼怪物？讓我剖開來看看！」丈夫從妻子懷裡奪過大柚子，放在藤席上，剛舉起腰刀要剖開，忽然在他眼前晃了一道白光，丈夫愣愣地眨了眨眼，再看了看，只見柚子金光四射，在一陣「絲絲絲」的輕微聲響中裂開八瓣，像朵盛開的蓮花。一個小小的胖男孩竟然從裡面走出來。孩子站在藤席上，見風就長，一下長到一尺多高。這孩子還會講話，很有禮貌地對這對夫妻說道：「收下我吧！我願意給你們做兒子呀！」夫妻倆一起將柚子娃娃抱了起來，連連地喊道：「寶貝！寶貝！我們的好寶貝！我們有兒子了，我們有個寶貝兒子了！」夫妻倆很高興，他們像往日結婚那樣，又同飲了雙杯酒，把孩子抬了起來，一邊唱歌，一邊搖晃，在屋前的草坪上跳起舞來。因為孩子是柚子變的，這夫妻就按照部落習慣以此為兒子命名，叫他「甘沫勞」。冬天

去了，春天又來了，大武山裡那小小的松柏一天天地長高啦，甘沫勞也一天天地長大了。他跟著父母學會了種田砍藤，也跟部落裡的英雄學會了武藝，練就了一身本領：他一箭能射下從頭上掠過的飛鳥，一刀能砍倒碗口一樣粗的麻竹；一使力氣能將發怒的公牛扳倒。在部落的小伙子中就數甘沫勞的個頭最高，身子最壯，膽子也最大，他一個人敢進深山打獵，單個兒敢在恐怖的大森林裡過夜。一天，甘沫勞頭戴雉尾帽，身穿銅鈴衣，手持弓箭，腰掛砍刀，對爸爸媽媽說：「我要上山打老虎去。」母親說：「甘沫勞，我的寶貝！你不能去，不能去呵！老虎會吃人，你的五個姐姐就是被老虎吃掉的呀！」甘沫勞抓著媽媽的手，望著她那雙滿盈淚水的眼睛說：「媽媽，我去打虎，正是為了給五個姐姐報仇，為部落的鄉親們除害呵！你怎麼忘記了自己的心願呢？」是的，母親早有除掉虎患的心願，也盼望部落裡出一個打虎的大英雄；可是，一旦兒子真的要上山去打虎，她又害怕了，又憂慮起來，擔心甘沫勞出危險呵！立在身邊的父親，也看出了妻子的心思，笑著說：「看看你的兒子吧，壯得像頭獅子！他的箭能射落飛鳥，他的力氣能扳倒公牛。你放心吧，讓孩子上山去，去除掉那害人的老虎。」母親說：「孩子去吧，用你的神箭和腰刀去除掉那些害人的老虎。願英雄的祖先保佑你平安，保佑你早點回來。」甘沫勞揹著弓箭腰刀，在大山裡轉了三天，也不知怎的，沒有碰見老虎。這些害人的畜牲躲到哪裡去了？這天夜裡，甘沫勞來到森林裡的一個小村寨，他想在這裡過夜，便到一座小石屋去敲門。「開門，請開門。我是來借宿的獵人。」甘沫勞敲著門，屋裡沒有人答應，他又敲，再敲，還是沒有半點回聲。門也關得緊緊的，推也推不動。是沒住人麼？甘沫勞側面貼門細聽，聽見屋裡有低微的說話聲。「不能開，不能開，是騙人的老虎來了。阿媽，我怕，

老虎會把我騙去吃掉呀！」原來，這一帶山裡的老虎吃人成了精，常常變成小伙子和姑娘，或者變成白髮蒼蒼的老者把人騙到石洞裡去吃掉。因此，住在山裡的人，一到夜裡，就用石柱把門頂住，任誰叫門都不開。甘沫勞叫門不開，只好到村寨的大榕樹下過夜。不料，夜裡一陣寒颼颼的冷風將甘沫勞吹醒了，他睜眼一看，見岩谷豁口處有兩點綠光閃閃的東西向他飄移過來。甘沫勞立即取下弓箭，大聲喝道：「什麼人？」沒有人回答。前面的兩點綠光朝甘沫勞越飄越近，忽地吼了一聲，隨即傳來答話：「我是老虎，是來吃你的。」甘沫勞見面前站在岩石上的是一頭氣勢凶猛的黃斑大虎，禁不住身子抖了抖，連忙後退兩步，大聲喊道：「慢！你要吃人嗎？可以，把你的嘴張大吧！」「噢唔」，老虎吼了一聲，弓腰蹶腿地正要撲過來時，甘沫勞更大聲地喊叫起來：「張開你的嘴！」霎時間，三面岩壁立時迴響起一陣陣巨大的喊聲：「張開你的嘴！」「張開你的嘴！」老虎被這驚天動地的喊聲嚇昏了，站著不敢走動，將嘴張了開來。「大一點，再張大一點！」甘沫勞又喊著，四周的回音比他的喊聲更雄壯更威武，嚇得老虎把嘴張了又張。一直張到嘴唇遮住牠的眼睛時，甘沫勞一箭射去，正好從牠嘴裡穿腹而過，老虎「噢」地驚叫一聲，從岩石上滾落下來，又掙扎了幾下，就不再動彈了。傳說，從這以後，原住民居住的這些山地不再有老虎了。因為被甘沫勞射死的是山裡的老虎王，牠的子孫，那些大大小小的害人畜牲，聽說甘沫勞這麼勇敢，這麼厲害，就一個傳一個，全部都被嚇跑了，遠遠地離開了打虎英雄甘沫勞和他的鄉親們居住的地方。

傳說在古代，台灣是有老虎的，而且會吃人，後來出現了打虎英雄甘沫勞，把老虎驅趕了，所以現在沒有老虎了。

二三、排灣族動物的來源

《原語による台灣高砂族傳說集》，小川尚義、淺井惠倫著（昭和十年），余萬居譯：（註四四）

　　古有叫做 savuluvuluy 者。有一次，他發現了個爬行在泥淖裡的男孩。savuluvuluy 把他帶來，或給洗手腳，或給穿衣，或給吃東西……等。說：「怎麼不長大呢？」可是，（孩子）漸長了。有次 savuluvuluy 搓了一束苧麻成繩子。然後叫那孩子把繩子的一端拉到雜木林中去，他自己則（拿另一端）繞行林周一圈，返回孩子處，（把兩端）湊在一塊兒。然後，（他）拉了繩子。這一來，林木悉數被伐斷。不久，樹枯了，燒之，在其處播下粟糠。savuluvuluy 吩咐那孩子說：「去看看！」孩子去了，回來說：「叔叔，什麼也沒有！」savuluvuluy 說：「不理它！不久會好！」又不久，savuluvuluy 又說：「再去！」孩子回來說：「有很小的東西在動。」又過不久，再要孩子去，孩子回來說：「胖了一點，可是不知是什麼。」savuluvuluy 說：「暫時再不理它！」不久，savuluvuluy 和孩子去看。見之，據說（其物）已胖成鹿、山豬、山羊和小鹿等。自古以來傳說，今之所以有鹿、山豬、山羊和小鹿，是因此之故。

本則傳說敘及世界上動物的起源故事。

註釋

註一：林道生《台灣原住民族口傳文學選
集》，花蓮縣立文化中心，1996年6月。

註二：內政部委託台灣大學人類學系研究
《台灣山胞各族傳統神話故事與傳說文獻
編纂研究》，1994年4月30日。

註三：同註二。

註四：同註二。

註五：同註二。

註六：同註二。

註七：同註二。

註八：同註一。

註九：同註一。

註十：同註二。

註十一：同註二。

註十二：同註二。

註十三：同註二。

註十四：同註二。

註十五：同註二。

註十六：同註二。

註十七：同註二。

註十八：同註二。

註十九：同註二。

註二十：同註一。

註二一：同註二。

註二二：同註一。

註二三：同註二。

註二四：陳千武譯述《台灣原住民的母
語傳說》，台北，台原出版社，1995年5
月。

註二五：同註二四。

註二六：同註二。

註二七：同註二。

註二八：同註二。

註二九：同註二。

註三十：同註二。

註三一：同註二。

註三二：同註二。

註三三：同註二。

註三四：同註二。

註三五：同註二。

註三六：同註二。

註三七：同註二。

註三八：同註二。

註三九：同註二。

註四十：同註二。

註四一：同註二。

註四二：同註二。

註四三：范純甫主編《原住民傳說
（上）》，台北，華嚴出版社，1996年8
月。

註四四：同註二。

排灣族宗教祭祀口傳文學

口傳文學

第十章

　　排灣人要過五年祭、收穫祭、甘薯收穫祭、打獵祭等節日，其中五年祭最為隆重也最有特色。

　　排灣族過去並沒有自己的曆法，僅依月亮計算時令，在各節令中奉行不同的祭祀禮儀，如播種祭、收穫祭、五年祭、狩獵祭、祖先祭、結婚祭等，在這些慶典活動中多有音樂舞蹈活動。每年二月間舉行的播種祭，由巫師主持儀式，有酒、肉、糖果等祭品，由巫師誦念經文，祈求農神（Gilin）降臨，俾能獲得豐收，之後進行飲酒、跳舞、遊戲等活動，次日即赴田間播種小米。第三天又舉行祭祀，仍由巫師主持，並有未婚少女舉行盪鞦韆之遊戲，盪得愈高，就表示農作物愈易發芽。此項活動連續三天後，男子即出外打獵，兩天後打獵回來，將所獲獵物分送頭目及巫師，並在頭目寓所的廟中進行慶賀活動。收穫祭在七月十五日舉行，以小米、青菜、肉等製成米糕，並攜雞鴨、魚鮮、獵物等至祖先墓地祭祀。然後回到村中集會，舉行各種活動，如拔河、爬山、射箭等。收穫祭的晚間聚餐由頭目唱歌助興，全村老幼均參加歌舞，直至凌晨始行休息，此外還有其他活動，連續舉行四、五天。（註一）

　　排灣族有一種超部落之祖靈祭組織，即以最大的貴族宗家為中心，並以其宗家選出的元老為司儀，把同姓貴族旁系與其平民聯結在一起，以維繫貴族宗主權團體的隸屬關係。但也有在部落組織內分出次級祭團，或數個毗鄰部落聯合成立一個祭團的情形。（註二）

　　中排灣保留了許多古老的習俗與傳統祭典宗教儀式。尤其是來義鄉，被族人稱之為排灣族的中原地帶，也是目前傳統宗教盛行的地區。（註三）

一、排灣族五年祭傳說故事

「五年祭」，排灣族人稱為「及母葉」，傳說是排灣族先祖為了避荒年，將七名子女分開，讓他們各自謀生；並且約定長者必須每五年手持竹竿，帶領全族大小回部落團聚祭祖，於是形成五年祭的雛型。另一說法為祖靈依序造訪各部落，輪迴正好五年。（註四）

五年祭是每五年舉行一次，目的是感謝列祖保佑之恩，求得今後賜予幸福，祭期一般在陽曆十月，芋頭收穫完以後。各地祭祀的時間長短不一，一般只有一天一夜，有的則舉行五天五夜或七天七夜，活動內容各地大同小異。節日那天，全村各戶自帶各種食品、飲料，到場地上參加頂球比賽和表演歌舞。五年祭中最突出的活動是頂球比賽，可以說別具一格。頂球比賽每村都有專門的場地，場地中心設有十多把有靠背的椅子（有的地方設高約二公尺、長約九公尺的椅子四張），圍繞頂球場地中心排列成長方形。球是用麻線纏繞起來的，有的地方則用藤皮編織的，大小如同排球的圓球，在中心繫有一根繩子，如拋球的把子。參加比賽的人，手持一根長約六公尺，頂端削尖的竹竿。比賽時，拋球員將球高高拋起，參賽人在空中爭用竹竿頂球，頂中球次數最多的人為勝。凡獲勝的頂球能人在排灣人的心目中是英雄，受到大家尊敬；若勝者是未婚青年，常成為年輕女子選擇新郎的對象。頂球比賽是五年祭活動中的第一個高潮，第二個高潮是晚間的歌舞大會演。（註五）

五年祭是緬懷感恩祭典，祖靈依序造訪各部落，一個輪迴正好五年，重頭戲在以竹竿迎刺藤球的祈福活動，族人也都趕回團圓。

排灣人如同其他台灣原住民族一樣，信仰萬物有靈，這種泛靈信仰認為：神靈、死者、祖靈、善靈、惡靈等，大致上又屬於 Kawas 系的觀念，他們傾向有明確的性格、位置與方向，能以具體形象表現之，並影響到社會生活、生命禮俗及歲時祭儀上。排灣人稱靈為 tsumas。五年祭主要是祭祀祖靈的祭典，他們相信人死後，靈魂會回歸到起源地大

▲ 春日鄉豐年祭／田哲益提供

武山，與祖先的靈在一起。五年祭即隔五年招迎大武山上的祖先們回村社相聚，一來慰祭，二來祈求庇佑子孫，帶來豐收。（註六）

林道生《台灣原住民族口傳文學選集》載庫瑙社〈五年祭的起源〉：（註七）

　　從前，天上住著一位叫做羅基利康的人，有一天，在曬衣服的時候，不小心掉落到地界人間的利克狄家庭院。剛好有一位叫魯姆的鄰居看到了，上前問：「你是從哪裡來的？」羅基利康回答：「我是來自天上。請你為我焚燒火。我要乘著煙飛上天。」魯姆便照著他的話焚燒起火來。羅基利康對魯姆說：「五天後，你也乘著煙到天上來吧！我要讓你做祭司。當五天後，你來到天上時，你就在庭院那邊等我。我會為你念誦祝文，你要專心地聽。在黎明時我們會開始念誦祝文，那時候你要爬到倉庫的頂上。」五天後，魯姆照著羅基利康吩咐的話，焚燒煙火乘著煙上了天，再爬到倉庫頂上。黎明時羅基利康開始念誦祝文，魯姆很專心地聆聽。羅基利康看著魯姆成了祭司。天快要亮了，魯姆說：「我要回去了！」羅基利康問：「你們在地界有什麼種子嗎？你們有小米的種子嗎？」魯姆回答：「我們有卡利洛德及瓦拉的種子」。羅基利康說：「那麼，你再帶俄洛俄降、狄姆克及萊利的三種小米種回去。另外你去可茲利地方，也帶一隻斑豬回去！」又說：「我們在天上每五年有一次祭典，你們在地上也應該每五年有一次祭典才好。並且要

插樹枝。」魯姆記住了羅基利康的話從天上又回到下界，然後
到了利烏利旺的地方插了樹枝，又到羅西瓦旺的地方，也插了
樹枝。但是馬上又想到這裡並沒有祭司而拔掉了樹枝。後來，
魯姆的五個兄弟都經過魯姆的教導做了祭司。從此在排灣族的
庫瑙社也跟天上一樣地，每五年舉行一次五年祭。

本則傳說故事情節要述：

（一）天神羅基利康曬衣服的時候，不小心掉落到地界人間，剛好
　　　有一位叫魯姆的人看到了。

（二）天神羅基利康請魯姆焚火，以便天神羅基利康乘著煙飛上天。

（三）天神羅基利康請魯姆五天後也乘著煙到天上來，祂要魯姆做
　　　祭司。

（四）五天後，魯姆也焚火並乘著煙上了天，之後爬到倉庫頂上，
　　　很專心地聆聽念誦祝文，也學會了五年祭儀式的念誦祝文。

（五）魯姆臨走前，天神羅基利康還送了他三種小米種回去，並有
　　　一隻斑豬。

（六）魯姆做了祭司之後，從此，在排灣族的庫瑙社也跟天上一樣
　　　地，每五年舉行一次五年祭。

本故事也提及祭司的傳承問題，「魯姆的五個兄弟都經過魯姆的教
導做了祭司」。

林道生《台灣原住民族口傳文學選集》載大鳥社〈五年祭〉：（註八）

　　排灣族人每隔五年有一次盛大的祭神慶典五年祭。首先要
用木板製作板球及竹槍，並且連續一個月的練習用竹槍刺皮
球。等到一個月的勤練習過去了，大家就帶著竹槍和皮球到頭
目家前面開始舉行五年祭。大家在部落的後門製作許多凳子，
整整七天的時間都不回家。然後轉到部落的前門，又製作凳
子。婦女們忙著釀酒、作餅。三天中的兩天是連續不斷的唱歌
跟跳舞。人們就在部落門前吃餅、喝酒，用竹槍刺皮球。頭目

要呼喚祖先，獻上餅和酒，大家高興地歌唱跳舞來祭神。在唱歌的時候還得唱出部落的頭目及有勢力者之大名以示尊敬。這是自古就留傳下來的風俗，沒有人可以改變它。祭神的五天過去了，壯丁開始去打獵。等打獵回來就修整竹槍的尖端，然後出發去出草獵人頭，壯丁們很勇敢地獵得敵人頭回部落，高高興興地提著人頭到頭目的家前面祭人頭，這時全部落的男女老幼也都圍攏來參加。我們祈禱「今年會是個好年，每一個人都很幸福！」殺了敵人割下人頭回來的勇士，要為被殺的人準備豬肉，並且也為他而跳舞唱歌，他要提著人頭「哦！哦！」地歡呼。然後把人頭擺放到庭院正中央倒放著的臼上面。在全體男女老幼圍起圓圈唱歌跳舞，一圈又一圈地繞著人頭轉。最後高喊「我們敵人的頭萬歲。」而結束五年祭。

古代的排灣族五年祭與狩獵及馘首有關，本故事情節要述如下：

（一）古代排灣族五年祭，「首先要用木板製作板球及竹槍，並且連續一個月地練習用竹槍刺皮球。等到一個月的勤練習過去了，大家就帶著竹槍和皮球到頭目家前面開始舉行五年祭」。

（二）古代排灣族五年祭整整七天的時間。

（三）三天中的兩天是連續不斷的唱歌跟跳舞。人們就在部落門前吃餅、喝酒，用竹槍刺皮球。

（四）在唱歌的時候，還得唱出部落的頭目及有勢力者之大名，以示尊敬。

（五）五年祭第五天，壯丁開始去打獵。等打獵回來就修整竹槍的尖端，然後出發去出草馘首。

（六）馘首凱旋回來，「把人頭擺放到庭院正中央倒放著的臼上面。在全體男女老幼圍起圓圈唱歌跳舞，一圈又一圈地繞著人頭轉。最後在高喊「我們敵人的頭萬歲」聲中結束五年祭。

《邊政學報》，《台灣文獻》，引自《排灣族信仰體系》，龍寶麒：（註九）

天神有一日交待地神要好好照顧土地及土地上的人民，作物收成時也得向天神報告，到時天神會告訴人民祭祀的儀式，並且人民要五年奉獻一次。……

本則傳說故事情節要述如下：

（一）舉行五年祭是天神的指示。

（二）天神交待地神，要好好照顧土地及土地上的人民。

（三）農作物收成的時候要向天神報告。

（四）人民要每五年奉獻天神一次，舉行五年祭。

（五）五年祭祀儀式是天神所指導。

　　排灣族神祖 luluwan 和 luvizikan 是太陽裡的卵，在地面自然孵育而成，他們育有四位子女，次男 lemiz 死後升天復活，埋怨在地上缺少食物，生活艱辛，女神 zimele 乃命其帶來小米、芋頭、地瓜等食物到地面繁殖以供食用。他們後來成為夫婦，唯一的兒子臨終囑言，每隔五年與父親必擇一吉日，回部落查看子孫的生活情形，族人銘記在心，每五年舉行盛大祭祀，其中必有一相傳已久的刺球遊戲，被視為祖靈降靈的象徵，而竹槍中必有兩根有百步蛇紋的，即分別代表他們父子，此種習俗相傳下來，即是五年祭的由來。

　　本則故事謂，祖先每五年必擇一日回部落查看子孫的情形，因此排灣族開始每五年舉行一次盛大的祭典。而「刺球」戲被視為祖靈降靈的象徵。

　　本故事敘說排灣族「刺球」戲，「竹槍中必有兩根有百步蛇紋的」，為分別代表父子兩人。

　　本則故事也涉及到排灣族食物的由來，小米、芋頭、地瓜等食物，是由天上拿到地面繁殖以供食用。

　　相傳排灣族的祖先卜居於 padain（八達因），生育七名子女，他們都是神，其中有一位叫做 moakai 帶領一些族人在 taravatsa（今屏東縣三地鄉附近），另外一位兒子有一日前往大武山沒有返回，他的弟弟就對眾人說：「我決心前去尋找兄長，若不能夠返回，每五年請殺豬弔慰我的靈魂。」族人為了追念他，所以每五年聚集全族的人殺豬舉行盛大的祭祀，從此之後相沿成習，這便是五年祭的起源。

本則故事謂，排灣族的祖先生育七名子女，有一位兒子前往大武山竟沒有返回，其弟就去尋找兄長，臨走時留言：若不能返回，請殺豬弔慰。果然他一去不返，族人便每五年祭祀他，舉行五年祭。

許多年前，排灣族祖先住在大武山的時候，太陽神曾指示他們，凡是族人有所求時就務必準備食物，依照一定的儀式祭拜，那麼太陽神就會得到訊息，將豐收、豐獵、平安、愛情等命運裝入球內，拋給族人，但是裝球有限，而爭取者眾多，乃命族人依照目前五年祭所舉行的刺球活動型式，在村中舉行祭典，使人人有公平的機會競爭，這是五年祭最原始的傳說。

排灣族傳說，公認大武山為其族之發祥地，祖靈聚集在大武山。本則故事敘說「刺球」的由來，人們祈求太陽神賜福，必須準備食物依循儀式祭拜，太陽神即將「豐收」、「豐獵」、「平安」、「愛情」等運命裝入球內拋給族人，因所拋之球有限，乃以刺球競刺公平競爭。

王長華〈排灣族的五年祭〉，載力里溪流域的排灣族部落間流傳一則祖先創世的神話：（註十）

始祖原初洪荒時期是卜居於北排灣的八爹因之地，歌而造人，所造之祖後有往他地建社不返，亦有遷居大武山者，其中一祖對其後裔稱謂「我決心前往日落海洋之地，若我不得返，每五年請殺豬弔慰我的靈魂。」

這則祖先出奔的傳說，便如此幽幽邈邈地流傳在東南排灣諸部落間，其中某些部落相信，所有的部落祖靈和神祇，都是去向那最後的樂土──大武山，而這些祖靈也會按時降臨探視每一個子孫部落，時間大

約是五年一次；這個每五年一次與祖靈相會的信仰，形成下一個重要的迎靈祈福的祭儀活動。（註十一）

　　台東縣達仁鄉土坂部落是東排灣族群中，唯一仍保有五年祭典者。傳統古老的五年祭，台東達仁鄉的傳說：

　　　　相傳五年祭祀原來是三年舉行一次，傳說在很早的時候，
　　有一對頭目兄弟，為了刺球用祭竿的長短，爭執得面紅耳赤，
　　互相對刺，雙雙因此身亡，從此三年祭因此就中斷了。十五年
　　後，祖靈托夢給族中的長老，威脅假使再不按期舉行祭祀，會
　　有大禍降臨部落及族人身上，族人們都因為害怕遇到劫難，謹
　　慎商議研討後，改為至今流傳的五年祭祀。

　　本則故事謂，原來五年祭是三年舉行一次的，後來因為一對頭目兄弟因刺球竿爭得相刺而亡，三年祭中斷。十五年之後祖靈託夢必須繼續舉行祭儀，否則降禍族人，經族人審慎研議，改為五年舉行一次。

　　　　排灣族的祖靈，依序造訪各村社部落，祖靈造訪的順序，
　　是依照部落村社開墾拓殖的先後順序及對祖靈虔誠崇拜的程度
　　而定，祖靈造訪一輪迴恰好隔五年，因此部落村社間在不同的
　　年份舉行五年祭祀。

　　本則故事謂，祖靈造訪排灣族部落是依照村社開墾拓殖的順序訪視，所以各部落村社在不同的時間分別舉行五年祭典。

　　屏東縣來義鄉的傳說：

　　　　相傳五年祭原來是三年舉
　　行一次，有一回先祖與創世紀
　　神塔卡勞斯和其他所有的善、
　　惡神，相約每三年相會一次，
　　每次祭祀由巫師占卜約神靈降
　　世與世人會面。有一次舉行祭
　　祀的時候，因為頭目兄弟二人

▲ 達仁鄉圖書館／田哲益提供

爭執刺球竿長短互刺死亡，而停辦五次（十五年），神前來人間
了解後，恢復祭典，但改為五年祭。

本則故事指出，原來「三年祭」是天上之善、惡神每三年相會一
次，並由巫師占卜降世與世人見面，此即「三年祭」的由來，後來因故
改為五年一祭。

屏東縣古樓村的傳說：

　　五年祭為排灣族祖先與創世主每三年相約會面的日子，在
祭祀前由巫師占卜，請示祖神何時為良辰吉日，便以點小米糠
做點火，引創世主降世。傳說某一年祭典前夕，一對頭目兄弟
為了祭典中刺球竿長短引起爭執，兩兄弟互刺。慘劇之後，祭
典停辦了五年。第五年巫師「里莫基」夜夢祖先不怡悅，要族
人迅速恢復舉行祭典。由於三年祭停辦了五年，古樓村人索性
就把祭祀改為五年舉辦一次。

本則傳說謂，五年祭原為祖先與創世祖每三年約會的日子，巫師會
請示神吉時吉日，以便點燃小米糠請神降世。後來一對頭目兄弟因刺球
竿爭執互刺死亡，三年祭停止辦理。五年之後有一位巫師「里莫基」，
受神所託要儘速恢復辦理祭典，慘劇之後停辦了五年，索性就每隔五年
舉辦一次祭典了。

屏東縣來義鄉南和村五年祭的傳說：

　　相傳長年居住在北大武山的排灣族祖靈，每隔五年要出巡
一次，至各部落看看子孫們的生活狀況，以便施予援助或給予
懲罰，賞善或罰惡。在祖靈五年一次出巡的時候，排灣族人各
部落村社，必須以盛大禮儀迎接，祈求農作物及狩獵豐收，生
活幸福與安康，每一家每一戶都得要參加。

本則故事謂，排灣族舉行五年祭之因，是相傳祖靈每隔五年要到各
部落巡視賞善罰惡，所以族人於是日以盛大禮儀迎神。

高師業榮〈排灣族的五年祭〉載有一則傳說：（註十二）

　　太古，天地初創，洪水橫流，惟大武山峰露在水面。俟洪水稍退，我族神祖乃卜居現今旗鹽山的八歹因 padain 之地，有七名子女：摩雅蓋 moakai，女；剎克奴 sakinu，男；普拉努安 purarugan，男；普拉努洋 puraruyan，男；拉默安 ramulgan，女；卡瑞安 kalui，女；剎勒安 saravan，女。他們也都是神。摩蓋雅和剎勒安在屋中造人，惟因拉默安自門縫中窺視，所造之人皆亡。其後有隻猴子帶來二個小孩，才得繁衍後代子孫。摩蓋雅領些人往 taravatsa（現今三地村之舊社）創立部落。普拉努安前往大武山未返；普拉努洋一日對社眾曰：「吾決心前往日落海洋之地，若我不得返，每五年請殺豬弔慰我的靈魂」。族人為追念他，故而每五年集全族而祭之，其後相沿成例，這便是五年祭的始源。剎克奴後來在射鹿 tsarisi 創立部落；剎勒安前往隔河西側之筏灣 supaiwam 和來自大武山的 salmuds 夫婦共同創立部落。（1973 年，giliglay-dalulailats 報導，石澄流，陳生昭翻譯，並參閱：移川，1935）

本則故事有關排灣族「五年祭」的由來，較為詳盡。

屏東縣內標高 3090 公尺的大武山，土名 kavoroan，表視野非常闊廣之意。大部分排灣族人都認為，是他們祖先的發祥地。

　　上述八歹因（射鹿部落），在行政劃分上屬筏灣村。古代由筏灣村分派出：瑪家、佳義、北葉等所謂布曹爾群，同時又分派出佳平、平和等屬於巴武馬群。佳平、平和逐漸興盛，特別是佳平的 taroajabai 家和泰武 kulals 的 karajiyan 家聯姻之後，形成鼎盛，北起大社、南迄古華之廣大地區，均在其勢力範圍內。於是又由佳平、來義分派出內文、巴士墨（今丹露村之一部）的察保保爾 chaoboobol 地方群，以後才又形成牡丹地區的巴利澤敖 palarilarilao 地方群。五年期之祭儀，隨上述排灣族的南下擴張，遍及各地，其祭祀順序，由北方母社筏灣起，以部落傳部落的迎靈方式，一直傳遞下去，直到恒春附近的龜仔角社 kulaluts，時間

上大約費時半年以上，該族相信祖靈經過迎送儀式後，復再回歸大武山。（註十三）

蘇笒〈來義古樓排灣族五年祭〉一文中，有一則屏東縣來義鄉古樓村的傳說：（註十四）

> 相傳古樓村的排灣族原住民開始就住在「舊古樓社」，爾後全村自舊部落遷移到山下的古樓村，之後才有了神像，由大祭師保管，後來大祭師自知自己將要別世，囑咐村民他的行動不方便，可以棄他離去，但眾族人不忍，因此大祭師就告訴村民，過五年再來接他回去。經過了五年，村民們欲迎接大祭師回來時，卻只見一片茂密的竹林，於是大家只得折取竹子帶回家祭祀，其後相沿成習，這便是「五年祭」的始末。又因為大祭師生前法力無邊，祈求豐穰、豐獵非常地靈驗，所以，五年祭除了紀念大祭師外，還有祈求好運及粟米、芋頭豐收的含意。

古樓部落的古拉拉烏族系的聚落才有五年祭，古拉拉烏族系現存聚落不多，而且五年祭帶有濃厚神秘的宗教色彩，所以這項祭典至今猶存，可以說是彌足珍貴。（註十五）

> 傳說排灣族崇拜鼻祖、山、河、財、祖先五種神明，所以每隔五年舉行五天的竹竿祭（五年祭），以答謝神明。

本則故事謂，五年祭為何舉行祭祀五天，原因是排灣族崇拜鼻祖、山、河、財、祖先五種神明。

> 傳說大武山為排灣族之發祥地，祖靈會聚集在大武山上，排灣族人舉行五年祭是將祖靈自大武山迎來祭拜，並祈求祖靈帶來庇佑。傳說排灣族的先祖到神界向女神學習祭儀以祈求五穀豐收，學習農作的種植、頭目婚禮的儀式等。並與此女神約定，在一段時間內以燃燒小米梗為記號，請神降臨人間，接受人類的獻祭。

本則故事謂，排灣族祖先曾到神界向女神學習祭儀、耕種、頭目婚禮儀式等，並與女神約定每五年請神降臨人間，接受獻祭，而邀請神下降的記號是燃燒小米梗。

　　傳說排灣族的始祖之神靈，長年居住在北大武山，但是祂
會每五年出巡一次，保佑其子孫農耕、狩獵都順利平安。

排灣族人相信大武山是他們的發祥地，祖先的神靈也都居住在此山上，神靈由發祥的故地，巡迴到各部落來探望子孫，每巡一次的時間大約是五年，每個部落在祖靈歸來的前後，舉行祭祀神明祖先的各項儀式，並祈求豐收。

　　傳說古代排灣族之祖先為了要逃避荒年，將七名子女分散
開來各自謀生以存活，並且約定了每隔五年，長者必須手持著
竹竿，帶領全族大小回家團聚並且祭祀祖先，於是有了五年祭
的雛型。

本則故事謂，五年祭的雛型是祖先因為逃避荒難，將七名子女分散各自謀生，惟每五年長者要手持竹竿回家團聚並且祭祀祖先，這就是最初的五年祭。

五年祭是排灣族人最重要的祭典，不過現今的五年祭，已成為族人們慶祝團聚的活動，其歡聚氣氛大於原有的問卜意義了。現在，來義鄉裡仍有文樂、旺嘉、古樓、南和等村維持五年祭的傳統。

《原語による台灣高砂族傳說集》，小川尚義、淺井惠倫著（昭和十年），余萬居譯：（註十六）

　　我們 paiwan 每五年行五年祭一次。先做樹皮球和竹矛、練
習（刺球）一個月。一個月過後，就攜球和矛，到頭目那裡去
舉行五年祭。在社門後面架造坐台，在社門後面七天。然後到
社門前面去，當天又造坐台。女人做麻糬和酒，三天之內的兩
天連續跳舞。而在社門前面喝酒和刺球。那時，呼請祖靈，獻
酒和麻糬。大家唱歌，歌唱時，要把鄰社頭目和勢力人士的名

字唱出來。那是從古時候就開始的。五日祭畢，就去打獵。獵歸，製竹矛尖，出草敵地。斬得首級，即攜其首級歸而歡。回家後集合，到頭目處去祭獻首級，（祈以）吾等之佳歲而舞。男、女、小孩都聚集頭目府。殺者為了弔祭被殺者，帶豬來，然後跳舞。於是，（大家）歡呼，為了取得首級而喜。被殺者的首級是放在院子中央處（倒放著的）白子上。男、女、小孩都跳圈舞。五日滿，高呼敵人首級！祭典於是告終。

本則傳說值得注意的是，「五日祭畢，就去打獵。獵歸，製竹矛尖，出草敵地。斬得首級，即攜其首級歸而歡。」

《原語による台灣高砂族傳說集》，小川尚義、淺井惠倫著（昭和十年），余萬居譯：（註十七）

（古時天上有）royiliyan 者，在曬衣時掉落在 liyuta 家。limud 發現之，問：「你來自何處？」「我從天上來，來吧！焚我的火，我想隨煙登天！」（limud）生了火。royiliyan 說：「第五天，你隨煙來（天上）吧！你第五天昇天來時，在院子裡，我們念誦時要聽著！天將亮，我們開始念誦時，要到（屋內）倉庫上方來！」時至，limud（昇天，依其言），在倉庫上，看著（loyiliyan）做司祭者。天將亮，limud 說：「我要走！」loyiliyan 問：「你們有什麼種苗？有什麼粟種？」limud 說：「有 qalidod 芋和 vala 芋種！」loyiliyan 說：「把 volovoloy、tamikil 和 lailiman 三種粟種拿走吧！（還有），到 qatsuli 去，把斑豬拿去！」loyiliyan 又說：「我們做五年祭。那麼，（你們也）做五年祭吧！而把樹插上去吧！」於是，limud 返回下界。到了下界，（他）就到 livulivuan 來插樹，到 rosivawan 去插樹。接著說：「還是不行的，沒有司祭者！」於是，limud 的五兄弟都做了司祭者。因為 limud 把學自天上的事教（給他們）了，所以地上也開始做五年祭。

屬於北排灣的拉瓦爾群，是排灣族當中唯一不舉行五年祭的社群，由於毗鄰霧台鄉的魯凱族，加上通婚頻繁，文化上深受魯凱族的影響，例如百合花的佩戴、長嗣的繼承。北排灣的排灣文化，在新生代的提倡下，富有活力與創造力，如陶壺的製作、琉璃珠的製作，都在北排灣人的努力下復活。（註十八）

五年祭儀歌曲〈呼喚神靈〉（註十九）

> 五年祭日子到了，恭迎神靈們下凡來
>
> 請賜與我們豐盛的食物慶祝五年祭
>
> 大家來效法祖靈的英勇事蹟
>
> 請神靈來人間觀看刺球
>
> 請至高無上的神下凡來參加我們的五年祭

五年祭儀歌曲〈刺球前祈福〉（註二十）

> 祖靈與我們同在 讓我們一同向他們祈求恩賜
>
> 祈求祖靈帶來種子供後人播種 繁衍子孫
>
> 願天神來到凡間賜給我們豐盛的恩典

二、排灣族六年祭傳說故事

六年祭（五年後祭）（Pusau）：傳說五年祭回來的神祖，有一部分最好的神靈被留下來，到第六年才送走。因此送靈之前也要有一連串的儀式。天數與五年祭差不多，但沒有刺球的活動。（註二一）

《藝術家》第 3 卷第 6 期〈礁勞加物社舊事——屏東縣來義廢址查踏記〉，載排灣族五年祭與六年祭之傳說故事：（註二二）

> 相傳來義部落的居民，自開始就住在舊社，有一個時期全村遷到靠近屏東縣泰武平和村 puyuma 山區附近，才有了 salaa 神像，由大祭師 balaalai 保管。這種神像是用一種既不能被日曬又不能被雨淋的東西做的。並且學會了製陶。後來這位大祭師領導全社遷到平地 basalathu，就是現今靠近新

置村的地方居住。不久，祭師自知自己將要死去，要村民遷到udan（現今丹林村後山上），因為他走不動了，眾人也不忍離去，於是他就告訴村民過五年以後再來接他。五年之後，村民前去迎接時，卻只見一片茂密的竹林，大家只好折取竹子回社祭祀，其後相沿成例，這就是五年祭 malovo 的始源。又因為祭師生前法力無邊，祈求豐穰豐獵異常靈驗，所以大家除紀念祭師外，還帶有祈求好運的意義。在 udan 地方生活因族人常被龍蝦侵擾，每在用膳或休息時，龍蝦就來侵襲（當時屏東平原尚是淺海？）另一位大祭師便要村民遷到 nlugi 去居住（來義舊村西方的山上），自己也效法前一祭師的作法，告訴村民過六年以後再來接他，這就是六年祭的開始。這時人口已多，便劃分土地範圍，分出許多人口到丹林、文樂、南和等地去開墾，不過大部分村民仍舊再回到來義舊址，直到民國四十四年才搬到山下居住。

本則故事中的五年祭，部分大致與前面曾經敘述過的傳說相似，但本則六年祭的傳說倒是非常少有。六年祭的起源，相傳是 Udan 地方的族人常被龍蝦侵擾，有一位祭師遷到 nlugi 地方，效法前一祭司告訴族人，六年以後再來接他，這就是六年祭的開始。

三、排灣族收穫祭

收穫祭（Masarut），排灣語的意思是「過一個年」，目前許多的村落誤解為豐年祭。其本意原是感謝神靈的眷顧，給神過年之意，並做為一個年度的終止或開始的分界。主要是由祭師主持祭儀，並將收穫的小米入倉，選播種用的小米、吃新米等活動。目前大部分改為康樂性的活動，如歌謠比賽、負重比賽、射箭比賽等表演性的節目。舉行時間在每年七至十一月之間，各村自行決定。（註二三）

四、排灣族石頭信仰傳說故事

排灣族來義有一則有關石頭的地方信仰傳說：

> 傳說進入來義舊社部落之入口處，有兩塊巨大的岩石，這
> 兩塊巨大的岩石分別為一男一女，男石有非常明顯的生殖器官
> 突出來。傳說中這兩塊巨大岩石是來義村的守護神，每當敵人
> 來襲的時候，女巫便在村中施法念咒，這兩塊巨大岩石就會放
> 射出石彈，擊退來襲的敵人，後來有一名精神異常的村人將男
> 石的生殖器打斷，男石就死了。

這是一則來義地方的石頭信仰傳說故事，巨大的男女岩石為來義地
方的守護神，但後來男石的生殖器被一名精神異常的村人打斷而死。不
消說，岩石當然也就失去了護衛村社的能力。

五、排灣族祖靈崇拜

從家屋內大型的祖靈像雕刻，反映了排灣族人對祖靈的崇拜。通
常，家裡中柱的雕像是最神聖的地方，放置了許多貴重的物品，如陶
壺，當中也掛著刀、獸骨，均是英勇事蹟炫耀的表徵。（註二四）

六、排灣族基督教之本土化

撒古流說：「基本上若背叛祖先太久，祖先也不太眷顧！……。在
民國四、五十年代，早期牧師最重「禁」，告訴大家很多事不能作、不
能信，排他性強。到了民國七十年代，隨著老一輩牧者凋零，新一代掌
握教會權勢，漸漸有本土化信仰及想法，增加原有信仰或說明。從日據
時代到今天，宗教改變人的心靈，錢模糊人存在價值，政治讓我們認識
新的征服力量；對排灣族來說，我們的傳統信仰，人最大的價值是在所
處的空間中得到力量，空間中無處不是神，不論身在何處都有人保護
你，故對自然有愛。外來宗教進入後，信仰一神，人卻變得孤單。以前

多神論是講和宇宙自然平衡，家是神明握在手裡的一員。幾年前參與豐年祭，一位牧者表示，為何要看鄉公所撥多少錢才舉辦祭典，與祖先碰面的祭典，無須受人約束。教會對人的約束漸漸從嚴謹到放鬆，比較明顯的可從建築物來看，西方宗教過去不接受傳統圖騰（如蛇），視之為撒旦，至今已漸漸接受，中間潛移默化過程十分曲折。往後宗教是否成為部落很重要平衡的力量，尚不清楚。」（註二五）

排灣族的祭典儀式在不少部落還有相當完整的傳承，也有祭儀專家可以作詳細的詮釋。進入排灣族的世界裡，很多祭語第一句會念 umaq（「家」的意思），排灣族的 umaq，是如同神靈的神格化存在，可以護佑住在其中的排灣族人。祭語有念經和唱經，女祭師唱經時神靈祖先會附身，會一一報上自己的名字，而 umaq 也如同其他神靈般會附身說唱。排灣族的祭儀不斷地在為人為物增強靈力。……這些祭儀的精髓是不會隨著外來宗教而消失的。（註二六）

排灣族在七月份收成小米，通常在收穫季前一個月，部落會以家族為單位舉行狩獵儀式，並至指定地點，如頭目家前院的祭台祭祀太陽神，以半歲條紋的山豬為祭品，一般家庭前院會打開天窗，人的焚煙與太陽光在天窗會合，族人一早起來看見第一道太陽光說：「太陽神，我們還活著！」

撒古流說：「除了人跟神溝通外，也透過器物來鞏固祭典，例如青銅刀（regam，大頭目家才有），古老的說法稱之為祖靈的拐杖，為結束靈魂的使者，它的部下有男人刀、辟邪刀、工作刀……等；而排灣族鎮寶之物是琉璃珠，這些器物如同上方寶劍，魔鬼看到會遠離。排灣、魯凱兩族在器物使用上有嚴謹的規定，因而制定許多階級掌管事務的權力。」（註二七）

▲ 基督長老教會——
達瓦達旺教會／田哲益提供

七、排灣族信仰歌謠

排灣族信仰古調歌謠〈Lu mi〉（註二八）

神呀，我們感謝你

呼召我們相聚在一起

我們開懷歌唱

快樂永恆時光

盡情歌唱憑記憶

吟唱古老不朽歌曲

我們嚮往 Liyatap

註釋

註一：劉鳳學《台灣原住民舞蹈》，商周編輯顧問公司，2000年12月。

註二：高淵源《台灣高山族》，台北，香草山出版公司，1977年2月。

註三：王煒昶《山林的智慧：台灣原住民文化園區導覽手冊》，1998年5月。

註四：林建成《後山原住民之歌》，台北，玉山社出版公司，1996年10月。

註五：陳國強《百越族與台灣原住民》，台北，幼獅文化事業公司，1999年。

註六：同註五。

註七：林道生《台灣原住民族口傳文學選集》，花蓮縣立文化中心，1996年6月。

註八：同註七。

註九：內政部委託台灣大學人類學系研究《台灣山胞各族傳統神話故事與傳說文獻編纂研究》，1994年4月30日。

註十：王長華〈排灣族的五年祭〉。

註十一：同註十。

註十二：高師業榮〈排灣族的五年祭〉，載於《山地文化月刊》第5期。

註十三：同註十二。

註十四：蘇箏〈來義古樓排灣族五年祭〉，《大同》雜誌第77卷第5期。

註十五：趙惠群〈古樓村排灣族拜祖先〉，聯合報，1994年11月10日。

註十六：同註九。

註十七：同註九。

註十八：同註三。

註十九：廖秋吉《排灣族傳統歌謠：來義鄉古樓村古老歌謠》。

註二十：同註二十。

註二一：同註三。

註二二：〈礁勞加物社舊事——屏東縣來義廢址查踏記〉，《藝術家》第3卷第6期。

註二三：同註三。

註二四：同註三。

註二五：《傳統藝術·原住民的信仰文化》。

註二六：同註二五。

註二七：同註二五。

註二八：同註七。

排灣族巫祝與禁忌口傳文學

第十一章

▲ 排灣族巫師做法事／田哲益提供

古代稱事鬼神者為巫，祭主讚詞者為祝；後連用以指掌占卜祭祀的人。傳說巫者以歌舞娛神、能通鬼神，可以預測吉凶禍福。懂醫術的巫師，則專門從事於用咒語以治病、驅邪除祟等。

一、排灣族的巫祝

排灣族有巫師，分為男巫與女巫，男巫社會地位較高，僅次於頭目，對族內重大事件有建議權，頭目就位時，由男巫主持加冠始為合法，各項重要祭祀活動、頭目之喪葬禮均需由男巫主持。女巫掌理婚姻、生產、疾病、驅魔、出獵等活動。巫師多略通醫術、知天文。另外巫規甚嚴，不殺人、不打人、不偷人，心地誠實、勤奮工作，世代祖傳不得違規。（註一）

排灣族在祭祀前會先念創造宇宙的太陽神 kiayam，排灣族人占卜法器為葉、苧麻等，以迎接祖靈下凡，據說巫者乃為神靈附身，是神人之間的靈媒溝通者，他會一一喊出祖靈的名字，表示他已通靈了。

許多人前來問卜，未婚女子通常會問掌管感情的 saperengai，將來的情郎身在何處？男子則卜問掌管山豹的 sarasid，狩獵成績如何等，有病者卜問 samukakai。不同的靈媒巫者，使用的咒語也不同，至於法力則有強與弱，有靈與不靈的功效，因此通常求卜者，也會打聽哪個巫者較強。

二、排灣族巫祝傳說故事

《邊政學報》，《台灣文獻》，引自《排灣族信仰體系》，龍寶麒：（註二）

天神有一日交待地神要好好照顧土地及土地上的人民，
作物收成時也得向天神報告，到時天神會告訴人民祭祀的
儀式，並且人民要五年奉獻一次。……地神後來嫁給了
saloorlor，生有三女及一子，其子 bularelen 為巫之始祖，也是
排灣族的祖先。

本則傳說故事謂，地神是受天神之交託，「好好照顧土地及土地上
的人民，作物收成時也得向天神報告，到時天神會告訴人民祭祀的儀
式，並且人民要五年奉獻一次。」

地神後來嫁給了 saloorlor，生下了三位女孩及一位男孩，男孩叫做
bularelen 是「巫」的始祖，也是排灣族的祖先。

林道生《台灣原住民族口傳文學選集》載卡斯博康社〈平地誕生〉：
（註三）

古時候並無平地，山腰直通大海，人們步行諸多不便，有
一天，一位長老忽然想起，何不求助於海神呢？因此在海岸
備了酒食供奉，頌唱咒文，再投入一張捲了的草席於大海。草
席沉入海中，被海水沖得張開來又捲起來，並且被海浪沖到岸
邊，就這樣一捲一張開地沖到岸邊時，也刮走了山腰斷崖的土
石，漸漸地斷崖有了缺口，後來便成為平地，從此人們走路方
便多了。

本則傳說故事謂，古時候並無平地，人們步行諸多不便，有一位長
老求助於海神，「在海岸備了酒食供奉，頌唱咒文，再投入一張捲了的
草席於大海。草席沉入海中，被海水沖得張開來又捲起來，並且被海浪
沖到岸邊，就這樣一卷一張開地沖到岸邊時，也刮走了山腰斷崖的土
石，漸漸地斷崖有了缺口，後來便成為平地。」

本則傳說故事敘述，運用了巫術的力量，讓大地有了平地，從此人
們走路方便多了。

《邊政學報》,《台灣文獻》,引自《排灣族信仰體系》,龍寶麒:(註四)

> 很久以前,在東南方的海上有一個叫馬賽賽 marairai 的小島。在那裡,人民過著快樂舒適的生活。某一年,該島突然出現很多鬼,居民大受其擾,……只好搭木筏四處飄流,後來居民在今高雄的下淡水溪附近登陸,建立了第二個家園。後來,排灣人漸向山中撤退,在此次民族大遷徙中,有一青年率領族人披荊斬棘,克服萬難以抵達新聚點,他是柯拉披林 kalapeilin,成了排灣族的第一位英雄。他與其妻幾威(givi)教族人耕種、造屋,並制定社會制度,創立祭祀天地的儀式,柯乃為日後男巫的始祖,而幾威則為女巫的第一人。

本傳說故事謂,排灣族的第一位英雄柯拉披林 kalapeilin,除了帶領族人從馬賽賽島遷徙台灣島外,還與其妻幾威 givi 教族人耕種、造屋,並且制定了社會制度,創立祭祀天地的儀式。柯拉披林 kalapeilin 成為日後男巫的始祖,而其妻幾威 givi 則為女巫的第一人。

三、排灣族鳥占

排灣族有一種鳥,只要牠發出叫聲,族人會根據其「鳥語」聲調,判斷今天行事的吉凶,要是清晨聽到凶兆,寧可留在家裡不出門。這

▲ 太陽、陶壺、百步蛇是排灣人重要信仰 / 田哲益提供

種鳥稱為「海亞夫」,通體呈灰色,體型不是很大,多半在清晨或黃昏飛到部落外圍的林子裡或路邊。海亞夫發出的音調有兩種,一種就是「海亞夫」,另一種為「海夫」,音調較短促,「海亞夫」的音調則較為清脆。一個傳統資深的獵人都懂得「海

亞夫」的鳥語，只要在上山狩獵前聽到叫「海亞夫」，會十分愉快地出門，相信今天必定豐收。族人在山上狩獵工作，一旦聽到這種鳥發出「海夫」的短促音調，都認為是極不好的凶兆，可能會發生受傷事件，或者家裡可能有喪事，會立刻收工回家。族人沒有文字記錄日子的吉凶，但是用鳥語來研判，是一種前人經驗，或是觀察的結果，藉著代代的承傳，雖然不見得是科學印證，至少它代表著生活智慧的結晶。（註五）

四、膿疱、風濕症是買來的

《原語による台灣高砂族傳說集》，小川尚義、淺井惠倫著（昭和十年），余萬居譯：（註六）

> 古時候沒有腫疱，沒有風濕症，也沒有工作，所以我們很無聊。（有一次，人們）商量說：「我們應如何，才有我們的工作！」（這時，有人）提議說：「購買膿疱和風濕症，移植在我們腿上吧！疼痛時，可以打發無聊！」據說是就去買來，栽植在腿上。今之有腫疱和風濕症，是因此之故。而，自古傳說，購之者乃係 tsolul 家和 taupili 家的人。

本則傳說故事敘述，古代的疾病沒有腫瘤和風濕症，據說 tsolul 家和 taupili 家的人去購買了腫瘤和風濕症，把它移植在腿上，疼痛時，可以打發無聊，真是一則有趣的故事。

五、排灣族禁忌傳說故事

《邊政學報》，《台灣文獻》，引自《排灣族信仰體系》，龍寶麒：（註七）

> 天神有一日交待地神要好好照顧土地及土地上的人民，作物收成時也得向天神報告，到時天神會告訴人民祭祀的儀式，並且人民要五年奉獻一次。之後，便賜數十粒小米（vago）種子

給他們，並交待收成之後只能吃一粒。果然時人只要煮小米一粒就能煮滿一鍋。但有一孕婦，她偷偷煮了一把小米，結果被燙死。天神知道後大怒，罰他們工作勞苦，有天災和疾病，從此煮小米也要煮很多才夠吃。現在，排灣族孕婦的禁忌也特別多，其中就包括不能用手抓小米，不能煮飯。……

本則傳說故事謂，人類原本過著幸福的日子，工作也不用太勞累，因為煮飯只要一粒小米就可以煮滿鍋了，也沒有天災和疾病。

但是好景不常，一位孕婦違反了天規，偷偷煮了一把小米，結果她自己被燙死了。還惹天神盛怒，罰族人勞苦工作，也自此有了天災和疾病。至今，排灣族的孕婦之禁忌也特別多，其中就包括不能用手抓小米，不能煮飯等。

吳燕和《台東太麻里溪流域的東排灣人》載：（註八）

在小米播種祭祀之團體狩獵的頭一天晚上，有一項解除所有曾犯過禁忌的武器之祭祀。男人們把家中所有的刀、槍、弓、箭、陷機等等都帶到頭目家去，由巫師做 smantulivtsan 之祭，求神給予武器以力量。然後再攜武器到祭司之家，由祭司作祭稱為 kitavlak。祭完各自回家後，若有人需要者，仍可私自邀請巫師來家單獨再祭。這些祭祀之主要意義乃驅除武器上的污穢，凡是武器被女人觸摸過的，女人有月經 macam 就是污穢；或者獵人曾經看到田鼠之類的禁忌物，皆為污穢。經過祭祀之後，一年內武器都得清潔，並增加了力量，日後必可多獲野獸。次日 mavsoang 狩獵回家後仍請巫師作祭，感謝神使武器經過昨日之祭祀而生效。由上面的敘述，我們便可瞭解：武器不准女人摸觸是多麼地重要。

男子的弓箭，婦女不能觸摸，若被觸摸到，上山打獵就會一無所獲。但女巫並不受此限，在出獵之前，女巫要用碎豬骨頭和包肉的桑葉（祭葉 lisu）放在弓箭上，對著弓箭和獵人說：「願你打到野獸。」獵人要

將包肉的桑葉帶到山上，在路途中拿桑葉裡的肉往上拋，然後將桑葉放在路旁。

此外，孕婦與其夫之禁忌包括：（註九）

（一）不照鏡子。

（二）不看猿子。

（三）不看殺豬。

（四）不撫摸家鴨。

（五）不帶較重東西。

（六）不拿高處之物。

（七）不能釘釘子，否則會使嬰孩身上有洞。

（八）不能搬動東西，否則會使嬰孩殘缺。

（九）不蓋任何東西的蓋子。

（十）不食死動物的肉。

（十一）不食鳥類。

（十二）不食並生果，否則會使嬰孩有六手指或六腳趾。

（十三）不能食柚子，否則會使皮膚變黃色。

（十四）不能飲酒，否則會使身體發腫。

（十五）不能食山猿、山貓、鰻等，及一切獸類眼睛，否則會使嬰
　　　　孩像獸類，或是流產。

（十六）不殺蛇、蜈蚣、穿山甲等。

（十七）不用谷澗漂流的柴薪。

（十八）不用曾生雙胎家裡的食器。

（十九）不能往視正在生產的孕婦。

（二十）不經過埋葬產亡婦女的墓地，否則孕婦也會同樣死去。

（二一）他人不可撫摸其腹部。

（二二）不能參加別家的喪葬。

（二三）與其夫不能參加重大祭祀。

（二四）衣服及裝飾品不能被人踐踏，否則嬰孩會吐乳。

（二五）一家人相處要融洽。

（二六）懷孕五個月以後，夫妻要分床。

（二七）出外時，聽到鳥的惡聲，即須回家。

（二八）不可以口對瓶口之方式飲用瓶內飲料，否則所生嬰孩的鼻
　　　　孔將會閉塞致死。

（二九）自己床上的草蓆，須收藏不用，否則胎衣下來也會太遲。

（三十）不可種植苧麻或香蕉，否則生產不順利。

（三一）若從事築堰堵溪而捕魚，事後應毀堰復舊，否則會難產。

（三二）其夫於建屋時，必先建一部分後，拆除再建。

（三三）其夫不能以刀切斷束柴的繩或樹藤。

（三四）夫妻應同時起床，須同時打開窗門，否則生產時胎衣的下
　　　　來會很遲。

（三五）投薪柴於火時，須先投根端，否則會逆產。

（三六）食芋頭時，落於地上，不可拾食。

（三七）不可接觸猿、狗等，否則生兒像猿、狗。

（三八）不可焚燒有刺的樹木，像野生梨等，否則嬰孩生後四、五
　　　　日內就會生疤。

（三九）其夫不可殺猪，否則其妻會難產而死。

（四十）攜竹筒，或筒狀的竹製品，或竹竿等，入家時，應先將根
　　　　端放入，否則會逆產。

（四一）足不可踏埋有死人的地方，或是看到死者，否則也會流產。

（四二）不可在臨產之前告訴他人要生產，否則會難產。

（四三）不可目睹死產或流產，否則也會死產或流產。

（四四）不可踏入禁忌之地，否則會早死。

（四五）不可焚燒有蔓葛糾纏的樹木，否則嬰孩會腹痛。

至分娩時，要把屋內所有的繩結解開，窗戶也都打開，所有的箱子

蓋也都打開，這可說是屬於一種「模倣巫術」（homoeopatic magic）的行為，乃希求生產的輕快，否則嬰孩也會生不出來。此外，這時還要守幾種主要禁忌，一是不能讓孕婦見到其他孕婦及寡婦，二是客人突來，即須請他進來，暫勿出去，否則會使剛要出生的嬰孩，又會縮進不出。生產的場所，是在屋內，並無另建產屋之風。但安設產床的地位，則不一定，因他們的房屋地面，分高低兩段，均鋪有木板，有的在較低的地板上，有的在較高的地板上，也有在睡床之上的。過去的孕婦，在要生產時，才自己躺臥在地板或床上。近年已有不少加鋪一條蓆子的情形。（註十）

註釋

註一：龍寶麟〈台東縣達仁鄉排灣族的宗教信仰〉，《台灣文獻》第19卷第4期，1998年。

註二：內政部委託台灣大學人類學系研究《台灣山胞各族傳統神話故事與傳說文獻編纂研究》，1994年4月30日。

註三：林道生《台灣原住民族口傳文學選集》，花蓮縣立文化中心，1996年6月。

註四：內政部委託台灣大學人類學系研究《台灣山胞各族傳統神話故事與傳說文獻編纂研究》，1994年4月30日。

註五：林建成《後山原住民之歌》，台北，玉山社出版公司，1996年10月。

註六：同註四。

註七：同註四。

註八：吳燕和《台東太麻里溪流域的東排灣人》，台灣南港，中央研究院民族學研究所，民族學研究所資料彙編，第7期，1993年4月。

註九：陳國鈞《台灣土著生育習俗》。

註十：同註九。

排灣族喪葬
口傳文學

第十二章

排灣族人相信，人死後他的靈魂會回到祖居地大武山。至於在滿周歲前夭折的嬰兒，則會返回「太陽」重新再投胎出世。一般傳統的說法是：人死後，vatitigan（魂）在離開 I katsauan（人界）之後，首先會到一處介於人界與天界的處所 I tjemakaiang，在那裡先轉化成蛇，然後才由蛇身轉化成 tjanugau（象徵昇天之意）。（註一）

早期排灣族行室內葬，即在屋內掘約三到四尺，深五、六尺的土穴，加襯石板，屈肢而葬，亦有在築屋時先預築墳穴。排灣族的室內葬深受祖靈觀念的影響，如在屋內不可放肆，須謹言慎行；又遷居不毀屋等，皆有對先人崇敬之意。日治時代，日人以不潔和野蠻為由，強力疏導改行室外葬，此風俗漸泯。（註二）

排灣族的葬法有室內葬及室外葬兩種，室內葬一般為蹲葬。在地板下挖一個地穴，地穴的四邊全鋪上石板以防崩塌，死者以蹲踞的姿勢，面朝東方太陽昇起之處入葬。室外葬則是在聚落附近劃定一個區域為葬場，也把死者埋在地底下，然後覆土再蓋上石板。近年來，這等安葬的方式已不多見，多行仰躺狀態入葬，與一般漢族的入葬方式無異。排灣族的女性喪服是以黑色頭巾蓋頭，昔日還有類袈裟的喪服以及戴在頭上的喪笠，現在已不多見了。男性則是一般的服飾，但要除下裝飾物。服喪期的長短，對父母及丈夫是五個月，對兄弟姐妹是三個月，現在族人普遍信仰天主教，一切儀式都比照天主教的習慣，這麼長的服喪期間也幾乎沒有了。（註三）

▲ 近代排灣族的墳墓式樣／田哲益提供

一、排灣族喪葬觀傳說故事

羽根田盛原作、黃啟明翻譯〈人的死亡及疾病的起源〉傳說：（註
四）

太古時，祖神「撒基牟基」得一粟種，待其成長結果成熟
就分給各人。之後不知何故，「撒基牟基」意欲收回但無人願
意，於是他憤而自掘墓穴，投身其中，這就是人類有了死亡的
開始。另有一說，謂眾人厭惡「撒基牟基」，命其在家不得外
出，於是他就往地下而去。又太古時的人不管有多老也不會
死，及至數百年。有一老人叫「吉古來來」者逐漸瘦小如鳥，
力氣盡失，只能「唉唉」聲嘆而已。於是，他的後代曾孫們讓
他坐於矮椅，日出時抬出庭院，日暮時則抬入屋內。白天，
家人外出耕作時，幼少的孫童們怕與「吉古來來」共處留守在
家，於是家人認為照顧老人有夠麻煩，終至掘地把他埋了。從
此，人類開始有了死亡，且死後變成精靈；由於死後無人作伴
寂寞難耐，精靈就予活人疫病，以待其死後來作伴，從此人類
便有了各種疾病。

本則故事涉及兩件人類開始有死亡現象的故事：

其一是「撒基牟基」是人類第一個發現「粟」種的人，他將「粟」
種散分給人，後來他想要收回，但是沒有人願意，他於是自掘墳墓投身
入內，人類開始有了死亡；另一說是人家討厭他，令其在家不得外出，
他便往地下去了。

其二是「吉古來來」年紀已經非常老了，孫童都怕與他在一起，家
人照顧他也嫌麻煩，於是就把他給埋了，人類於是有了死亡。

本則故事也提到，人類開始有疾病是因為人類有了死亡變成精靈，
精靈難耐寂寞欲人作伴，於是就給予人各種疾病，人類就開始有生病
了。算是一則可愛又有趣的故事。

關於排灣族的觀念，人類從何時開始有了「死亡」？一些著述多所討論，許功明、柯惠譯《排灣族古樓村的祭儀與文化》即說到：（註五）

> ……druluan 和 rhugilingan 這對神仙夫妻在 kurasa 生下了長女 alisu，但不幸的，剛生下來就夭折了。因為這是第一次有人死亡，所以還不知道要用祭儀來埋葬。之後，druluan 和 rhugilingan 又陸續生下了 drumetj、lemej 和 dravai 三個男孩。……

從這段傳說故事可知，排灣人認為古代是沒有「死亡」的，而 druluan 和 rhugilingan 這對夫妻於 kurasa 生下之長女 alisu 出生就夭折，此即第一次有人「死亡」，至此人生都必須經歷生、老、病、「死」的過程。

《生蕃傳說集》，佐山融吉、大西吉壽著（大正十二年），余萬居譯：（註六）

> 古人皆能永生，後有一老嫗，向家人說要到地下去遊覽，就再未回來，自此，人們曉得地下有樂土，願死者多。

從本則傳說故事來看，排灣族人過去是持著「永生不死」的信仰，自從有一老嫗到地下去遊覽，就再未回來，人們認為地下有樂土，因此願意死的人漸漸地多了，後來「死」就成了人生的最後歸向。

《生蕃傳說集》，佐山融吉、大西吉壽著（大正十二年），余萬居譯：（註七）

> 古時人老了，身體會縮小成一尺左右高，只吃少量肉量，並不死亡，一日，小孩從田間回來，害怕老人的怪聲，把老人埋入地中，從此人都會死，並且短命。

本則傳說故事也提到，古代人類永生之說，人老了不會死，只是身體會縮小成一尺左右高，食量也減少而已。後來因為孩子怕老人的怪聲，而把老人給埋了，從此人就開始死亡，並且壽命也縮短了。

《生蕃傳說集》，佐山融吉、大西吉壽著（大正十二年），余萬居譯：（註八）

古有一翁，長臥屋內，無法動彈，家人厭之，將之弄到屋外，不久便死亡，自此，人命減短，係虐待老人的報應。

本則傳說故事謂，人類的壽命本來是很長的，但是因為虐待將死的老人，未能讓其臨終安詳，因此上天就把人們的壽命減短了，以懲罰報應族人。

《番族慣習調查報告書》載 Vucul 番 puljti 社人類死亡之開端：（註九）

> 往昔有 saljimlji、vasul 兩夫妻。saljimlji 到地下界（tjalitjuku）去作客，始得到小米、樹豆，將其帶回傳給人世間，其後他再到該地去竟沒歸來。那時，vasul 正好有孕在身，因丈夫久未歸來，追蹤至 sulem（山林中陰暗的地方），不料掉落穴中而死亡。此為人類發生死亡之開端。該洞穴現在尚在 puljti 社，為埋葬難產而死者之地。

據本則傳說，遠古人類是長生不死，不會死亡的，自從孕婦 vasul 掉落穴中死亡，人類自此開始會死亡。傳該洞穴尚在 puljti 社，為埋葬難產而死者之地。

宋耀光〈屏東神秘谷瀑布有性別〉載一則傳說：（註十）

> 傳說神秘谷充滿神奇的力量，是排灣族神靈居住的地方，一般人不能隨便進入，否則會冒犯神祇，遭到處罰，尤其是未成年的女性，若進入神秘谷，回去一定會生場莫名其妙的病，要請巫師作法去邪才會痊癒，不然少女進入神秘谷，要把臉蒙住，不能看瀑布。

據說，這個神秘谷位於泰武村海拔七百公尺處，泰武村在古代轄有四個小社，地名稱為「武喇鹿斯」，就是四社當中「土地最大的地方」，目前居民有一百十餘戶。

傳說中的神秘谷是神靈居住的地方，不能隨意進入，未成年的進入，會生一場莫名的病。如果一定要進入，則要把臉蒙住，且不能看瀑布。

排灣族石雕頭像的傳說：

傳說，古代的時候，族群與族群之間常常會引起衝突，甚至發生爭戰流血等事件，當時馘首獵人頭的風俗非常盛行，部落的族人經常被獵殺取走頭顱。部落的人將埋葬這些無頭屍體時，便會請雕刻師用石頭雕出一顆頭顱的模樣，與身體一起埋葬。

從本則故事可知，排灣族人對死者全屍的觀念非常強烈。而這些石雕頭像，曾經在屏東縣來義鄉出土，也是研究排灣族傳統習俗很好的證物。

二、排灣族病痛觀傳說故事

陳千武譯述《台灣原住民的母語傳說》載「無聊」：(註十一)

有一天，人們都互相談起，說：「我們太無聊，應該如何才有事做？有人建議：「去買跳蚤來養」。有人建議：「去買腫疱或風濕症來，栽植在腳」。於是他們就做了。有人買跳蚤播種在頭髮裡，無聊就互相抓跳蚤，打發時間。有人買腫疱或風濕症栽殖在腳腿上，腳腿痛疼就不會無聊了。買跳蚤的是卡可康家的人，買腫疱是卓魯魯家人，買風濕症是道比里家人。他們都有先見之明，傳說就是如此。

本則傳說故事非常有趣，人類的病痛居然是買來的，因為生活覺得無聊，為了要打發時間，買病痛就有得忙了，傳說：

(一)買跳蚤的是卡可康家的人。

(二)買腫疱是卓魯魯家人。

(三)買風濕症是道比里家人。

本則故事是屬於娛樂性的傳說故事，也或許是事實，即卓魯魯家人多患腫疱者，道比里家人患風濕症的比例特高，因此就以他們為腫疱或

風濕症的源起者。

按根據醫學，有些病症是屬於家族性遺傳者，本故事或許與此有
關。

三、排灣族人死復生傳說故事

林道生《台灣原住民族口傳文學選集》載庫瑙社〈普拉路拉央與老
鷹〉：(註十二)

在庫瑙社瓦烏路烏路康家有一位男子叫普拉路拉路央。同
部落的卡塔基亞基安家住著一位叫做杜克杜克的女孩。普拉路
拉路央很喜歡杜克杜克，也很照顧她。每當普拉路拉路央要去
找杜克杜克的時候，都會招呼他所飼養的那隻老鷹同行。有一
次，普拉路拉路央又招呼老鷹同行要去找杜克杜克，當他們途
中經過德亞拉爾地方，一片廣大的田地時，利拿沙拉斯社的敵
人正埋伏在那邊等待他。飛在普拉路拉路央前頭的老鷹發現了
有敵人，「哇！哇！」地叫了兩聲，警告普拉路拉路央前面有
敵人，我們回去吧！「有敵人嗎？沒關係！」普拉路拉路央心
想：「在廣闊的田裡有敵人埋伏應該沒什麼關係。」便提高警
覺小心地前進。他的心中只有一個目的，那就是快一點到達卡
塔基亞基安家見到心愛的杜克杜克。當他走到田邊的時候，一
聲「殺」地擁上來三四個敵人，把普拉路拉路央壓在地上給殺
了。敵人走了，在空中看著的那隻平日被普拉路拉路央所疼愛
著的老鷹說：「多麼遺憾呀！普拉路拉路央哥哥！」而悲傷。
老鷹又說：「普拉路拉路央是那麼一位好人，要怎樣才能讓他
活過來呢？」當老鷹這麼一講，很不可思議地普拉路拉路央便
活了過來。當普拉路拉路央被利拿沙拉斯社的敵人殺害的消息
傳到了庫瑙社時，眾人都很驚訝地跑到田邊要去查看個究竟。

部落裡的眾人來到了田邊。已經活過來的普拉路拉路央看到了一大群人正朝著他來，七嘴八舌地那種騷動的樣子，覺得很奇怪地問他們：「你們在吵什麼呀？」「我們聽到你被敵人殺死的消息了！」「我被敵人殺死？沒這回事！」又說：「我是男子漢，怎麼會被敵人殺死呢？大家回去吧！」大伙兒看了普拉路拉路央沒死便高興地回去了。普拉路拉路央回到了瓦烏路烏路康家，母親正傷心地哭泣著，普拉路拉路央知道母親一定是聽說自己讓人殺死才悲傷哭泣，於是趕緊上前對母親說：「媽！別哭了，我不是活的好好的嗎？我是男子漢呀！怎麼會死在敵人手裡呢？」母親看到兒子平安地回來，便高興地笑了。

本則傳說故事敘述，在庫瑠社有一位男子叫普拉路拉路央，愛上同部落叫杜克杜克的女孩。

有一次，普拉路拉路央又招呼老鷹同行要去找杜克杜克，途中經過德亞拉爾地方廣大的田地時，老鷹發現利拿沙拉斯社的敵人正埋伏在那邊等待要殺他。老鷹發出叫聲警告普拉路拉路央前面有敵人，希望改趕快回頭。

但是，普拉路拉路央一心想要見到心愛的杜克杜克，還是繼續前進，突然三四個敵人衝出來把他壓倒在地殺死了。

老鷹想到平時普拉路拉路央對牠很好，說：「普拉路拉路央是那麼一位好人，要怎樣才能讓他活過來呢？」也許因為老鷹的虔誠，上天讓普拉路拉路央活了過來。

死又復活的例子，在史籍上不乏紀錄，吳燕和《台東太麻里溪流域的東排灣人》載一則「死而復活」的真實故事：（註十三）

當我十七、八歲的時候，一個夏天忽然生病了，癱瘓在床有一星期之久，逐漸瘦弱，奄奄一息。病中見到一個青年男人來引誘我，我就跟他去了，走了很久，看不清路途，最後到達某地方，看到很多人。人群中也有認識的親戚，有媽媽的長

輩。親戚看到我來了就問著說：「你怎麼這樣快就回來了？你來做什麼呢」？我就告訴他們如何被青年誘來的。他們又問是誰誘我的，但是大家找了半天已經不見那個青年的蹤跡。我觀查四周情形，才發現當地沒有太陽，只有月光般的光亮，我知道這就是地獄了。他們後來告訴我說：「你現在還不該來這裡，快回家去吧！」我說我想回去但我找不到路，於是親戚們就指點路途，叫我一直往前走，當遇到一些像草蓆捲起來的東西，把它分開來跨越過去即可到家。（報告人說這種草蓆的阻礙可能代表墓坑之蓋子）

我依言前行果然到家，突然我張開了眼睛，耳朵也像鐘鳴一般聽到了聲音，看到滿屋子都是人在哭泣。原來家人都因我死了而在喪哭呢！

吳燕和《台東太麻里溪流域的東排灣人》認為，一個人之死有「真正之死」、「勉強之死」（假死）。「勉強之死」即所謂「命不該絕」，本則故事即屬此類之死，因此這位年輕女孩能夠起死回生。

吳燕和指出：人為什麼會死？乃因壞的鬼神常常喜歡引誘人，致人於死。而人死後家人必作祭，送許多禮物、財產（衣物用具）給死人，惡靈 tamas 要人死，可能就是想獲得這些祭品。人死的象徵是心臟、脈博停止跳動，神體溫度降低而漸冰冷，眼睛也閉合了，就可斷定為死亡 matsai。人一死，不論埋葬與否，靈魂就遠離人身。假使靈魂仍在附近逗留，則尚有復活的希望。（註十四）

四、排灣族人遇 dakasi 而死傳說故事

《原語による台灣高砂族傳說集》，小川尚義、淺井惠倫著（昭和十年），余萬居譯：（註十五）

曾有 moakakai、tokotoko（二女），說：「去挖芋吧！」就

去，到了田間，有個兩個頭的 dakasi，說：「dakasi、dakasi，快
挖芋吧！妳們今晚就死！」（二女大驚，跑）回家去。可是，一
個從窗口，一個從門口（跳了進去，所以）互碰而死在床上。

本則傳說故事敘述，有二女在田間挖芋，有兩個頭的 dakasi，說：
「dakasi、dakasi，快挖芋吧！妳們今晚就死！」結果果然不出所料，兩
女驚嚇跑回家，相撞而死在床上。

五、排灣族傳統與現代喪葬信仰之融整

胡台麗說：「排灣族仍保留召回已故親人與活人對話的招魂祭儀，
而改信外來宗教的族人死後則很難藉招魂祭儀出現。由於排灣族很注重
家族觀念，害怕死後無法與親人溝通，所以面對外來宗教時，同一家族
的人常出現一致的選擇。外來宗教進入排灣族需面對競爭、協調的課
題。」（註十六）

註釋

註一：高雄縣桃源鄉公所《桃源鄉鄉誌期
末報告》，國立高雄應用科技大學，2003
年。

註二：郭東雄〈七佳村 (chi-ka-dan) 部落起
源說口述歷史〉，《再生的土地》，台北，
常民文化，1998 年 1 月。

註三：同註一。

註四：羽根田盛原作、黃啟明翻譯〈人的
死亡及疾病的起源〉。

註五：許功明、柯惠譯《排灣族古樓村的
祭儀與文化》，台北，稻鄉出版社，1998
年 9 月。

註六：內政部委託台灣大學人類學系研究
《台灣山胞各族傳統神話故事與傳說文獻
編纂研究》，1994 年 4 月 30 日。

註七：同註六。

註八：同註六。

註九：蔣斌主編，中央研究院民族學研
究所編譯《番族慣習調查報告書·第五
卷》，2003 年 10。

註十：宋耀光〈屏東神秘谷瀑布有性
別〉，聯合報，2000 年 11 月 20 日。

註十一：陳千武譯述《台灣原住民的母
語傳說》，台北，台原出版社，1995 年 5
月。

註十二：林道生《台灣原住民族口傳文
學選集》，花蓮縣立文化中心，1996 年 6
月。

註十三：吳燕和《台東太麻里溪流域的東
排灣人》，台灣南港，中央研究院民族學
研究所，民族學研究所資料彙編，第 7
期，1993 年 4 月。

註十四：同註十三。

註十五：同註六。

註十六：《傳統藝術·原住民的信仰文
化》。

排灣族鬼魂妖怪
與傳奇口傳文學

第十三章

關於「鬼」，世界上各民族都有不少談論，排灣族自也不能例外。排灣族部落中，流傳著許多奇人軼事與奇異人物的神奇事蹟，幻想色彩濃厚，內容情節超越現實社會的實際，引人入勝。透過想像，虛構現實生活中無法企及的意識，或潛意識中的理想及渴望。神奇故事中的主角，通常多是天賦異秉的獨特性格者。

一、排灣族鬼魂妖怪傳說故事

吳燕和《台東太麻里溪流域的東排灣人》載兩則「活魂出殼」的真實故事：(註一)

我們住在舊比魯的時候，我丈夫（曾義信）是日本警察的工友，因而我們住在警察宿舍，宿舍離村不遠。某日傍晚，我丈夫到村中去玩了，天已漸黑。我正在煮飯，忽然聽到很怪的小孩哭聲。本來以為是常來玩的小孩哭，但是並沒有小孩，因而大聲呼叫。當時宿舍裡全沒有人，遠遠的有一個老師及一小孩聞聲趕來。我告訴他們之後，他們也聽到怪聲而嚇跑了。我因為很怕，就跑去告訴人家，人家陪我去找那個怪物，但已經不見了。次日晨有人來講，說某人的小孩死了，於是我才知道原來昨天是小孩的靈魂出現。

這是排灣族靈魂出殼的傳說故事，排灣人相信人之將死，會顯現徵兆，或以形體出現或以聲音出現。

又載：(註二)

1963 年 12 月 20 日，嘉蘭村青年 salutung 由山頂樹上跌下而死。死前二日，同村婦人 tjoko 晚上睡中見 salutung 由遠遠的走來，當她再審視時就不見了。兩天後 salutung 摔死，才知道果然是他的靈魂出殼。

從本則故事我們可以知道，一個將要死的人，其「活魂出殼」顯現徵兆，亦可由夢境中出現。

排灣族之村落時常有「鬧鬼」之傳聞。吳燕和《台東太麻里溪流域的東排灣人》亦載兩則「鬧鬼」的真實故事：（註三）

> 嘉蘭村有個巫婆名叫 kuliavas，平日為人甚佳。當新教傳入之後，家人勸她聽道，她雖然常去聽，但並不真信，仍堅信原有的神。民國五十二年當她死時，家人根據新的辦法埋葬（即用基督教儀式）。然而她死後變鬼出來騷擾人。有一天嘉蘭村有個男人，遇到她來問路，問他到某個親戚家應該如何走。這個男人不知她已去世，就指點了路途。後來她又曾出現於家裡，責罵她的孫女，叫他們搬出去，不要侵占她的房子。於是這家人害怕而搬走了。

本則故事中，「死靈」以真實的形象出現，那麼所見者就是「鬼」了，按「鬧鬼」在各民族之間亦有所多聞。

1962 年，嘉蘭村有一個叫 ipalang 的男子，在介達村的小商店喝醉了酒，就在外面的竹棚下睡著了。次日晨路人發現他仍扒著睡，就去搖他，搖他不醒原來已經死了。因為他家住嘉蘭，就把他抬回去。（由介達至嘉蘭約一小時餘的路程）於是此後沿路經常鬧鬼，天黑後小孩不敢走路了。後來介達比魯兩村的頭目家各出五元買酒，請巫婆 aruvu（蔡哀玉）及祭師 lipong 做祭，經過拜祭以後才漸平靜。

按吳燕和云：惡鬼常在其死亡的地點，或生前到過的地方出現。因為從前兇死者必須抬回家裡，故鬼可能出現於死的地方，或路上，甚至家中。以後惡鬼到處流浪，無固定止所。惡鬼常嚇人、作弄人，甚至害人。

《原語による台灣高砂族傳說集》，小川尚義、淺井惠倫著（昭和十年），余萬居譯：（註四）

> 曾有 dayaday 者，赴 coroqolivayrayrau 河垂釣時，竟有尿布上鉤，再釣，釣得了上衣。黎明時分又釣，釣上了人。（他）

想：「這就糟了！也許是我將死的預兆」？便回家去。社人們
（聞之）說：「其處不祥，別去釣魚！那是神的家」！（他）害
怕了，從此不到那個地方去。後來曾有 qoeluy（女）和 sapayil
（男）（兩人）相互訪問，到那個地方去唱歌，因為 qoeluy 死
了，所以 sapayil 就回家去。（自此，再也）沒有人接近那個地
方。

在排灣族人的信仰觀念中，有些地方是屬於陰地，是不吉祥的地
方，因此族人就不會輕易去接近或到達那個地方，經過口耳相傳的渲
染，該地就變成了禁忌之地了。

二、眼光殺人的帕利

林道生《台灣原住民族口傳文學選集》，載卡維央社〈帕利的眼
光〉：(註五)

以前在盆地社（sipiliti）的達可達可茲家（dakodakots）出了
一位帕利，就是眼珠會放射出光的人。被他的眼光射到的蒼
蠅、豬、雞、鴨、人類統統會死掉。因此頭目大為恐慌地要為
他尋找收容的家，以免天天傷害到人畜。頭目在山腳下找到一
塊大岩石、請來了壯丁為他蓋了一個家讓他單獨一個人居住。
附近的部落，包括大林庄的漢人每天都拿食物給他。日子一
久，大家不但覺得麻煩而且花費也不少。因此觸怒了漢人而圖
謀把他殺害。有一天，幾位漢人又到了帕利的家。告訴帕利帶
來了食物，帕利便如往常那樣地用雙手蒙住眼睛俯伏在地上以
避免傷到了人。這個時候幾位漢人乘機把帕利給殺了。被亂刀
砍殺的帕利很生氣地瞪眼看這些漢人，他們便一個個地死了，
只剩下少許人。帕利死了，家人用方巾，一種四方形，平日披
掛在肩上，晚上當被蓋的布，還可以用來包東西的排灣族外出

必用品，包了他的頭帶回家。小孩、婦女等一大堆人都圍上來觀看，當方中解開，看了帕利眼睛的人都被他的目光射死了。沒死的人害怕地趕緊把帕利的頭又用方中包起來，帶去丟到河裡。後來那個地方變成非常不吉利的凶地，到過那邊的人總是會生病。

本則傳說是異人「帕利」的故事：

（一）「帕利」就是眼珠會放射出光的人。被他的眼光射到的蒼蠅、豬、雞、鴨、人類統統會死掉。因此可以說是危險的人物。

（二）「帕利」經常不經意的傷害到人畜。頭目怕他傷害人畜更慘重，因此決定讓他獨居在山腳下，並在一塊大岩石旁蓋了一個家。

（三）「帕利」的飲食由附近部落來供應，大林庄的漢人也每天拿食物來給他吃。因為「帕利」是原住民及漢人共同的危險性人物，所以都要提供食物給「帕利」吃。

（四）後來覺得送飲食給「帕利」很是麻煩，而且花費也頗多，因此漢人圖謀把他殺害，如此就可省下麻煩與花費。

（五）有一天，幾位漢人又到了帕利山腳下岩石的家送食物，帕利如往常蒙住眼睛俯伏在地上以避免傷到了人。此時漢人乘機把帕利給殺了。「帕利」死前很生氣地瞪眼看殺他的人，他們便一個個地死了，只剩下少許人。但也從此眼光會殺人的人，死後沒有留下後代。

本則故事頗能啟發一些感想，人也許平凡平庸些會生活的比較安逸，讓自己太突出，也可能會令自己陷於危險與不安的狀態，或許人謙遜些，生活會過得更快樂。

《原語による台灣高砂族傳說集》，小川尚義、淺井惠倫著（昭和十年），余萬居譯：（註六）

據說古時 piliti 社的 dakodakots 家有人變成了（眼睛會發光）的 pali，（被他）一看，蒼蠅、豬、雞、人……都會死。族人懼之，去找（可以收容他的）房子，在山腳下發現了大岩石，於是造屋，（把）他送到那裡去。任何社的人都常給（食），連大林庄的漢人（也給）。可是，任何村庄都耗費不貲，漢人於是埋怨，商量說「好，殺掉（他）！」（漢人們）到 pali 家去，說：「我們送食物來了，請你稍避一下！」pali 伏首（用手掩面）。漢人趁之砍殺 pali，可是 pali 暴怒，目瞪（漢人）以復仇，因此死（很多）漢人，（致）所剩無幾。pali 終於死了，（人們）於是取其首級，用方布包著，帶回家來。解開了包包，眾多小孩和婦女來看。可是，凡看到（pali 的）眼睛，都自然死掉。倖存者說：「這怎可以？」就把它拿到河邊去，放入深淵中。據說其處自此不吉祥，誰到了那個地方去，都會生病。

本傳說敘述，從前有一個眼光會殺人的人，他的名字叫 pali，最後他被漢人殺死了。

《原語による台灣高砂族傳說集》，小川尚義、淺井惠倫著（昭和十年），余萬居譯：（註七）

傳說中之怪物，眼睛和身體其他部位發光，凡被其照射者皆死。傳說 kalojoy 社有名為 lapaiqobovui 者，此人變成了 pali。據說他玩著的時候，看到了螞蟻或其他東西，（被看到的）都死。家人說：「你是怎麼了？也許你會變成壞蛋！」就帶他到河邊去，想讓他看看魚來試一試。而，他看到的魚都死了。同伴說：「哎唷！你可能已經變成 pali 了！」（他們又）帶他南行，給他築小屋，他一個人住在那兒。他說：「我不願意跟伙伴們在一起！」所以分了居。這一個 pali 會殺人，別社的人都怕。因此，據說是（社人們）輪流送酒、肉、麻糬和飯

去給他。可是，料係別社的覺得麻煩，（終有）voyaliz 社的人殺了 pali 取其首級。而，（把那首級）帶到 coakabayan 河邊時，（有個人）說：「我們來試試！」就把 pali 的臉轉過來，據說此一 voyaliz 社人死了，另一個人被瞪了膝部。傳說中說，另一個 voyaliz 社回家去，報告說：「我們（的人）死了！」

本則傳說故事敘述之怪人 pali，眼睛和身體其他部位會發光，凡被其照射者皆死，因此就把他隔離單獨居住。起初由社人供應其飲食，後來 voyaliz 社的人嫌麻煩，把他給殺了並取其首級，就此眼光會殺人的 pali 也消失於大地人間。

台東縣達仁鄉「古發冷」，李嘉鑫〈拉嘎巴威傳奇：紅眼力士永逐邪靈〉載一則傳說故事：（註八）

相傳當年這裡，曾經出現一位可怕的紅眼睛大力士。據說這位大力士名字叫「拉嘎巴威」lagvavui，他本來是平凡的常人，因為不為人知的原因而被邪靈附身，從此就像西洋傳說的「狼人」一樣，變成力氣其大無比的力士。這種神力隨著時間的推移而日漸嚴重，起先是只要被他手指指到的人會死掉，最後「病情」蔓延到連眼睛都發紅，只要被他紅眼睛一瞪，也會立即一命歸西。為了怕傷害到無辜的村民，「拉嘎巴威」只好躲到山上的石洞，一個人獨自生活，食物則由他的家人按時供應。據說後來「拉嘎巴威」與前往搜捕他的日警搏鬥，他與五位日警都一起同歸於盡。目前「拉嘎巴威」仍然有後人住在新化，為了怕這種附身的情況再次出現，族人已經透過巫師作法，永遠把這個邪靈逐走。在古發冷遺址大門下方，一株巨大九芎樹旁，仍然存在一支「拉嘎巴威」遺下的「石扇子」，這是一片寬約兩公尺，高出地面一公尺多的大石板，據說當年「拉嘎巴威」起乩後，用來搧涼的扇子，有一次因為做別的事，把扇子往地上一插，就變成一直持續到今天的模樣，據說石扇的

柄部還深深地插入地下，因而牢不可拔。

本則傳說故事中的奇人，名字叫「拉嘎巴威」，其逸事如下：

（一）「拉嘎巴威」原來也是平凡的常人，但好像被邪靈附身一樣，變成力氣其大無比的力士。

（二）最初，只要被「拉嘎巴威」手指指到的人就會死掉，後來被他紅眼睛一瞪，也會立即一命歸西。

（三）其實「拉嘎巴威」也不願意傷人或殺人，所以他自己一個人躲到山上的石洞獨自生活，食物則由他的家人按時供應。

（四）傳說五位日警曾搜捕「拉嘎巴威」，最後同歸於盡。

（五）據說「拉嘎巴威」還有後代，現在住在新化，「為了怕這種附身的情況再次出現，族人已經透過巫師作法，永遠把這個邪靈逐走。」

（六）傳說在古發冷還有「拉嘎巴威」的遺物「石扇子」。

鍾忠義〈神秘谷排灣族人禁地〉載一則傳說：（註九）

　　相傳泰武村原住民族群中的古拉魯茲族，有一位心地善良的巫師，名叫霸力絨，以作法趨魔，醫治族人厄疾，深受族人尊敬。不料，霸力絨不知何故突然中了邪，眼中散發兇猛的青光，青光所及，可使人魂銷魄散，仁慈的巫師，不忍看到族人因其而慘死，於是以黑布蒙住雙眼，自請放逐深山。族裡的武士，經過數日跋涉，把巫師護送至一個不知名，景緻瑰麗的湖畔，霸力絨獨自留下，酋長（頭目）定時派人送食物給他。後來，有一年的夏天，連日豪雨造成山崩，山路消失了，食物無法送達，霸力絨受不了饑餓的煎熬，揭開黑布，凝視眼前平靜的湖水，孰料剎那間，湖水變藍又轉綠，並有煙霧舟舟而升，霸力絨深知有毒的湖水，若流經部落，必會給族人帶來不幸，他在良心的譴責下，遂投湖自盡。頓時，湖裡出現驚天動地的變化，在一陣猛烈的山搖地動之後，湖水的出口處被堵住了。經過一段時日，湖面恢復平

靜，於是這個被稱為「達魯‧巴里巴令」的山谷，就成了族人的禁地，「神秘谷」後來成為她的代名詞。

本則傳說故事情節要述如下：

（一）本故事是泰武村古拉魯茲族的傳說。

（二）故事中奇異的人是「一位心地善良的巫師，名叫霸力絨，以作法趨魔，醫治族人厄疾，深受族人尊敬」。

（三）有一天，霸力絨突然變得「眼中散發兇猛的青光，青光所及，可使人魂銷魄散」。

（四）霸力絨巫師非常仁慈，他不忍心看到族人因為自己眼中散發的青光而致慘死，於是他用黑布蒙住雙眼，以免有人不小心被他看到，他自己將自己放逐於深山之中，離開了部落。

（五）村社的武士護送他到景緻瑰麗的湖畔，他獨自留下在那兒單獨居住。

（六）村社的頭目定時派人送食物給霸力絨。

（七）有一年的夏天，因為連日的豪雨造成了山崩，山路也被沖毀消失了，因此食物就無法送達。

（八）霸力絨飢餓難耐，只好把蒙眼的黑布揭開。

（九）霸力絨凝視湖水，湖水變藍又轉綠，並有煙霧冉冉而升。

（十）霸力絨馬上感覺到被他凝視的湖水有毒，流經部落，族人必遭不幸，他的良心不斷地譴責自己，於是投湖自盡以表對族人的歉意。

（十一）當霸力絨投湖自盡，驚天動地，經過猛烈的山搖地動之後，湖水的出口處被堵住了。有毒的湖水就不會經過部落，而帶給族人死亡的不幸。

（十二）此地後來成為族人的禁地，「神秘谷」之名，也成為此地的代名詞。

《番族慣習調查報告書》載高士佛社傳說：（註十）

太古時，本社的某家有名叫 palji 的男兒。兩眼異常如炬，放火紅的光。成長後，帶其去狩獵，野豬被他注視後即斃，帶他到溪中，水中的魚被他注視後即死並浮出水面。社民皆懼怕他，故另建房屋讓其居住，每日供食。送食物時從遠方就喊叫說：「要送食物來了，所以請朝下哦」！待其低頭後跑上前去，把食物放下，再快步離開，然後說：「可以吃了」。因 palji 的眼睛過於可怕，故讓巫祈禱後其光漸漸變弱，遂成為普通的眼睛了。然而這時在其右手的食指尖端長出另一赤紅的眼睛，其光強銳與之前的兩眼無異，獸類等若經其指示便立即死，因此經常讓其戴上鹿皮製的皮袋，因 palji 的手指毒光太甚，社民們常利用他出草且站在最前頭。Palji 若指示敵方，瞬間可殺敵五人，故在戰鬥中總是得勝。其後 palji 屢赴戰鬥有功，但據說到了老年遂死亡了。

本則故事敘述，有一位名叫 palji 的人，兩眼如炬，去狩獵，野豬被他注視即斃，溪中的魚被他注視即死並浮出水面。傳說其右手食指指示獸類，便能令其立即死亡，族人們常帶他出草，他指示敵方，瞬間可殺敵五人，palji 後來老了遂死亡了。

排灣族也有專門吃小孩的〈食人者〉的傳說故事如下：

有個故事說，padiyulai 社裡曾有食人者。（他）嚐一嚐小孩子的血，很苦就放棄，若甚甘則養育之，俟其長大後屠食之。

本則傳說故事敘述，怪異的食人者，專門養育小孩子，長大後屠殺之食用。他專門找孩子試嚐其血，味苦者放棄之，味甘者撫養，作為食用準備。

《原語による台灣高砂族傳說集》，小川尚義、淺井惠倫著（昭和十年），余萬居譯載〈吃人的 cimo 種人〉：（註十一）

據說，古時 taopili 家有 cimo 種人，會吃人。生了孩子的時候，如果不向 taopili 家報告而（為其）知悉孩子誕生時，cimo

就去補食孩子。而，據傳是殺了人的時候也吃，他的家不在此一社內，而是在吃人時，是在那兒片刻。

本則傳說故事情節如下：

（一）古時 taopili 家有 cimo 種人，會吃人。

（二）生了孩子的時候，如果不向 taopili 家報告而（為其）知悉孩子誕生時，cimo 就去補食孩子。

（三）cimo 殺了人的時候也吃。

（四）cimo 種人的家，平常不在本社之內，但是在吃人的時候，他們的家會出現在那兒片刻。

陳千武譯述《台灣原住民的母語傳說》載「斷手的上社人」：（註十二）

> 有四個孩子的母親去旱田工作。出門時媽媽吩咐孩子不要打架。母親的工作很多做不完，天黑了很晚也沒回來。孩子哭了。上社人聽了孩子的哭聲，說：「我去吃掉那些孩子。」就去了，喀、喀、喀敲門說：「把門打開！」可是孩子們不打開。上社人想要強行進入，還是打不開門。他騙孩子們說：「我是你們的媽媽，把門打開。」孩子說：「如果你是媽媽，把你的手臂伸入孔裡，給我們看看。」他真的把手臂伸進去。孩子們看了，知道不是媽媽的手。於是，孩子們抓住手臂，全身搭拉著搖啊搖，搖到手臂彎了很痛。上社人拚命要抽回手臂都不成，終究切斷了手臂，逃跑了。

這是一則頗有啟發教育的故事，描述聰明冷靜的四位小孩，用智取戰勝了會吃小孩子的上社人。上社人騙孩子們說：「我是你們的媽媽，把門打開。」小孩子知道要驗明正身，也要門外的人把手臂伸入孔裡，給他們看看是不是媽媽的手。他們發現不是媽媽的手，就合力搭拉著敵人的手臂搖啊搖，敵人終究切斷了手臂，逃跑了。

本則傳說故事是一則很好的教導小孩子自衛防禦的教育教材。

三、排灣族大力士傳說故事

林道生《台灣原住民族口傳文學選集》載利基利基社〈大力士朱久一〉:(註十三)

以前在卡洛江社(kalojon)住有六戶人家。有一天,部落的人去一個叫萊道(laitau)的地方打獵。回來的時候經過卡洛江社下方的普佳查朗(pucazaran)的地方,大家停下來休息。這時候他們當中的一位伙伴朱久一說:「你們看看我!」大家聽朱久一這麼一說,都瞪大眼睛注意看他,心裡頭猜想:「到底朱久一要我們看什麼呢?」朱久一注意到大家都在看他了,便把身邊的幾棵樹連根拔起,並且折成彎曲形狀。大家看得目瞪口呆,驚訝地說:「他為什麼要這麼做呢?」大家都不知道朱久一是什麼緣故要這麼做。各自回家去了。又過了三天,頭目又帶他們去打獵。朱久一又在眾人休息的時候,拔起好幾棵樹把它折成彎曲。好奇的頭目忍不住問朱久一:「你為甚麼那麼喜歡把樹拔起來折成彎曲呢?」「我為甚麼要把樹木折成彎曲呢?實際上是,我想分戶(註:就是把自己這一戶,從部落中分開出來,另外自立門戶)。因此,有時候會比較粗暴,這時候你們可別靠近我住的地方,不然你們都會死去!」朱久一這樣對他的伙伴們說。有一天,朱久一去汲水場(註:部落的水源地)築路,為的是方便從部落來這裡汲水。做好了路,接著又做儲存水的大桶,把它放置在岩石中間。汲水場便有了一個能攔水的小型水庫。然後,朱久一又去搬木材要搭建房子,但是他並不帶工作刀及斧,空手拔起樹木,去掉枝葉,把木材扛了回來。做為牆壁用的石頭,也是兩趟就搬了回來。然後,又去找做主要支柱(註:棟樑)的木材,寬十二尺,長十八尺。材料都準備妥當了,朱久一很快地就把房屋搭蓋了起來。部落的

伙伴們看了都說：「為什麼他有神一般大的力氣呢？」大家不但不可思議，又覺得很神奇。

本傳說故事敘述，大力士朱久一在狩獵的時候，把樹拔起來折成彎曲，後來頭目問他何以如此做？原來，他是想從部落中分開出來，另外自立門戶。

朱久一去搬木材搭建房子，不帶刀及斧，空手拔起樹木，去掉枝葉，把木材扛了回來。做為牆壁用的石頭，也是兩趟就搬了回來。朱久一因為有神力，因此很快地就把房屋搭蓋了起來。

《原語による台灣高砂族傳說集》，小川尚義、淺井惠倫著（昭和十年），余萬居譯：（註十四）

> 據說古有 kalojoy 社，有六戶人家。話說，（某時人們）前赴 laitau 之地打獵，歸途曾在 kalojoy 下方叫 pucazaran 的地方集合。這時，名為 tsujui 者說：「看著我吧！」就把一束樹枝折斷。伙伴們說：「（他）為什麼如此做呢？」然後（大家）回家去。其後，tsujui 赴獵三天，（而又折樹枝，所以）頭目問：「你為什麼做這種事？」他說：「其實我是想分家。自此時而變得粗暴，（若如此，）你們不要靠近我，（否則）就會死！」而為了通往汲水場起見，他造了路。之後，他又造了（蓄水之用的）桶子，把它安置在岩石的的正中央處，其汲水場於焉告成。之後他去採建材，不用刀斧，用手折。搬運木料，是一次運棟材，並用棟材挑運壁石兩趟。（他）去採主柱，寬約二尋，長約三尋左右。而據說是所採集之物都齊了，他就蓋了房子。傳說中說，（他的）伙伴們都覺得很奇怪，（所以）說：「為什麼會有那樣好像是神明的強人呢？」

這是一則大力士 tsujui 的傳說故事,好像是神明的強人呢!

四、排灣族英雄的故事

《原語による台灣高砂族傳說集》,小川尚義、淺井惠倫著(昭和十年),余萬居譯:(註十五)

> 古時 vutsul 族裡有個 tayapul,經常吃人。(人們說:)「我們是不是將滅亡呢?設法滅掉 tayapul 吧!」於是請來 tail 和 piri 兩勇士。「來吧!我們有難,我們將滅亡,請把 tayapul 滅掉!」他們兩人攜了弓箭,到了那兒去。「太陽怎麼樣的時候來吃(人)呢?」「太陽出,在頭頂上的時候來!」他們等 tayapul 來,射殺了他。vutsul 的人於是大喜,(說:)「希望你們今後從此地的人徵收蕃租!」他們於是返回 savasai 社去,自此,(makazajazaja 社的)lauto 膺任收取 vutsul 之蕃租的人。他們兩人經由 vutsul 而回來時,所經蕃社都屠(豬)以饗之。他們兩人成為所有蕃社的總將領。

傳說 tayapul 經常吃人,族人於是請了 tail 和 piri 兩勇士射殺之,族人喜悅,返社時所經的部落都殺豬宴饗勇士。後來,勇士也成為了部落的總將領,並且向部落族人收取租稅。

五、排灣族巨人傳說故事

《原語による台灣高砂族傳說集》,小川尚義、淺井惠倫著(昭和十年),余萬居譯:(註十六)

> 古有下 paiwan 社人,名 diqoqo 者。(曾有一次,台東排灣族)sqalo 將來攻時,他採了 dariyuyu 樹,(將其樹汁)塗在 dinukapan(踐踏處之意)之地的岩石上。sqalo 來了,踩其所塗物,都滑跤致死,僅有一個人倖存。diqoqo 向他說:「回去!可是,回到了族社的時候,你就會死」!diqoqo

（高大，故可）腳踩在 dinukapan 之地，另一腳（跨谷）而踏 padain（dinukapan 乃係「踏痕」之意，據說現在還有他的腳印）。……

本傳說故事謂，下 paiwan 社人名 diqoqo 者是一位巨人。diqoqo 長得非常高大，一腳踩在 dinukapan 之地，另一腳跨谷而踏 padain 之地，據說現在還有他的腳印。

六、排灣族小矮人傳說故事

《番族慣習調查報告書》載小矮人傳說：（註十七）

矮人身材矮小，身高不過我們的一半，但力氣很大。曾經有族人在部落附近遇見，不知道他已經是成年人了，還誤認為是孩童。問道：「你的父親到那裡去了呢？」他不回答。族人靠近再問，他竟回說：「我已經作父親了。」這個族人覺得很奇怪。於是這個矮人回答：「我父親去旱田了，不久就會回來。」然後拿出一塊大石頭，輕巧地放在族人前面說：「請坐下來休息。」族人大為驚訝，旋即離去。回到部落後，把上述情形告訴大家，所有人都覺得很稀奇，想看一看。於是這位族人就帶他們到之前相遇的地方，再過探詢過去一點，果然發現一個部落，部落裡頭的人全都矮如孩童。矮人們看見他們來，很高興的款待他們，用酒宴請全部的人。酒過三巡，其中一位族人要與矮人比賽力氣，指著庭院前的大石頭要抬，我們兩個族人合力，好不容易才抬起來，而矮人卻只出一人抬石，連一口氣都沒喘就舉了起來，還左右搖晃。族人驚嘆其力大如牛，不敢再要跟矮人比賽力氣，就這樣告辭回到自己部落。

台灣的原住民族多有小矮人的傳說故事，一般都說小矮人具有強大無比的力量。

佐山融吉著、余萬居譯《蕃族調查報告書》載：（註十八）

　　古時候，有一個人叫卡穆西蘇，他在部落附近發現一個洞穴，洞穴中冒著煙。於是他進入洞裡探視，洞中蜿蜒曲折，裡頭有個身高只有兩三尺的矮人。卡穆西蘇向矮人打招呼，並說自己肚子很餓，小矮人便慷慨地拿出許多食物款待他。有紅豆、米、粟等，都是他之前從未見過的食物。卡穆西蘇心想：「要是能常吃到這些美味的食物就好了。」於是請求矮人送一粒種子給他，但矮人不同意，他也不便強人所難。後來，他又看到一把鐵製的矛尖，覺得很喜歡，可是矮人也不肯給他。他就趁矮人不注意時，把紅豆種子及鐵矛尖藏在包袱中，偷偷帶走。卡穆西蘇回去後，開始栽種紅豆，現在已經成為主要的糧食之一。鐵製矛尖也成為我們的傳家之寶，後來被祖先割愛給鄰舍一個巫術很高的朋友了。

　　本則傳說故事敘述，小矮人住在洞穴裡，有一個人進入洞穴內，偷盜了小矮人紅豆種子及鐵矛尖。自此族人開始種植紅豆，鐵矛尖則成了傳家之寶。

註釋

註一：吳燕和《台東太麻里溪流域的東排灣人》，台灣南港，中央研究院民族學研究所，民族學研究所資料彙編，第7期，1993年4月。

註二：同註一。

註三：同註一。

註四：內政部委託台灣大學人類學系研究《台灣山胞各族傳統神話故事與傳說文獻編纂研究》，1994年4月30日。

註五：林道生《台灣原住民族口傳文學選集》，花蓮縣立文化中心，1996年6月。

註六：同註四。

註七：同註四。

註八：李嘉鑫〈拉嘎巴威傳奇：紅眼力士永逐邪靈〉。

註九：鍾忠義〈神秘谷──排灣族人禁地〉，《台灣新聞報》，1999年1月4日。

註十：蔣斌主編，中央研究院民族學研究所編譯《番族慣習調查報告書‧第五卷》，2003年10月。

註十一：同註四。

註十二：陳千武譯述《台灣原住民的母語傳說》，台北，台原出版社，1995年5月。

註十三：林道生《台灣原住民族口傳文學選集》，花蓮縣立文化中心，1996年6月。

註十四：同註四。

註十五：同註四。

註十六：同註四。

註十七：同註十。

註十八：佐山融吉著、余萬居譯《蕃族調查報告書》。

排灣族飲食與
嗜好物口傳文學

第十四章

一、排灣族火的發明

（一）甲蟲送來火種

《原語による台灣高砂族傳說集》，小川尚義、淺井惠倫著（昭和十年），余萬居譯：（註一）

> 自古傳說曾發生洪水，各地山土被沖走。因此到處山峰崩塌而消失，有二兄妹，抓住 lagagaz 草（因此未被沖走而得救）。……於是他們落居（某處），可是苦於無火，說：「（用）什麼做我們的火呢？」偶有一甲蟲出現，口銜著了火的火繩來。兩個孩子說：「那是什麼呢？」（甲蟲）到身邊來了，見之，有火，於是他們取了甲蟲所攜來的火。他們取了火，甲蟲就「vty、vty……」地叫著飛走。自那時起，其火（迄今）未熄滅過。……

本則傳說故事謂，「火」之取得，是因為甲蟲帶來「火繩」，人們很珍惜「火種」，從未讓「火」熄滅。

林道生《台灣原住民族口傳文學選集》載大鳥萬社〈洪水〉：（註二）

> 有一次，大地起了大洪水。……大鳥萬社（在台東）的兄妹二個人被大洪水沖走。但是很幸運地他們捉到了拉戛戛斯草（lagagaz）才救了命。……他們在新的山定居下來，但是由於沒有火而苦惱。……有一次，偶然看見一隻甲蟲，嘴巴咬著一隻身上有著火的小昆蟲，兄妹二人奇怪地走近甲蟲把牠提了回家。從小蟲身上的火引接燃燒，並且每天都小心地保留了火種。他們的火從來沒有熄滅過，一直延續到今天。

本則傳說故事謂，「火」之取得，是甲蟲嘴巴咬著一隻身上有著火的小昆蟲，兄妹二人從小蟲身上的火引接燃燒，人類就有「火」了。

（二）鳥送來火種

《生蕃傳說集》，佐山融吉、大西吉壽著（大正十二年），余萬居譯：（註三）

古時，tsyatsye 鳥把火種給了 sarimuzu 及 sarumai 二兄弟，他們以之點燃朽木，把火保存下來。

本則傳說故事謂，人類「火」之來源，是 tsyatsye 鳥把火種給了 sarimuzu 及 sarumai 二兄弟，人類遂有火。

（三）鑽木取火

《原語による台（三）灣高砂族傳說集》，小川尚義、淺井惠倫著（昭和十年），余萬居譯：（註四）

古時候，陸地（因洪水而）溶解，山也全都變成了水。然而，有一小山尚存。據說人都死了，但有兩個人倖存，掛在山上的 lavilu 樹枝上。未幾，水退了，掛在樹上的兄妹活了。可是，（他們）沒有火，什麼也沒有。於是，（他們）折了其所曾掛住的小枝而鑽火。這一來，生出火來了，因而焚之。於是，有了用以煮東西（的火）。……

本則傳說故事謂，「火」之取得，是兩兄妹「折了其所曾掛住的小枝而鑽火」，如此，他們就有「火」了。

《生蕃傳說集》，佐山融吉、大西吉壽著（大正十二年），余萬居譯：（註五）

古時，海水排出口阻塞，導致大洪水，人們逃難到 katomoan 和 tagaraus 山上，忘了帶火種。tagaraus 山上的人見一蒼蠅停在前面擦腳，得到靈感，以兩塊木頭相磨擦，遂有火，katomoan 山上的人見之，差遣羌仔來索取火種。

本則傳說故事謂：

1、洪水之產生，是因為海水排出口阻塞，導致大洪水。

2、洪水時，人們逃難到 katomoan 和 tagaraus 山上，卻忘了帶火種。

3、逃難到 tagaraus 山上的人，得到蒼蠅的啟示，遂鑽木取火得「火」。「蒼蠅停在前面擦腳，得到靈感，以兩塊木頭相磨擦」，才有了火。

4、逃難到 katomoan 山上的人，見到 tagaraus 山上有火，差遣羌仔
　　來索取火種。

（四）派遣動物取來火種

陳千武譯述《台灣原住民的母語傳說》：載下排灣社（註六）

　　　　在平地有個叫達洛凡的怪物，河川的水是流進怪物嘴裡去
的，因怪物的嘴閉下來，河水流不進去才成災。人們逃難到妥
馬巴來山和霧頭山。妥馬巴來山的人沒有火，派小鹿去霧頭山
取火，才有火煮飯。⋯⋯

本則傳說故事謂，當洪水成災的時候，人們逃難到了妥馬巴來山和
霧頭山。妥馬巴來山的人沒有火，就派小鹿去霧頭山取火，才有火煮飯。

《原語による台灣高砂族傳說集》，小川尚義、淺井惠倫著（昭和十
年），余萬居譯：（註七）

　　　　古時候有那叫做 tarovar 的怪物在平地，河水都流入其（口
中）。可是，tarovar 的嘴巴塞住了，以致於積水，發生洪水，
水太多，小山都被水淹沒，只有 tomapalapalai 山和霧頭山和大
武山，沒有被水淹沒。下 paiwan 社的人逃上 tomapalapalai，
而其處無火。（恰有）小鹿（羌？）在其處，人們派遣牠到霧頭
山去取火。小鹿泅往霧頭山，攜（火）返回 tomapalapalai 山。
tomapalapalai 山上可以煮（飯）了。⋯⋯

本則傳說故事謂，洪水時，下排灣 paiwan 社的人逃上 tomapalapalai，
而其處無火，乃派遣了小鹿或羌到霧頭山去取火。

（五）燧石擊鐵取火

《生蕃傳說集》，佐山融吉、大西吉壽著（大正十二年），余萬居
譯：（註八）

　　　　古時，有一孤兒 udede，年幼無依，社人乘機欺侮，連火
種也不給他，udede 無以為生，逃到農地上，後來，其亡父出
現，把燧石和鐵交予他，教他用燧石擊鐵取火，社人見，貪此

方便，紛紛來借，向 udede 認錯求和。

本則傳說故事謂，孤兒 udede，其亡父出現，把燧石和鐵交給他，並教他用燧石擊鐵取火。

燧石擊鐵取火非常方便，族社的人都紛紛來借，並且因為過去曾經欺侮過他，而向他認錯。

....

二、排灣族食物的來源傳說故事

林道生《台灣原住民族口傳文學選集》載庫瑙社〈五年祭的起源〉：（註九）

從前，天上住著一位叫做羅基利康的人，有一天，在曬衣服的時候，不小心掉落到地界人間的利克狄家庭院。剛好有一位叫魯姆的鄰居看到了，上前問：「你是從那裡來的？」羅基利康回答：「我是來自天上。請你為我焚燒火。我要乘著煙飛上天。」魯姆便照著他的話焚燒起火來。羅基利康對魯姆說：「五天後，你也乘著煙到天上來吧！我要讓你做祭司。當五天後，你來到天上時，你就在庭院那邊等我。我會為你念誦祝文，你要專心地聽。在黎明時我們會開始念誦祝文，那時候你要爬到倉庫的頂上。」五天後，魯姆照著羅基利康吩咐的話，焚燒煙火乘著煙上了天，再爬到倉庫頂上。黎明時羅基利康開始念誦祝文，魯姆很專心地聆聽。羅基利康看著魯姆成了祭司。天快要亮了，魯姆說：「我要回去了！」羅基利康問：「你們在地界有什麼種子嗎？你們有小米的種子嗎？」魯姆回答：「我們有卡利洛德及瓦拉的種子。」羅基利康說：「那麼，你再帶俄洛俄降、狄姆克及萊利的三種小米種回去。另外你去可茲利地方，也帶一隻斑豬回去！」……

本則傳說故事謂，有一位叫做魯姆的人，到天上去學習作祭司的儀式與念誦祝文，學成後返回人間，天神送了他俄洛俄降、狄姆克及萊利

等三種小米種，以及一隻斑豬回去。

從本則故事來看，排灣族人的食物來源，在族人的觀念中，認為是直接源自於天神之賜予。

《生蕃傳說集》，佐山融吉、大西吉壽著（大正十二年），余萬居譯：（註十）

> 古有二男子，首自天上的 tsyaribabao 手中獲得粟，付諸栽
> 培，這便是粟的起源。

本則傳說故事謂，人類的「粟種」是二男子，直接自天上的 tsyaribabao 手中獲得而加以栽培。

三、排灣族粟傳說故事

吳燕和《台東太麻里溪流域的東排灣人》載：（註十一）

> 從前天空很矮，作物皆種在屋簷下。當時有一家住著一個青年與他的愛人。他們吃飯時，一個人只須煮半粒小米，一家人只須煮一粒小米。他們商討如何使天升高，以便在屋外求生，於是在屋外舂米，不小心撞到了天，天發出巨大恐怖的聲音而升高了。後來此對青年人煮飯時放了一把小米，小米就從鍋中蔓延，連水一起衝出鍋外氾濫成災。兩人趕快逃去，其中一人逃得較慢而死了，另一個生存者是女人，她可能就是繁衍人類與文明萬物的始祖。此女不知嫁給何人，繁衍後代，遷至各地，而有現在如此多的人。

▲ 排灣族以美食祈納富／田哲益提供

本則是 paumali 社傳說故事，是敘述「天空的升高與小米飯成災」。本故事情節敘述如下：

（一）古代排灣人對「天」的概念，普遍認為「天空」很矮，所以作物皆種在屋簷下。而人類也期望使天升高，

以便在屋外求生。

（二）一對情侶有一天「在屋外舂米，不小心撞到了天，天發出巨大恐怖的聲音而升高了」，這也正實現了人類的夢想與願望。

（三）傳說古代煮小米不必煮很多，一個人半粒就可以了，可以說是生活得非常幸福。

（四）後來男子煮飯沒有按照規定，煮了一把小米，結果米飯「從鍋中蔓延，連水一起衝出鍋外氾濫成災」，男子來不及逃走死了，只剩下一位女子生存下來，paumali 社人認為她可能就是人類的再生始祖。

《邊政學報》、《台灣文獻》，引自《排灣族信仰體系》，龍寶麒：（註十二）

> 天神有一日交待地神要好好照顧土地及土地上的人民，作物收成時也得向天神報告，到時天神會告訴人民祭祀的儀式，並且人民要五年奉獻一次。之後，便賜數十粒小米（vago）種子給他們，並交待收成之後只能吃一粒。果然時人只要煮小米一粒就能煮滿一鍋。但有一孕婦，她偷偷煮了一把小米，結果被燙死。天神知道後大怒，罰他們工作勞苦，有天災和疾病，從此煮小米也要煮很多才夠吃。……

本則傳說故事謂，天神賜給人類數十粒小米種子，並交待只要煮小米一粒就能煮滿一鍋。但是，有一天，有一位孕婦，偷偷煮了一把小米，結果她被燙死了。天神知道後大怒，就懲罰人類工作勞苦才能溫飽，並且有天災和疾病，從此煮小米也要煮很多才夠吃。人類失去了幸福的生活。

《原語による台灣高砂族傳說集》，小川尚義、淺井惠倫著（昭和十年），余萬居譯：（註十三）

> （從前）下 paiwan 社裡有 Kadaladalavan 家的人，不下田幹活兒，只在家裡捉虱。（當時的）小米是一粒粒地煮的，煮了

一粒小米就（成）滿鍋（的飯），煮了一串就（成）滿屋子（的飯），人不能住。Kadaladalavan 的人說：「這不行！停止才好！是不是多放一點水較好呢？」就試炊一粒，結果未增多，從此，都放了很多水和小米去煮了。

本則傳說故事云，古代的時候，人們只要煮一粒米就可以煮成一大鍋米飯，足夠全家人一餐吃飽。可是因為沒有按照規則煮，從此幸福就不復存在了。本則故事是教訓人們凡事要遵守規矩，才會獲得天神祖靈的眷顧與保佑。

《生蕃傳說集》，佐山融吉、大西吉壽著（大正十二年），余萬居譯：（註十四）

> 太古，ruboan 有一株大榕樹連接紅頭嶼，兩地人可沿其根來往，一次有個女人靠此方法至紅頭嶼，見島人烹粟，吃得津津有味，女人偷了少許藏在陰部帶回來，中途放了一次尿，把粟種沖掉了，回社，告之社人，另有一男子便到紅頭嶼偷粟回來，播種栽培。

本則傳說故事謂，在 ruboan 有一株大榕樹連接紅頭嶼，兩地人可沿其根來往，有一女人到了紅頭嶼，見島人烹粟，便藏粟在陰部帶回來，但是中途放了一次尿，都把粟種沖掉了。

回到族社裡，告訴了社人，後來另有一位男子到紅頭嶼，成功的偷盜粟種回來，加以播種栽培，從此就有了「粟」吃了。

四、排灣族吃蛇傳說故事

陳千武譯述《台灣原住民的母語傳說》載「吃蛇」：（註十五）

> 洛凡鳥家的頭目沙拉艾只喜歡吃蛇肉，人家送來的獸租（狩獵時繳送頭目的肉）都不吃，而吊掛在外面任其腐爛。白崙家人對他說：「讓獸肉腐爛太可惜了，給我們帶回去吃，好嗎」？沙拉艾答應了。洛凡鳥家的獸租等於由白崙家接受，所

以馬吉巴和卡吉來的土地，也等於臼崙家的土地了。這變成了慣例。還有，洛凡鳥家接受他人幫忙工作的時候，要請幫忙的人吃飯。沙拉艾就說：「飯要慢慢吃，因為有甲布尼奎肉（蛇肉）可以吃。幫忙的人不知道甲布尼奎肉是甚麼。等到要吃甲布尼奎肉，打開蓋子，才看見鍋子裡裂開的百步蛇肉，而很害怕，說：「煮了最污穢的蛇肉，要給我們吃。」大家都跑掉了。

本傳說故事情節要逑如下：

（一）洛凡鳥家的頭目叫做沙拉艾，非常喜歡吃蛇肉。

（二）別人送來的獸租（平民納貢頭目的獵租），沙拉艾頭目都不吃，而吊掛在外面任其腐爛。按排灣族為一階級社會，社會組織貴族與平民嚴明壁壘，土地、獵場、河川皆為貴族頭目所有，因此使用必須繳交租稅，使用土地要繳農作物稅，使用獵場要繳獸稅，使用河川要繳漁稅等。

（三）因為沙拉艾頭目不吃人家送來的獸租，所以都被臼崙家接受了。同時「馬吉巴和卡吉來的土地，也等於臼崙家的土地了」。

（四）有一回，洛凡鳥家接受平民幫忙頭目工作，要請平民吃飯，頭目請了他們吃百步蛇肉，結果大家都跑掉了。

《原語による台灣高砂族傳說集》，小川尚義、淺井惠倫著（昭和十年），余萬居譯：（註十六）

　　那一位 salapats（lovaniau 家的頭目）只吃蛇，在有茄苳樹的 culuton 之地（不是尋常處），自避（別人耳目）食。而縱使獸租（頭目的得分）來了，（他）也（不吃，而是把它）掛在外面。久之，（其肉）腐敗。然而，有 culuy 家的人說「你為什麼如此放置此肉呢？可惜，我們拿去吃吧！」salapats 答應了，culuy 家的人拿走了肉。至 taupili 家處，culuy 家的人大喊：「lovaniau（salapats）不吃獸租，那 imalipa 和 coaqatsilai 之地都變成我們

的了！」傳說，他們的慣例是如此形成的。又，古時（的某一天），lovaniau家承人幫工時，salapats曾煮百步蛇充午餐（以饗）。飯熱，（他就）請幫忙的人到家裡來。眾幫忙者想吃，把飯放下，其中一人想掀蓋。可是，salapats說：「飯要慢慢吃，因為有cavinikiniki？」眾幫忙者心想：「什麼是cavinikiniki（蛇的異稱）呢？」而掀了蓋子，（其中竟）有煮爛而肉已裂開的百步蛇。這一來，眾幫忙者怕了！說：「（你）叫我們吃煮熟了的最髒的蛇嗎？」就都紛紛逃走。古傳說如此云。

本傳說敘述salapats（lovaniau家的頭目）只吃蛇，連獸租都不吃，真是非常奇特的人。

五、排灣族美食

「地瓜花生湯」：排灣族平時的三餐多半以小米、地瓜為主，變化不大，僅「賓那魯粿」湯品獨樹一格。族人吃的小米，一般放入「山及」、「沙魯迷」兩種野菜，一起食用。菜葉雖有些苦味，和小米合起來嚼，風味迴異。地瓜的料理方式十分簡單，削皮洗淨後，以水煮，或者切成塊狀，再將花生米打碎放入一起煮成湯，是相當可口的一道湯品，族人稱為「賓那魯粿」。排灣族也製作「阿麥」，方式和魯凱族差不多，為喜慶的應景食物。在肉類的攝取上，從山上獵取的獸肉，獵人會留下排骨至頭部，切下後腿的一塊肉與三分之一的肝臟送給頭目，其餘由參與狩獵的族人均分。習慣上，排灣族料理肉類食物也有煮湯、火烤、炒等方式，不過佐料都僅以山薑調配。魚類方面，大部分是從溪裡捉「高鯥　魚」和稱為「慕勞」、「衣里」的溪魚，煮湯或火烤兩相宜，現代人炸「慕勞」魚的方式，更符合口腹之慾。（註十七）

「飛鼠肉」：曾經是排灣族山地美食的「格拉飛」（飛鼠肉），魯凱族稱為「拉帕勒」，近來逐漸受到一般社會的歡迎，老饕們更是趨之若鶩。「格拉飛」昔日是台東縣金峰、達仁、大武一帶排灣族人的美味佳

餌，族人通常利用夜間捕捉，主要係因為「格拉飛」飛鼠有一張翅膀，來去自如，族人利用網或陷阱，加上夜間的燈光，才容易捉。捉來之後的「格拉飛」，用途很多，皮毛施以處理曝曬後，可以變賣，甚至連內臟腸子都可以食用。族人的烹飪方式是飛鼠肉加薑絲煮湯，味道與肉質絕對不同

▲ 蝸牛──排灣族人的食物之一 /
田哲益提供

於豬肉、雞肉，質地細膩、　度大。內臟及腸子通常用瓦沙米調拌，吃的時候愈辣、愈熱、愈過癮。據說，這種辛辣的「格拉飛」，吃了身強體壯，是以往排灣族獵人的最佳補品。現今，排灣族人翻新花樣，包括以煮排骨湯等方式調理「格拉飛」、頗符合現代口味，普遍受到歡迎。（註十八）

「阿辣」：東台灣排灣族人有一種沿用已久的食物，即製作方便實用的「阿辣」，雖然口味不是十分獨特，卻是標準的濃縮乾糧。「阿辣」是排灣族語，製作手續是從山上採回芋頭，然後在家裡搭上竹架，以慢火烤乾，烤過之後的芋頭，形狀會比原來的縮小甚多，形成芋頭乾。族人把這類芋頭乾「阿辣」加以收藏，平時並不食用，都當成乾糧儲存，之後給遠行或進入深山打獵的人備用，可以減輕隨身攜帶的重量。深山沒有其他食物，通常在工寮內拿出簡單的鍋具，把「阿辣」放入，以清水煮過，「阿辣」會自然膨脹，族人和著野菜一起食用，可以粗飽，果腹效果十分良好。獵來的獸肉，排灣族人也有一套處理方式，除了留下腿肉部分外，其餘分別給親友或族人，大家一起喝酒慶祝。時下，排灣族人仍然偏好芋頭，老一輩族人對「阿辣」的製作更是情有獨鍾，可以藉此緬懷往日攜帶「阿辣」上山，縱橫山林的豪氣。這一類往昔經常可見的食物，現在已不再是主食，僅是菜色變化上的一種調配食物罷了。（註十九）

　　為了應付數日出門在外的狩獵生活，排灣族人發明了適合長期攜帶的「阿剌」（ala）。族人把芋頭用火烤乾，成為不容易腐壞的芋頭乾，隨身攜帶非常的方便，用餐的時候只要把阿剌放到水裡煮，阿剌遇水會膨脹起來，再加上採集來的野菜，捕獵到的獸肉，就可以變成一頓豐富又營養的大餐。一直到現在，阿剌都還是排灣族人出門在外的乾糧呢！（註二十）

　　「芋頭粽」（chinafu）：是排灣族的傳統食物，相當於漢族的肉粽。是以月桃葉為外包葉，內襯以酸醬菜葉。而餡則是以豬肉混合糯米及搗碎的芋頭乾攪拌而成。餡鋪好之後，將之綁成長條的形狀，待放入水裡煮幾小時後，美味的 chinafu 就能出鍋享用了。（註二一）

六、排灣族的嗜好物

　　排灣族人嗜吃檳榔，關於檳榔，有一則淒美的傳說，是兄弟倆同時愛上一個少女的殉情記，征帆〈檳榔殉情記〉載：（註二二）

　　　　很久以前有兩個排灣族的山地兒郎，兄弟倆不約而同的愛上了一個少女，到了有一天，當做弟弟的知道了他的哥哥也深愛著她，為了成全哥哥，便碰撞山岩而死，死後遺體凝結而成灰石。當做哥哥的知道弟弟為了割愛，竟然犧牲自己，手足情深在悲慟之下，也自殺在弟弟遺屍處，後來在屍體幻滅後，那地方長出了檳榔樹。而那嬌美純真的少女，傷心兩兄弟為她殉情，在一個淒涼的落山風雨的黃昏，也自盡在他們身邊，在那地方後來長出了荖菝藤，這菝藤，慢慢成長，攀上那灰岩石，纏上了檳榔樹。幾年後，落山風初起，他們愛情的花在檳榔樹上綻放了，那濃郁的芬芳，就像少女當年的髮香，飄散在那憂鬱的山谷，花謝子結，竟逾百顆，就這樣百子千孫，在山谷裡，瓜瓞綿延，到如今山谷裡盡是成群叢落的檳榔林。而當時他們的族人，在無意間把荖葉、檳榔、灰石混在一起咀嚼，

竟吐出了如血一般的紅汁，他們便以為那是三人的鮮血，從此男女婚嫁便要以這三樣作為聘禮，一方面象徵百子千孫，一方面也是寄望新人要情愛堅定，天長地久。就這樣，吃檳榔就成為排灣族人的習慣。

本則故事非常感人，一對手足情深的兄弟，同時愛上一位美麗的少女，兩兄弟以及他們所愛的少女都殉情而死，他們死在一起，結成檳榔、石灰與荖葉，結實纍纍。後來排灣族人便以檳榔作為結婚的聘禮，象徵百子千孫，寄望新人情愛堅定。

《原語による台灣高砂族傳說集》，小川尚義、淺井惠倫著（昭和十年），余萬居譯：（註二三）

　　古有（一女，名）cupucupu，口銜 dipopon 和 aloviculatan 到汲水場去。這時（她）把口銜之物連同唾液吐在汲水場。又，未幾，檳榔樹從唾液裡發芽出來。而，那檳榔樹長高，結了果實，cupucupu 於是摘取其果嚼之。（有一次）cupucupu 到男友家去玩，可是（男友不在而）家中亂糟糟，cupucupu 於是打掃打掃，做好了嚼檳榔的準備之後回家去。男友回來見之，說：「什麼嘛？是誰打掃我的家？我就躲起來等著吧！」就躲了起來。未幾，cpucupu 又來了。據傳，男友於是收之為妻。（今日之）所以有檳榔，是因此之故。

本傳說故事謂，有一位女子叫 cupucupu 者，口銜 dipopon 和 aloviculatan 到汲水場去，連同唾液吐在汲水場。沒有多久，檳榔樹從唾液裡發芽出來，漸漸長高結果，cupucupu 於是摘取其果嚼之。

cupucupu 至男友家，男友不在，便幫他打掃整理家，且準備了檳榔。後來男友收之為妻，檳榔就是傳情的媒介。

按排灣族人結婚，要準備很多檳榔以招待貴賓，至今還是如此。

陳千武譯述《台灣原住民的母語傳說》載內文社傳說：（註二四）

　　古早，有個叫白克白的女人，把迪波本樹和洛久旦樹，投進

嘴裡咬。在汲水場，把咬的東西和唾液吐在路邊。從她的唾液，竟長出檳榔樹。檳榔樹長大而結果，臼克臼就常摘果實來咬。有一天臼克臼去男朋友家，但男朋友不在。她看家裡很亂，就把家裡打掃、整頓的很乾淨，也放咬檳榔的設備，之後回家去。男人回來，看家裡被整頓的很乾淨，覺得驚訝。於是，男人想探索究竟是誰來打掃，就躲藏著。他發現臼克臼咬著檳榔來打掃，很高興就娶她為妻。因而吃檳榔的習慣，就流傳下來。

本則傳說故事與上則相似，本故事中的臼克臼女子，都是咬著檳榔前來打掃男朋友的家，他的男友很高興就娶她為妻。因而吃檳榔的習慣，就流傳下來。

註釋

註一：內政部委託台灣大學人類學系研究《台灣山胞各族傳統神話故事與傳說文獻編纂研究》，1994年4月30日。

註二：林道生《台灣原住民族口傳文學選集》，花蓮縣立文化中心，1996年6月。

註三：同註一。

註四：同註一。

註五：同註一。

註六：陳千武譯述《台灣原住民的母語傳說》，台北，台原出版社，1994年5月。

註七：同註一。

註八：同註一。

註九：同註二。

註十：同註一。

註十一：吳燕和《台東太麻里溪流域的東排灣人》，台灣南港，中央研究院民族學研究所，民族學研究所資料彙編，第7期，1993年4月。

註十二：同註一。

註十三：同註一。

註十四：同註一。

註十五：同註六。

註十六：同註一。

註十七：林建成《後山原住民之歌》，台北，玉山社出版公司，1996年10月。

註十八：同註十七。

註十九：同註十七。

註二十：高雄縣桃源鄉公所《桃源鄉鄉誌期末報告》，國立高雄應用科技大學，2003年。

註二一：吳綺容〈造訪七佳村〉，《再生的土地》，台北，常民文化，1998年1月。

註二二：征帆〈檳榔殉情記〉。

註二三：同註一。

註二四：同註六。

排灣族婚姻
口傳文學

第十五章

▲ 北葉村婚禮圍舞／田哲益提供

「雙系世系群」存在於排灣族社會制度之中。他們是以貴族世家為中心的雙系群社會，這種制度度很像中國古時宗法社會的組織，也就是以一個古老的貴族家系為大宗，由不分男女的長嗣來繼承家系之法則。而庶子婚後分出小宗，到了第四次分出，即失去貴族地位而降為平民階級。他們的近親禁婚規則只適用於祖親之間，曾祖親之後就可以通婚，並以同族互婚來維持其貴族系統。（註一）

排灣族是雙重階級所構成的社會，他們的貴族，為了維繫家世，則行階級婚姻，也就是貴族互婚，很少發生貴族與平民通婚的情形。但貴族到了第三代後降為平民的子女與貴族階級通婚是例外，因為降為平民的第三代仍有貴族血統，所以即使嫁給貴族，並不影響貴族階級的家世尊嚴。同時正妻之外他們還可以設旁室納妾。（註二）

一、排灣族太陽神子創世婚傳說故事

排灣族人有太陽神子創世婚的傳說故事：

傳說遠古時代，太陽神在大武山山頂上有一棟白色小石屋的陶壺中，產下了兩顆蛋，後來這兩顆蛋孵化成一對男女，這一對男女結為夫妻，他們的子孫在靈犬的帶領下，向大武山的四周出發，尋找新的天地來建立家園，這就是排灣族的由來。

本則傳說故事謂，排灣族的祖先起源於太陽產下的兩顆蛋，孵化成一對男女後，成婚繁殖人類。

後來，他們的子孫在靈犬的帶領下，向大武山的四周出發，尋找新的天地，在各地建立了新的家園。

《民族所集刊》，引自《排灣族信仰體系》，許世珍：（註三）

　　太古，天降 adao 於本社，生下兩枚蛋，蛋孵化出生一男一女，二人互婚移住 dziadziurutay，生下男孩。……

本則傳說故事謂，太陽神 adao 生下兩枚蛋孵化出生一男一女，二人互婚生子，人類繁衍。

二、排灣族兄妹創世婚傳說故事

林道生《台灣原住民族口傳文學選集》載大鳥萬社〈洪水〉：（註四）

　　有一次，大地起了大洪水。許多的山都由於雨水太大泥土被雨水沖失而崩塌。大鳥萬社（註：在台東）的兄妹二個人也被大洪水沖走。但是很幸運地他們捉到了拉戛戛斯草（lagagaz）才救了命。……兄妹二人長大成人，可是找不到可以嫁娶的人。有一天，哥哥說：「妹妹你也該嫁了，而我也該娶了！可是我們又從來沒有見過有其他的人。我們該怎麼辦才好呢？」妹妹想了想說：「哥哥！那只好由你娶我了！」兄妹兩人從此成了夫妻。

本則台東大鳥萬社傳說故事敘述，洪水氾濫後，人類僅存兄妹兩人。兄妹長大後，根本就找不到可以互相嫁娶的人，因此只好兄妹成婚，繼續創生人類。

《邊政學報》，《台灣文獻》，引自《排灣族信仰體系》，龍寶麒：（註五）

　　排灣族的祖先為一對住在大武山的兄妹，當時尚無其他人類的出現，為了繁殖人類，他們兄妹二人結成夫婦。……

本則傳說故事謂，排灣族最初的祖先是住在大武山的一對兄妹，因為當時並沒有其他人類，於是他們兄妹二人結成夫婦，繁殖人類。

內政部委託台灣大學人類學系研究《台灣山胞各族傳統神話故事與傳說文獻編纂研究》載：(註六)

> taririku 社與 katsurin 社祖先的起源是在大武山 porucchi 的地方，從天降下來黃色與青色的蛋，黃蛋出生男子名叫 rumuji，青蛋出生女子名叫 gilin，兄妹長大成為夫妻生出兒女。……

本則傳說故事敘述的是天降下兩個蛋孵出一對兄妹，兄妹長大了，結成為夫妻，開始生育兒女。

三、排灣族頭目婚姻傳說故事

排灣族人因為有社會階級之分，因此施行階級內婚制。

排灣族人的婚禮，並不光只是小倆口的事，而幾乎是全村全族的總動員。如果是頭目的婚禮，更是場面盛大，酒肉不斷，全族老少醉舞數目。(註七)

《人類學雜誌》，引自《排灣族信仰體系》，佐山融吉著（1940），余萬居譯：(註八)

> 頭目乃蛇的後裔，在正式娶妻之前，可以同時有好幾個情婦，在每晚輪流去往訪那些情婦。而頭目的心理狀況，以「七頭蛇」或「八頭蛇」稱之似乎最為恰當。當他正式結婚後，他的情婦們就會與他斷絕關係，紛紛嫁給社內壯丁。

頭目因為是貴族，又是族人崇拜的蛇的後裔，所以其在婚姻上有著特權。頭目在正式明媒正娶之前，可以同時有好幾個情婦，甚至有七、八個情婦者，頭目可以在每天晚上輪流去訪問那些情婦。當頭目正式結婚後，與他交往的情婦亦各自婚嫁，而與頭目斷絕關係。

四、排灣族婚姻傳說故事

《人類學雜誌》，引自《排灣族信仰體系》，森丑之助著（1915），黃耀榮譯：（註九）

> 古時，某處有一對母女一起過日子。一天，母親要女兒到旱田去除草。少女中途被繁茂的咬人狗毒草困住了，而不能再前進，遂向神祈禱。結果，其林分裂且路自通，再行走數丁（一丁為約 109 公尺）即有住屋，庭院中有隻狗搖尾示意少女入屋內，在狗的指引下，少女在屋內做炊食，之後在寢室內躺了下來，那狗就叫來寢具覆蓋在少女身上。少女在對這一切仍感到不解時，忽有二兄弟牽著許多狗狩獵回來，弟弟見少女睡在床上，覺得很納悶，在得知事情原委之後，乃鼓勵哥哥與少女成親，後來，兩人便成親而結為夫妻了。

本則傳說故事敘述的是少女到旱田去除草，途中被咬人狗毒草困住而不能再前進，遂祈禱而使樹林分裂且路自通至一神秘的住屋。

少女到了這間神秘的住屋，一切都是由狗示意其行事，首先庭院中的狗示意少女入屋內；進入屋內之後，狗指引少女在屋內做炊食；之後，狗示意少女在寢室內躺了下來，那狗就叫來寢具覆蓋在少女身上。

不久，少女看見二兄弟牽著許多狗狩獵回來，弟弟乃鼓勵哥哥與少女成親，後來，兩人便成親結為夫妻。

《生蕃傳說集》，佐山融吉、大西吉壽著（大正十二年），余萬居譯：（註十）

> 古有一人，名 sauraruyan，有一次外出遇見一美女，旋即帶著檳榔去訪問女家。女母出來招呼他，遞檳榔給他，他未接受，待女兒出來遞給他後，他才接受，至此，他才知美女名為 satsyoko。他把他自己帶來的檳榔遞給美女，她拒之，因為先前他沒有接受女母的檳榔，使其母難堪，他無奈，只好把檳榔

掛在 kaburugan 上，告辭回家。通了五天，他重訪美女，她把頭髮梳得很美，他出其不意地親了親美女的秀髮。同一時期，另一個 sakabaruan 家亦有一個美女，名為 saurarui，社人們常談論她與 satsyoko 兩人到底誰漂亮，saurarui 好強，欲與 satsyoko 比個高低，便請 satsyoko 至她家，二美人在屋前院子裡跳舞，青年 sauraruyan 情不自禁，當場摟住 satsyoko，satsyoko 掙開直走出去，青年緊跟其後。sakabaruan 家的人大感失望及嫉妒。走在路上，satsyok 突然想起斗笠仍在 sakabaruan 家，於是請青年幫她拿回。之後，青年又緊跟著她，經過海邊時，satsyok 突然跳進水中，直游出海，青年欲追但追不著。satsyoko 在海面上，將斗笠變成房子，將 sauraruyan 送她的檳榔變成蟲子。蟲子從海面上飛至青年家的屋簷上停下來，青年知道是心愛人的紀念物，就好好將蟲子結在頭巾的端穗上。後來穗子斷落，蟲子飛回 satsyoko 那裡，她因而得知青年之一切。於是，她把蟲子變成人，讓那人到青年家去，蟲人發現自己與 sauraruyan 長得很像，便認為眼前之人必是己父，而海上之人必是己母，故速返回海上，開始拔起屋頂茅草搬到陸地上去，終於 satsyoko 也搬到陸上去，而 sauraruyan 也終贏得嬌妻。

本則傳說故事敘述，一青年名 sauraruyan，一心一意愛著美女 satsyoko，最後終於贏得嬌妻。

五、排灣族騙婚記傳說故事

《生蕃傳說集》，佐山融吉、大西吉壽著（大正十二年），余萬居譯：（註十一）

古有一老人，名 boruborun。此翁不富，但養有一頭肥豬。有個名為 maruraba 者之女，垂涎其豬日久。一日遂嬌聲要老翁殺豬請她吃，老翁竟心萌戀情，立允其求。少女把豬肉搬

入屋裡烹煮，要老翁在外面等候，結果，少女把整隻豬的肉都吃光了，並捉來一隻蝨子，吩咐牠應付老頭，不論老頭問牠什麼，一律回答「嗯。」之後，少女便溜走了。老翁在外面等急了，遂入屋去，只見一隻蝨子，少女已不見了，他氣紅了臉，立往少女可能逃離的方向衝。少女涉水，將抵彼岸時，老翁趕至此岸。少女放尿河中，一躍上岸，頓時河水沸騰氾濫，老翁望水興嘆。少女仍不放過他，予以言語刺激，老翁氣憤之餘，以其陽物猛戳路邊大石，瞬時火花四濺，白煙濛濛，被他戳成一個大洞。但老翁尚未息怒，還放出很多蜂來螫人，使全社人痛苦不堪。

本則傳說故事敘述，有一老人養有一頭肥豬，有一女子嬌柔作狀要老翁殺豬請她吃，老翁自作多情竟萌戀情，而答應女子的要求。

女子把豬肉搬入屋裡烹煮，要老頭子在外面等候。少女把整隻豬吃光便溜走了，老頭子非常氣憤，但也無可奈何了，只怪自己為「色」所害，還放出很多蜂來螫人，使全社人痛苦不堪。真是「害人又害己」。

六、排灣族通婚

李嘉鑫〈德文部落歷史漫步〉載：(註十二)

　　如果就人種來看，德文四社的祖先其實都來自霧台鄉的魯凱族。只因為排灣、魯凱兩族都是貴族世襲的階級社會，不僅非嫡系的貴族深恐三代後淪為平民，而不惜入贅外社外族的頭目或貴族家，就連平民也競相透過婚姻來提高社會階級，進而擠身貴族之林。尤其排灣族是長嗣繼承制度，不管男女只要是長子(女)都可繼承家業，和魯凱族只能以長男繼承的制度不同，所以魯凱族頭目家的次子以後，入贅排灣族女頭目而成為

「王后」的情況並不稀奇，而也就是這樣的通婚，讓這座血緣兼有魯凱與排灣的部落，在族群歸屬上變成排灣族。

德文村由相助巷（魯凱族）、德文、上排灣、下排灣組成。德文四社是約近二百年前才出現移民的村落，從霧台度過隘寮北溪抵此建立家園。

七、排灣族女人村傳說故事

陳千武《台灣原住民的母語傳說》：（註十三）

喬拜拜部落的人，都是女人，沒有男人。有一次，女人們互相商量說：「我們應該生孩子。」於是大家就到山上去，背著山溪，露出屁股俯伏下來，讓風吹進去。就這樣她們懷孕，生了孩子。可是生出來的都是女人，而且都是殘障、不健康。因此，她們就再次到山上去俯伏。剛好，有喬扎扎的勇士們來到那兒狩獵，從樹林間看到女人們露出豐滿的屁股，排成一列在那兒。「為什麼女人們那樣露出屁股俯伏著呢？」男人勇士們很同情，便去安慰她們，然而女人們都很喜歡男人，抓住他們就不放了。這一次都生了男孩子。這個社裡的人口才增加起來。

本則是女人村女人們感風而孕的傳說故事，但是「生出來的都是女人，而且都是殘障、不健康」。

喬扎扎的男子剛好到那兒狩獵，看到女人們露出豐滿的屁股感風而孕，便去安慰她們，她們把握這次機會，都生下了男孩子，這個女人村的人口才增加了起來。

《原語による台灣高砂族傳說集》，小川尚義、淺井惠倫著（昭和十年），余萬居譯：（註十四）

那 scaovabivabi 社的人都是女人而沒有男人。所以說：「我們很想生孩子！」而上了山，俯伏著！使風吹進，這就懷了孕，生了孩子。可是（所生者）皆為女嬰，皆為殘障者，都不

健康。於是（她們）再度上山，俯伏著。這時恰有 scaozajaja 社的的人來打獵，上樹觀眺，女人們正俯伏著。男人們見之，說：「女人為什麼那樣做呢？」所以去探望（女人們），可是，女人仍喜歡男人，捉之，交媾。自此，生了男孩。傳說中說，該社人口於是因而增加。

傳說 scaovabivabi 社的人都是女人，他們也照樣可以懷孕，就是讓風吹拂下體即可受孕生子，可是都是生下女嬰，而且都是殘障。但是，女人還是喜歡男人，會捉之，並交媾。

八、排灣族近親婚神罰傳說故事

〈台灣土著の口碑〉，《東京人類學會雜誌》，伊能生著；劉佳麗譯：（註十五）

> 從前，一場強烈的大地震，人類悉數罹難，僅一對兄妹倖免於難。於是兩兄妹結婚生子、但所生子女皆不健全，後來與異族通婚，再也沒有產下不健的孩子。

很古老的時代，排灣族人就知道了優生學的觀念，知道近親婚的不良影響。

《邊政學報》，《台灣文獻》，引自《排灣族信仰體系》，龍寶麒：（註十六）

> 排灣族的祖先為一對住在大武山的兄妹，當時尚無其他人類的出現，為了繁殖人類，他們兄妹二人結成夫婦。但天神為處罰其亂倫的婚姻，他們第一代至第三代的孩子，都是畸型兒，直至第四代時方為完整的人。故現在排灣族有四親之內禁婚的倫理觀念。

排灣族人經歷兄妹近親結婚慘痛的結果，為生育優良的後代，最後發展出四親之內禁婚的倫理道德。

從本傳說故事所述，排灣族的初祖是住在大武山上的一對兄妹，當

時根本沒有其他人類，因此兄妹成婚也是情有可原的。否則就不會有所謂的「人類」的傳承了。

李嘉鑫〈陶壺女嬰與蛇神生子〉：(註十七)

> 古樓地區，最早的時候，由於因為人口不多，因此只好近親結婚，而生下小孩的生殖器，長在腳底，隨後所生下孩子的生殖器，一代一代慢慢往上移，最後就變成現在正常的樣子了。

本則傳說故事謂，近親結婚所生的小孩會發育不正常，本則故事以人類生殖器的生長位置不正常，說明近親結婚的不利結果。

九、鼻笛求愛與互贈門牙

范純甫主編《原住民傳說（下）》載：(註十八)

> 原住民少女到了結婚的年齡，父母就讓她另室別住。她在一天勞動之餘，梳洗打扮一新。夜幕降臨，皓月明星，橋影花下，小伙子用自製的鼻簫或口琴，吹奏著傾訴衷腸的曲子，悠遊於昵新住室之外。如果那求愛的樂曲能打動姑娘的心，那麼，她就用口琴和小伙子相唱和。之後，或逕直把他請進住室，或到外面，與那小伙子談情說愛。姑娘與小伙子經過一段熱戀之後，就訂下了終身大事。同時，他們還有種奇特的表達海誓山盟的方式，姑娘要忍痛拔下自己的兩顆側門牙送給小伙子，小伙子同樣要拔下自己的兩顆牙齒還贈給姑娘。彼此珍藏，取痛癢相關之意，表示願結終身之好。這種鑿齒訂婚習俗，早在三國時代就有記述，直至流傳到今天，在原住民一些地區仍有保留。

鼻笛和口琴是排灣族的特殊樂器，可以當成追求異性的媒介。熱戀中男女，為了表達海誓山盟，男女都會忍痛拔下二顆牙齒送給對方，表示願結終身之好。

十、排灣族婚禮實例

　　東排灣族婚禮稱之為「巴布要」，婚禮首先以歌舞歡迎貴客，族人身穿傳統服飾，跳著迎賓舞「若馬樣」、「日嘛依樣」等，隨後圍成圓圈，以長茅刺球，表示習俗傳承。新人福證儀式，排灣族是以最高的祝福「馬沙露」為新人永浴愛河，接著兩人共飲「交杯酒」，象徵今後將一起相互扶持，同甘共苦。新郎在傳統婚禮尚未結束時，不能抱新娘，也不能有親密的舉動，此時伴郎及伴娘必須協助進行「什莫乏累」，是一種背新娘的儀式，新娘必須小心謹慎地爬上新郎的背上，且不能讓身體有過多碰觸在新郎身上的機會。新郎再以繞場一週的方式來證明自己已有能力保護新娘，該行為是一種體力的考驗，通過後才能正式將新婚妻子帶回家。（註十九）

《台灣省通志‧同胄志》：

　　排灣族於結婚當日，社內青年男女聚集女家歌舞。當夜新娘由女友陪同到頭目家，拭淚訴稱將失去清淨之身為人妻。而當新郎發現新娘欲吻之，新娘即與同伴逃避於親戚家，或友人欲吻之，新娘即與同伴逃避於親戚家或友人家，甚至避於山中。新郎偕友人尋得後，由友人背新娘往女家。此時新娘須大聲哭泣，並作掙扎，從此與婚前曾有往來之男友斷絕交往。新郎於翌日之夜，再赴女家作親近新娘動作，新娘驚逃，男方友人再尋得後背返女家，如此前後三次，第四夜女母以藤蔓縫於新娘卷上，使女與婿同衾，新郎以刀斷藤條，乃結成夫妻。翌日，男家會同媒人，將聘禮送至女家，方將各種禮品分發親戚，受禮各人亦向男方贈送家具裝飾品。翌日新郎及親戚、媒人等偕同背負新娘之青年返男家，路中新娘哭啼不停，以衣拭淚。

　　垃瓦爾群的新娘：拉瓦爾群的女子，當她們獲知婚約的時候，就開始哀哭不已，到處逃匿躲藏。男家迎娶時，也必定與女家發生各種糾纏不清的爭鬥，然後好不容易把新娘找到了，使她蹲在地上，送還女

家。接著媒人會替這對要結婚的男女舉行「接鼻禮」，然後縫緊女褲，讓這對男女同衾共寢，新郎卻不得將緊縫的女褲解開，一親芳澤。到了次日，才分發大螺錢給女儐相，由女儐相解開褲縫，新娘這才以身相許，這叫「密布爾」。另一種方式，則是男方將大螺錢或禮物分發給親戚後，新郎才進入洞房，使新娘手握鐵器，以身相許。這麼艱辛的結婚，無非顯示排灣族人對婚姻這個繁衍種族的大事的尊重，並使這對新婚男女珍惜得來不易的愛情，能夠同甘共苦的生活在一起，這些古老的習禮，以及所蘊含著處處對生命尊敬的意義，隨著在商品世界中日益萎靡的山地社會，漸漸地被年輕的一代有意或無意的淡忘了。（註二十）

十一、排灣族婚前教育

　　走在排灣和魯凱族部落，還可以看見以一節節木頭，整整齊齊疊高堆起一座塔狀，豎立在住宅門前，像一座牌場，又像某種信物。族人稱此為「包固」，以四根竹子架成四方形當基礎，往上豎立，然後將砍齊的相思木頭一節節堆高，比較特殊的是，在竹子的頂端還綁著一把刀或者竹葉等物品，遠遠望去十分明顯易見。疊「包固」是往昔排灣族人婚前教育的一種方式，男族人要向女方下聘前，男方家長必須上山砍相思木，再砍成一截截短木頭，配合其他聘禮。男方到達後，把相思木疊在女方家門前，作成「包固」。「包固」疊得愈高，表示雙方家庭在部落中頗具威儀，至於竹子上頭綁的刀械，象徵男方從此必須悍衛家庭，顯示男族人成家立業的用意。另外，在魯凱族人習俗中，「包固」還當成雙方結盟的重要信物，舉行這項儀式，一般都選擇在頭目家中，同樣在屋旁疊起「包固」，象徵著情誼永固。（註二一）

十二、排灣族愛情歌謠

排灣族歌謠〈I ro sian oi mu〉（註二二）

　　Pa li vu lung 家的女孩呀！

　　li vu li wan 家的男孩

　　他們正在熱烈地戀愛

　　哎呀呀！

　　Se lau lauze 家的男孩呀！

　　也追求過 Pa li vu lung

▲ 排灣族揹新娘圖像／田哲益提供

　　哎呀呀！

　　他們真是相配又相親相愛

排灣族近代歌謠〈奈何〉（註二三）

　　無奈又奈何

　　明明是你辜負了我

　　天長地久你曾說過

　　現在又為甚麼不可

　　流水無情不好過

　　從此請你忘記我

　　無奈又奈何

排灣族現代歌謠〈無奈的心聲〉（註二四）

　　一部部小包車迎面來

　　我親愛的小妹將離開

　　祝你新婚生活有光彩

城市生活如果合不來

害起相思就趕快離開

我在馬兒村等你歸來

排灣族現代歌謠〈心上人嫁給老兵〉（註二五）

啊！啊！

好妹妹呀！妳是我的心

為甚麼要嫁給芋仔老兵

而且是祖父級的老榮民

好妹妹呀！妳是我的心

記得要常常回來敘舊情

我們都是一樣的原住民

啊！啊！

今天晚上的天氣真無情

只好去喝白米酒散我心

排灣族男女互訴情衷歌謠（註二六）

我對你的思念，你可知道？

你媽會以多少琉璃珠要求我們當聘禮呢？

我媽可能要求一籃子的聘禮。

山中的香草很少人摘得到。

註釋

註一：高淵源《台灣高山族》，台北，
香草山出版公司，1977年2月。

註二：同註一。

註三：內政部委託台灣大學人類學系研
究《台灣山胞各族傳統神話故事與傳說
文獻編纂研究》，1994年4月30日。

註四：林道生《台灣原住民族口傳文學
選集》，花蓮縣立文化中心，1996年6
月。

註五：同註三。

註六：同註三。

註七：洪田浚《台灣原住民籲天錄》，
台北，台原出版社，1995年5月。

註八：同註三。

註九：同註三。

註十：同註三。

註十一：同註三。

註十二：李嘉鑫〈德文部落歷史漫
步〉，《中國時報》，1999年4月2日。

註十三：陳千武譯述《台灣原住民的母
語傳說》，台北，台原出版社，1994年
5月。

註十四：同註三。

註十五：同註三。

註十六：同註三。

註十七：李嘉鑫〈陶壺女嬰與蛇神生
子〉，《中國時報》，1998年。

註十八：范純甫主編《原住民傳說
（下）》，台北，華嚴出版社，1998年4
月。

註十九：林建成《後山原住民之歌》，
台北，玉山社出版公司，1996年10
月。

註二十：同註七。

註二一：同註十九。

註二二：同註四。

註二三：同註四。

註二四：同註四。

註二五：同註四。

註二六：廖秋吉《排灣族傳統歌謠：來
義鄉古樓村古老歌謠》。

排灣族懷孕與生育口傳文學

第十六章

　　排灣族均希望多生子女，而尤重長子，無論男女，頭胎都稱為Vusam，意即長子，別於餘子。在承繼制度上，長子占有極優越的地位。在婚姻制度上，他們兼行入贅制及嫁娶制。過去曾經是重女輕男，後來早已改為男女地位一樣。（註一）

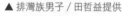
▲ 排灣族男子／田哲益提供　　▲ 排灣族女子／田哲益提供

一、排灣族懷孕與生育觀

　　在排灣人的神靈觀念中，認為許多事都由不同的神掌管，屬多神靈的信仰。關於生育子女，即有神靈所賜的說法，有的地方說由神 cukas 所賜，他是掌理生育和保護嬰孩的神；也有的地方說是由生命的創造神 nakmati 及祖先 mandevu 所賜，當生育之時一切的禱告，即以此類神為對象。他們認為月經中斷，即為懷孕的開始，至次月月經預定日為一個月，都是不算日，而只是算月，以每個月月亮的盈虛來推算，這是很古老而簡便的法子。懷孕至四個月時，感覺肚中有小東西在動。五

個月時，若所懷為男嬰，則覺右邊肚子變硬；若為女嬰，則左邊肚子變硬，六個月至八個月時，胎動逐漸增加，至九個月或十個月時，便要生產。他們又認為懷孕可於夢中預知，如夢見夫之兄弟與自己開玩笑，則表示已懷孕。夢中又可預知嬰孩性別，如夢見 iykuil，為一種似胡瓜的植物，或大蛇，則將生男嬰；如夢見 kokua，也是一種植物，或金屬首飾，或小蛇，則將生女嬰。如夢見殺蛇，或食瓜，則表示所生嬰孩會死去。懷孕以後，孕婦在各方面都要注意，例如在工作方面，從事輕便工作，在食物方面，吃較富營養的食物，如魚、雞、蛋、豬肉、白菜、蚌類等；在衣服方面，著寬大的衣服。（註二）

二、排灣族婦女生產

當要生產時，孕婦自覺背部及肚子都動，就由家人立即請女巫來家祈禱，稱 smutyilok。女巫手執一小刀及豬肉，面對著孕婦向右舞動，同時念道：「壞的一切，不要到這孕婦身上來！」此時全家人都要在場，休息和看守，不出外工作。除請巫師外，還請一位有接生經驗的老婦來家幫助，產後由家人殺豬設宴。款待女巫及接生老婦，作為酬勞。也有一切都由產婦自理，並不假別人之手的。現在也有不少是請當地衛生所內助產士用新法接生的。依舊法的生產，在靠近床的地上置一塊石頭，當作凳子用，令產婦蹲下，坐於石上，旁置水一盆，內置草藥，並準備麻繩、小刀或竹刀、稀飯、溫水等。在陣痛厲害時，一面令產婦喝些草藥水，一面由助產的老婦在背後緊抱產婦，為之助力。等嬰孩產下，即由老婦接抱，用鐵質小刀，或竹片刀，或石片等切斷嬰孩的臍帶。切斷前用麻繩綁之，也有不綁的。惟在切斷處，須於根部三寸之處，以豬油敷於切傷之處。切下的臍帶和胎衣，當即埋於屋內床下或其他密處。也有把臍帶和胎衣，放入竹籃中，高掛於門前樹上。剩下的一小節臍帶，約於四、五天左右自然脫落，臍眼須用煙灰塗之，並用小布片包好脫落的臍帶，放入房中牆內，或藏匿在屋樑與屋頂間的小空隙

處。凡是與生產有關的物品，均須妥為藏放，不可使鳥獸咬啄，否則會不利於嬰孩。生後臍帶切斷並處理好，仍由助產老婦為嬰孩用溫水洗身，用小布衣輕拭其右肩，此布用後也藏匿在屋內中樑與屋頂間的空隙之處。老婦又以布包好嬰孩，再由女巫祈禱，稱 sipapulialiak，以豬皮及豬骨為祭品，由女巫屋內外邊走邊念禱詞，大意為求神保佑此孩順利長成及母親多乳等，念時還將手裡的豬皮拋於地上。祈禱後始為嬰孩正式穿衣，同時先為嬰孩向附近乳母討乳餵之，須殺豬宴請乳母，乳母家較貧者，須經常濟以食物，等嬰孩長大成婚時，尚須多贈米糕及酒給乳母。產後的產婦，由家人為之按摩，先用一種稱 liuaruq 的植物放進水中煮成湯，使產婦用此湯沐浴，可有解除疲勞的作用。若產婦腹痛仍不停時，則打碎老薑後，放於腹上，便可痊癒。還有，產婦因生產而陰部受傷時，便不穿襯裙褲，使之直接坐於烈日下的熱石之上，也可速癒。過去在產後，產婦不久即起床，至多五、六天後，又照常工作，不會休息太久。近年來，較為富有之家的產婦，大多休息十天以上，也有一個月的。產後休息時間的長短，完全要視其家庭經濟狀況而異。（註三）

三、排灣族懷孕與生育傳說故事

吳燕和《台東太麻里溪流域的東排灣人》載「宇宙創生的次序」：（註四）

> 先有 pacala 神，其次生出漢人 pailang，最後才生出 paiwan 族人。

本則是 kalatalan 社之人類創生的次序說，認為宇宙大地先有 pacala 神，然後才有人類，而 paiwan 族人之生出晚於漢人 pailang。這是一則排灣族人對於人類生成的初步探討。

許功明、柯惠譯《排灣族古樓村的祭儀與文化》載人與女神生育的故事：（註五）

……drengerh 接著又向 lemej 表示說：「既然造物主指派你來，要我將所有關懷世間的事都交給你去執行。那麼，我們可以生下許多子女，讓他們長大後到各地去傳授造物主指示的祭儀方法。」說著，因為 lemej 不明白，她就用月桃蓆將 lemej 一起捲入，兩人很自然的就發生關係結為夫妻，共生下五女一男。當他們的子女長大後，即依女神之意：由 lemej 帶他們回到人間分散各處去傳授祭儀的方法。子女中，老大 lerem 留在古樓本部執行祭儀，是所有女巫師的鼻祖；老二 saverh 則到 pailus（白鷺）部落一帶去傳授祭儀的方式；老三 tjagarhaus 是惟一的男孩，為所有男祭師（parhakalai）的鼻祖，由於地位崇高，所以與神聖的大武山同名，並以其名作為五年祭時主祭投球男巫師的稱呼。老四 jengets 到東部 tjarhidrik（大谷）部落去傳授祭儀，是東部排灣族地區祭儀與巫術的創始者；老五 lian 是女巫師的助理，專門執行為清涼、潔淨、滋潤土地而作的潑水禮儀（lemaleger）。她到鄰近 tjalakavus（來義）部落去傳授祭儀，是來義一帶祭儀的創始者。

這是一則人（lemej，男，qamulil 家系創始者）與女神 drengerh 結為夫妻而生育子女的傳說故事，所有的子女都分散各地傳授各種祭儀的方法。

陳千武譯述《台灣原住民的母語傳說》克拉勞社傳說故事：（註六）

里拉斯社的布拉路揚，有一次跟社裡的人去狩獵，途中爬到一棵高大的樹上眺望馬卡老社那邊。看到一個叫白克克的女人，姿勢很美而心動了。他有意想去愛她，該怎麼辦？他想一想，拔出自己一支頭髮，讓風吹。頭髮飛到白克克那邊，被吸進她的懷裡去。白克克就因此懷孕了。妊娠僅五天，就生了叫克魯魯的男孩，社裡的人說：「沒有丈夫，怎能亂生孩子，使她懷孕的是誰？」經過調查，社裡都沒有那樣的男人。有人去找里拉斯社的布拉路揚來，因為他還在懷念白克克。布拉路揚來

了，那個孩子就說：「媽媽，你看，他就是我的父親。」社裡的人才知道孩子的父親。布拉路揚回去準備聘禮，他們便公開結成正式的夫妻。

本則傳說故事敘述，美女臼克克突然懷孕，而且五天就生下了孩子，原來是布拉路揚拔出自己一支頭髮，讓風吹。頭髮飛到臼克克那邊，被吸進她的懷裡而懷孕。

後來，孩子認出布拉路揚就是他的父親，布拉路揚回去準備聘禮，他們便公開結成正式的夫妻。

《生蕃傳說集》，佐山融吉、大西吉壽著（大正十二年），余萬居譯：（註七）

> 古時，kintopor 山上有個女人，叫 panarupihan。有一天，當地突然山崩，她差點墜崖而死，幸而及時抓住一叢 tatorin 草，在千鈞一髮之際挽回一命。然而，她卻因此懷孕生下一子。……

本則傳說故事敘述，kintopor 山上有個女人，叫 panarupihan，因為突然山崩地裂，她差一點墜落山崖而死，幸好她及時抓住了一叢叫 tatorin 的草，挽回了自己一命。可是經過了這一場驚心動魄的生死交關後，她卻因此懷孕生下了一個兒子。

吳燕和《台東太麻里溪流域的東排灣人》載：（註八）

> namati 高據在天上，明察世上萬事。他先讓嬰兒很小，以便生產時容易通過產道。待生產以後，他就用豬的右前腿骨擊打嬰兒，使嬰兒的四肢都加長一段，所以嬰兒才會長大。

據吳燕和云，namati 神是創造人類與動物神，假如沒有 namati，那麼行房事也是沒用的，只要多做好事，則 namati 多賜子孫。嬰兒從懷胎、生產，以至長大，都是 namati 的力量。

《原語による台灣高砂族傳說集》，小川尚義、淺井惠倫著（昭和十年），余萬居譯：（註九）

makazajazaja 社裡有（女）cukucuku，跟 kolilulilu 結了婚，生子 pulalulalujan。又，makalaulauz 社有（女）moakakai，跟 pulalulalujan（同名）結了婚，生女 cukucuku（同名）。Pulalulalujan 到 cukucuku 那裡去（未婚青年訪問少女建立交情），逗留三天後回 makazajazaja。pulalulalujan 的父母要媒人去問需多少聘金。對方說：「頭目的聘金豈有不同，100 元就 100 元，外加 10 元！」雙親同意了，婚期已定。於是他們便開始忙著採花（青年），做頭飾，老人們忙切肉。之後，他們便到 makalaulauz 去行婚禮。全社的人均到 makalaulauz 社附近的休息所。他們的槍號聲如打嗝兒般續響，社人們對 cukucuku 說，去外面看，makazaja 社的人來了。並向來者說：「你們走路來，渴了吧！被風吹了吧！來，把檳榔給你們！」來者應了。婚禮順利結束，三天了，makazajazaja 社人便回去了。pulalulalujan 在 makalaulauz 一年了，可是其妻，未生孩子。男方雙親又向媒人說，去告訴 pulalulalujan 把家裡的粟拿來。媒人去了，但看兩人感情很好，什麼也不敢說。父母向另一女要求，她去了，pulalulalujan 問為什麼，她說問題就出在他們沒有生小孩，所以要他們離婚。pulalulalujan 不肯，可是他還是回家去了一下，再到妻家。雖他沒告訴她實際情形，但 cukucuku，兩人一起哭了。kanavanaval 社人風聞 cukucuku 夫妻的憂傷，前來訪問（cukucuku）。pulalulalujan 要 cukucuku 出去迎接，而他和 cukucuku 則將永遠是兄妹。cukucuku 起先不肯，但 pulalulalujan 堅持，所以她還是出去了。他們依程序將 cukucuku 帶（娶）回去了。之後 pulalulalujan 返回 makazajazaja 去，第十天就死了，（請法師）問該葬何處，他附身說：「把我埋在社地東南端吧！」cukucuku 知道了，到 pulalulalujan 墳上祭拜，拜著拜著，他們兩人變成蝴蝶飛走了。然後他們去問太陽，為什

麼他們不生孩子，太陽各給一串項鍊，這成為我們（用第一人稱）生子的基礎。他們生了一子，kolilulilu，他到了人世，到makazajazaja社，他告訴他們他的祖母、祖父、母、父是誰，而終於定居其地。

本則故事值得注意的是「他們去問太陽，為什麼他們不生孩子，太陽各給一串項鍊，這成為我們（用第一人稱）生子的基礎」。

《原語による台灣高砂族傳說集》，小川尚義、淺井惠倫著（昭和十年），余萬居譯：（註十）

linasalas 社裡有個 pulalulalujan（男），makalaulauz 社裡有個 tukutuku（女）。（一天，pulalulalujan）向社人們說：「那麼，打獵去吧！」就去打獵。可是（途中）有棵大樹，pulalulalujan 就爬了上去，結果發現 makalaulauz 社那邊的 tukutuku，pulalulalujan 動了心。他想：「我該如何？」自拔一根頭髮，任風吹去，結果自然飛入 tukutuku 懷中。然後，tukutuku 壞了孕，五天就生了男孩 kolilulilu。（社人們）說：「無夫何故妄生子？是誰給她壞了孕？跟全社人商量吧！」（而加以調查，）可是（查）無。於是，他們把 pulalulalujan 叫來。然而，pulalulalujan 一來，（那孩子就說：）「妳看！媽媽！這是我生身之父。」自此社人們（也）說：「哦，原來他是真的父親！」於是（pulalulalujan）送了聘資（給女方），互成夫妻。

這是一則女子神奇懷孕的故事。

《原語による台灣高砂族傳說集》，小川尚義、淺井惠倫著（昭和十年），余萬居譯：（註十一）

據說，古時 taopili 家有 cimo 種人，會吃人。生了孩子的時候，如果不向 taopili 家報告而（為其）知悉孩子誕生時，cimo 就去補食孩子。而據傳是殺了人的時候也吃。他的家不在此一社內，而在吃人時，是在那兒片刻。

傳說 cimo 種人會吃人，部落有孩子誕生必須向 taopili 家報告，如果沒有報告，cimo 就會去補食孩子。

《原語による台灣高砂族傳說集》，小川尚義、淺井惠倫著（昭和十年），余萬居譯：（註十二）

> 曾有親子四人，可是，母親到田間去了，把三個孩子留下（屋子裡）。那時，母親說：「別打架。」才到田間去。可是，母親工作多，所以天很黑了（還沒有回家），孩子哭了。而，（有個）上部落（按：原譯上蕃）的人聽到了，說：「我去吃（他們）！」就去敲門，問孩子（們）說：「開吧！」可是（孩子們）沒有開。上部落的人想硬闖，可是（孩子們）依然不開。上部落的人謊稱：「我是你們的母親，讓我進屋去！」（孩子們）說：「如果你是母親，你就把手伸進這一個洞裡！」於是他真把手伸進來。見之，不是母親的手，於是，孩子們抓住（其手）垂懸，（手臂）欲斷。上部落的人怎麼拉也拉不回（其手），終於自斷手臂而逃。

這是一則機智的故事，孩子們很聰明，反抗了想要加害他們的敵人，成功的保全了自己。

四、排灣族生命儀式

排灣族人對於第一胎特別的重視，男方須準備嬰兒出生後用的毛毯及小米酒給女方，現在多以紅包代替，若生男孩，給這小孩的禮物必須要有長刀。生產後的第三天，巫師會為產婦舉行催奶的簡單儀式，好讓產婦有充分的奶水哺育新生兒。出生的一週內，必須幫新生兒命名，原則上以死去的近親祖先名為優先。當新生兒的臍帶脫落之後，嬰兒的父母與女方家的親戚，應帶著禮物到男方的祖家，向男方的親戚秉告喜獲麟兒的消息，這個簡單的儀式排灣族語稱為 patjumal。在嬰兒三個月大左右，要請巫師到家裡來為小孩舉行 seman vuruvurung 儀式，母親拿著

經過巫師祝禱過的樹枝，用一塊新布覆蓋著小孩的頭，將小孩抱到屋外給太陽看，請求神靈的祝福。因為族人認為在此之前，小孩子的魂尚未定型，其生命仍是屬於造物主的，等到舉行過這個儀式之後，這個嬰兒才正式成為一個「人」。（註十三）

註釋

註一：陳國鈞《台灣土著生育習俗》。

註二：同註一。

註三：同註一。

註四：吳燕和《台東太麻里溪流域的東排灣人》，台灣南港，中央研究院民族學研究所，民族學研究所資料彙編，第7期，1993年4月。

註五：許功明、柯惠譯《排灣族古樓村的祭儀與文化》，台北，稻鄉出版社，1998年9月。

註六：陳千武譯述《台灣原住民的母語傳說》，台北，台原出版社，1995年5月。

註七：內政部委託台灣大學人類學系研究《台灣山胞各族傳統神話故事與傳說文獻編纂研究》，1994年4月30日。

註八：同註四。

註九：同註七。

註十：同註七。

註十一：同註七。

註十二：同註七。

註十三：高雄縣桃源鄉公所《桃源鄉鄉誌期末報告》，國立高雄應用科技大學，2003年。

排灣族神的
情感世界口傳文學

第十七章

▲ 排灣族的樂器壁畫／田哲益提供

一、神的「愛」創造了人類

由於神的「愛」，創造了人類。吳燕和《台東太麻里溪流域的東排灣人》載：（註一）

namati 高據在天上，明察世上萬事。他先讓嬰兒很小，以便生產時容易通過產道。待生產以後，他就用豬的右前腿骨擊打嬰兒，使嬰兒的四肢都加長一段，所以嬰兒才會長大。

據吳燕和云，namati 神是創造人類與動物神，除了嬰兒從懷胎、生產，以至長大，都是 namati 的力量之外，本故事很有趣的就是神賜子，先讓嬰兒很小，以便生產時容易通過產道。產婦生下嬰兒後才讓嬰兒開始長大，「用豬的右前腿骨擊打嬰兒，使嬰兒的四肢都加長一段，所以嬰兒才會長大」。

二、神亦結婚也離婚

吳燕和《台東太麻里溪流域的東排灣人》載一則「神」結婚、離婚的故事，非常可愛有趣：（註二）

tiakalaus 是一擬人化的大神，他是專管「粟」，並司雷電的神。他住在大武山頂，土著稱某地為「至高至大的神居處」（tialiakutakutalan putsmasan）。平時若非專指，則 tiakalaus 一詞就代表該神與大武山兩個意思。salakumas（或稱 salakumai）是 tiakalaus 的妻子，她是專司 lumai（禾穀類的一種）的女神。她住在日出處的海上，與 salakumas 遙遙相望。他們兩人的婚姻關係很微妙，每年結婚一次後就離開了，年年重聚，因為 tiakalaus 對 lumai 很敏感，碰到就會得皮膚病，反之 salakumas 對於小米很厭惡，不能接觸小米。而兩人又專司此兩種穀類，

每當收穫時各人又必須參與其事,故引起分離。每年初春,小米與 lumai 要同時播種,此時兩神在一起相安無事。到了小米收穫的時候,salakumas 不喜歡小米味道,她覺得她快要得皮膚病了,於是就離開 tiakalaus 而回到海上。等小米收摘完畢(祭祀完了)以後 tiakalaus 就發出閃電與她談情,(人們常在此時看到海那邊的閃電)要想和她再結婚,但是又該收穫 lumai 了(lumai 在小米之後一個月收割),於是又不能結合。要一直等到兩種作物再播種之後,才能重聚。如此 salakumas 十分驕傲,她雖然只能跟 tiakalaus 半年相聚半年分離,但是在每年的結婚與離婚時,可收到高貴的聘禮與賠償的財物(如豬隻),於是她自己高興地歌唱「我多麼幸運呀!我每年結婚又離,可以不斷收禮。」

這是一則天上神祇 tiakalaus(男神,專司「粟」與「雷電」的神)、salakumas(女神,專司 lumai 禾穀之神)戀愛結婚、離婚的故事,橫生趣味,非常可愛。

女神 lumai 還對於每年談戀愛、結婚又離婚,週而復始的情形洋洋得意,因為她每年可以收到結婚高貴的聘禮,又會收到離婚之賠償財物,而且是年年如此。看來女神 lumai 還滿貪心的。

註釋

註一:吳燕和《台東太麻里溪流域的東排灣人》,台灣南港,中央研究院民族學研究所,民族學研究所資料彙編,第 7 期,1993 年 4 月。
註二:同註一。

排灣族人與
神及鬼的
情感世界口傳文學

第十八章

一、排灣族人與神的情感

許功明、柯惠譯《排灣族古樓村的祭儀與文化》載：（註一）

　　qamulil 家系繼承者的地位與職責在 girhing 世系中，傳統上就扮演舉足輕重的重要角色，除具二頭目身分外，更具有協助大頭目替其傳達執行命令，和負責頭目與平民間及對外的溝通任務。但除此而外，更重要的一點還是該家系至今引以為傲的，其家系創始者 lemej 與祭儀來源說法之密不可分的神聖關係，laerep（本故事報導人）本身也認為可能因為該家系具有祭儀的傳統，故連她在內，就一共出了十一位女巫師。祭儀來源之祖 lemej 藉著小米梗燃燒起的煙為橋梁，與冥界 tuarivu 的女神 drengerh 互通音訊，往來於人神兩界之間。他從 drengerh 處習得祭儀的方法，並將神界中的各種糧食、祭儀帶到人間來。並且，當 lemej 和 drengerh 兩人結為夫妻後，所生的子女都成為排灣族各地區男女巫師的鼻祖。……lemej 也去 tuarivu 觀看學習頭目結婚的禮儀程序。當太陽昇起時，準備將新娘揹到新郎家去，新娘哭著、掙扎著反抗，但仍強行的被揹離家屋。於離開的瞬間，屋頂上突鳴槍響三聲，同時刺殺一頭以有繡織巾覆蓋的小豬，獻祭太陽神。頃刻間，槍響、豬嚎、哭聲雜陳，亂哄哄的鬧成一片。新娘出得家屋之後，伴娘、伴郎、抬著木杵的男人，揮灑木匙、檳榔、禮物等，女人以及專唱頭目結婚歌曲的代言人（qezipezipen 頭目的代言人），都跟在被揹著的新娘和新郎後方，一路唱著結婚的歌曲。所有送行的親友，村民們也在屋前圍著圈跳舞。當新人們先在家屋的前庭繞五圈，女巫們緊隨其後，念經祈求天上的祖神接納、造福這對新人。……

這是排灣族一則人（lemej，男，qamulil 家系創始者）與女神 drengerh 結為夫妻的傳說故事，lemej 與排灣族的祭儀來源有著密不可分的神聖關係，他從女神 drengerh 處習得祭儀的方法，也把神界中的糧食帶到了人間，並且他更與女神 drengerh 結為夫妻。

本則故事也述及貴族婚禮「新郎背新娘」的精采項目，「當太陽昇起時，準備將新娘揹到新郎家去，新娘哭著、掙扎著反抗，但仍強行的被揹離家屋。於離開的瞬間，屋頂上突鳴槍響三聲，同時刺殺一頭以有繡織巾覆蓋的小豬，獻祭太陽神。頃刻間，槍響、豬嚎、哭聲雜陳，亂哄哄的鬧成一片。新娘出得家屋之後，伴娘、伴郎、抬著木杵的男人，揮灑木匙、檳榔、禮物等，女人以及專唱頭目結婚歌曲的代言人（qezipezipen 頭目的代言人），都跟在被揹著的新娘和新郎後方，一路唱著結婚的歌曲。所有送行的親友，村民們也在屋前圍著圈跳舞。當新人們先在家屋的前庭繞五圈，女巫們緊隨其後，念經祈求天上的祖神接納、造福這對新人」。

本則故事也敘述了人（巫師）神溝通的憑藉，是藉著小米梗燃燒起的煙為橋樑，與冥界互通音訊，往來於人神兩界之間。

事實上「燃煙」在許多的民族中是最普遍的「通知」或「聯絡」的方式，讓裊裊輕煙緩緩上升，以達於天神。

排灣族的貴族婚禮儀式非常繁複，據說就是習自天神的禮儀。本則故事強調貴族與天神之間的密切關係，從而鞏固其權利與命令。

許功明、柯惠譯《排灣族古樓村的祭儀與文化》載人與女神生育的故事：（註二）

……drengerh 接著又向 lemej 表示說：「既然造物主指派你來，要我將所有關懷世間的事都交給你去執行。那麼，我們可以生下許多子女，讓他們長大後到各地去傳授造物主指示的祭儀方法。」說著，因為 lemej 不明白，她就用月桃蓆將 lemej

一起捲入，兩人很自然的就發生關係結為夫妻，共生下五女一男。當他們的子女長大後，即依女神之意：由 lemej 帶他們回到人間分散各處去傳授祭儀的方法。子女中，老大 lerem 留在古樓本部執行祭儀，是所有女巫師的鼻祖；老二 saverh 則到 pailus（白鷺）部落一帶去傳授祭儀的方式；老三 tjagarhaus 是惟一的男孩，為所有男祭師（parhakalai）的鼻祖，由於地位崇高，所以與神聖的大武山同名，並以其名作為五年祭時主祭投球男巫師的稱呼。老四 jengets 到東部 tjarhidrik（大谷）部落去傳授祭儀，是東部排灣族地區祭儀與巫術的創始者；老五 lian 是女巫師的助理，專門執行為清涼、潔淨、滋潤土地而作的潑水禮儀（lemaleger）。她到鄰近 tjalakavus（來義）部落去傳授祭儀，是來義一帶祭儀的創始者。

這是排灣族一則人（lemej，男，qamulil 家系創始者）與女神 drengerh 結為夫妻而生育子女的傳說故事，所有的子女都分散各地傳授各種祭儀的方法。

林道生《原住民神話・故事全集（三）》載加走社〈嫁給蛇神〉：（註三）

　　從前，在加走山的村子裡，住著一位叫普加久亞久努的頭目。他的妻子潔珂潔珂為他生下三個女兒，長女叫莫雅凱凱，次女叫卡佳久佳久，三女叫娜妮巫妮巫。三個女兒都長得很漂亮，尤其是大女兒莫雅凱凱更是桔子般的美麗。她的指甲像是吉丁蟲那麼漂亮，她的身邊總是閃耀著十道彩虹，晃眼發光，當她走出屋外，連太陽都要失去光芒而發呆。她的頭髮上捲著十支玉飾，脖子上掛著玉項鍊，胸前掛了十個玉胸飾，雙腕戴著十個手鐲，十個手指上都套著銀、玉做的戒指。身上穿著花紋美麗的衣裳，鑲著玉的刺繡上衣和裙子。她那美麗、透明、潤滑的肌膚，光耀奪目，難於形容。有一天，頭目普加久亞久

努去森林砍薪柴，正低頭砍著的時候，看到了身旁有棵粗大的樹木，它的根部長了許多女孩子頭飾用的美麗阿達卜草。普加久亞久努頭目一看就想到大女兒莫雅凱凱一定會喜歡，而趕回去把大女兒帶來看。莫雅凱凱一聽森林中有美麗的阿達卜草，高興地跟著父親來到大樹旁，仔細一看，並沒有做頭飾用的阿達卜草，而是一條蛇，害怕的趕緊跑回家。但是，頭目普加久亞久努的眼中所看到的確實是美麗的阿達卜草，當頭目伸出右手正想把它摘下，這時那條蛇開口說：「你可有孩子嗎？」頭目一聽，嚇了一挑，才看出是一條蛇在對他說話而回答：「有呀。」「是男的？還是女的？」「三個都是女的。」沒想到，蛇一聽到是女孩，馬上又說：「太好了！」。改天我會去向你的大女兒求婚。蛇當即把所有的阿達卜草摘了下來送給頭目，並且對他說：「趕緊回去告訴你的大女兒，五天後我會去拜訪，求婚。如果不答應的話，我就把你吞食了。」頭目普加久亞久努聽了害怕地帶著蛇給他的阿達卜草回去。大女兒莫雅凱凱一看父親帶回來美麗的阿達卜草，高興的問：「爸爸，阿達卜草是在哪裡找到的？」「這是剛才那棵大樹底下的阿達卜草呀！」雖然那條蛇令人害怕，不過阿達卜草太美麗了，就把它帶回來。那條蛇還說要來向你求婚，如果你不答應的話，我會被那條蛇吞食了呢！」停了一下，又說：「真是沒辦法呀！你只好委屈接受蛇的求婚了。」莫雅凱凱聽了雖然很驚訝，但是心想：「如果我不答應蛇的要求，蛇一定會吞食父親。或許這條蛇是好蛇吧！」五天後，蛇帶著他的四位親友來拜訪頭目的家。莫雅凱凱要她的四位好朋友幫忙接待。這時莫雅凱凱看到蛇郎和他的四位親友都是很優秀的青年，可是她的朋友眼中看到的是五條蛇。其實，這條蛇叫做庫吉吉吉吉，是居住在賣卡拉巫斯天上的蛇神，為了與人類聯婚才降到下界來。庫吉吉吉吉在莫

雅凱凱家住了五天，互相交遊。並約定五天後舉行婚禮成婚，才回去他們的賈卡拉巫斯天界。約定的日子到來，庫吉吉吉吉盛裝帶著他們的四位好友及一大群的部下，扛著酒、豬肉、地瓜、香蕉、檳榔等祝福的禮品，以及提親用的鍋、甕等等珍貴的物品由部下們帶著，從賈卡拉巫斯天界降臨到下界的人間。普加久亞久努頭目手下的青年們，忙著在庭院架起結婚儀式用的鞦韆。盛大的結婚儀式開始了，普加久亞久努頭目村莊的人們，男男女女都盛裝來到頭目的家，跟頭目的家人圍著鞦韆唱歌跳舞。一桶桶裝著小米酒的酒甕擺了出來，酒宴也開始了。傍晚，莫雅凱凱穿著美麗的服裝，佩戴著漂亮的玉飾，走出來庭院盪鞦韆。不一會，新娘子莫雅凱凱的腳受了些小傷，由家人把她抬進屋內塗了些草藥。這時，庫吉吉吉的部下說：「你趕快進入屋子裡舉行儀式吧！我們要先回去了！」大家便回去賈卡拉巫斯。庫吉吉吉進入屋子裡與莫雅凱凱舉行結婚儀式。翌日早晨，新娘子莫雅凱凱對新郎庫吉吉吉吉說：「大家都說你是一條蛇。我嫁給了蛇，覺得很羞恥……」而嘆氣。新郎庫吉吉吉吉聽了，可憐新娘的立場，答應她從此不再以蛇的姿態出現。第二年，莫雅凱凱生了一個男孩，為他取祖父的名為普加久亞久努。當了母親的莫雅凱凱用歌聲唱著〈快一點笑吧〉，嬰兒聽了就笑起來。唱了〈快一點爬吧〉，他就爬了起來。唱了〈坐下來吧〉，他就坐下來。唱了〈走吧〉，就走了起來。真是神子呀！普加久亞久努長大後，成為一位很優秀的青年，身體強壯有力，每當去山上狩獵，都會帶回來許多山豬、山鹿、山羊。普加久亞久努也經常與四個好友往來於賈卡拉巫斯——父親庫吉吉吉吉在天上的家鄉，過著快樂的生活。後來，成了村莊很優秀的頭目。

這是一則女子嫁給蛇神的故事。

二、排灣族人與鬼的情感

吳燕和《台東太麻里溪流域的東排灣人》載婦女「被神愛」或「被鬼愛」的真實故事：（註四）

老比魯部落的婦人 liling 年紀約三十餘歲，已結婚生子。她有塊旱田在 tjukonu 地方，該地對面的山頂叫 luvangas 的地方是「神鬼居地」putsmasan。當時正值小米收穫期，她每晚都在山上過夜。後來不久就生病了，經常覺得頭痛和感到疲睏，並曾夢見對面山頭有很漂亮的男人向她招呼。她把夢告訴家人而沒受重視。收穫完畢回家後，她的病仍未好，雖不是什麼重病，但是每晚睡不著，在床上輾轉反側，而白天就毫無精神，不願與人講話，也吃不下飯。如此約一年之久，才告訴別的老人，判斷是「被鬼愛」。於是 liling 來找巫師 livls，求她作祭驅鬼。巫師認為 liling 雖然已經結婚生子而仍然被鬼愛上，乃是她的靈魂太弱之故。巫師為她作祭時，把三個小琉璃珠 sotsaijan 以繩串起來，代表一串項鍊，向神告祭說：「你不要來愛這個女人，你看，她已經有丈夫和小孩了，她不可能再愛你的。現在我把珠鍊一大串送給你，請你以後就不要再來了。」作完告祭的儀式之後，巫師把珠子拿到村外丟棄。liling 經過治療，不久就痊癒了。假使病人的 luam（超自然的堅強力量）很強，則當晚就會夢見鬼已離家遠颺，次日病就可以。

本則真實故事敘述，一位婦女「被鬼神愛」，應該是羅曼蒂克的事情，惟事實卻不然，被鬼神愛會生一場重病，弄得生活魂不守舍，還必須請巫醫診治。

精神恍惚、失眠，病因是「被神愛」makatinglai。人們的旱田若靠近禁忌地 putsmasan（鬼神居地），而在田中工作時歡笑唱歌，就可

能引起鬼神的喜愛。或者人們上山工作時，與遠山的朋友打招呼，恰好附近有鬼神誤會了，則會被鬼神愛上而生病。以女人害這種病的較多。（註五）

本則傳說故事的情節要述如下：

（一）婦人 liling 年紀約三十餘歲，已結婚生子。她有塊旱田對面的山頂是「神鬼居地」。

（二）小米收穫期，婦人 liling 每晚都在山上過夜。不久她生病了，常頭痛和疲睏，曾夢見「神鬼居地」漂亮的男子向她招呼。

（三）此後，婦人 liling 的病情是晚上睡不著，白天沒有精神，不願講話，吃不下飯。

（四）婦人 liling 經過一年的病情折磨後，才告訴別的老人，判斷是「被鬼愛」。

（五）婦人 liling 找來巫師診治驅鬼。

（六）驅鬼師把三個小琉璃珠以繩串起來，向神告祭說：「你不要來愛這個女人，你看，她已經有丈夫有小孩了，她不可能再愛你的。現在我把珠鍊一大串送給你，請你以後就不要再來了」。祭畢，把三個繩串琉璃珠丟棄村外。

（七）婦人 liling 經過巫師治療後，不久就痊癒了。

註釋

註一：許功明、柯惠譯《排灣族古樓村的祭儀與文化》，台北，稻鄉出版社，1998 年 9 月。
註二：同註一。
註三：林道生《原住民神話・故事全集（三）》，台北，漢藝色研文化公司，2002 年 12 月。
註四：吳燕和《台東太麻里溪流域的東排灣人》，台灣南港，中央研究院民族學研究所，民族學研究所資料彙編，第 7 期，1993 年 4 月。
註五：同註四。

排灣族親情的情感
世界口傳文學

第十九章

一、誠心悔過的丈夫獲得妻子的諒解

林道生《台灣原住民族口傳文學選集》載排灣族卡吉來社〈沙卜拉路亞路央〉：(註一)

在排灣族的卡吉來社住著一位叫做沙卜拉路亞路央的男人，經常與妻子吵架，甚至於不讓妻子吃飯，又常常毆打妻子。忍受不了的妻子終於忿怒地帶著孩子鑽入茄苳樹的洞孔內躲了起來。丈夫沙卜拉路亞路央知道了，生氣地拿了斧頭去砍伐茄苳樹，要把妻子逼出來，砍呀砍呀，茄苳樹被砍斷了，轟隆地一聲倒了下來。這時，沙卜拉路亞路央也飛向海那邊去。

沙卜拉路亞路央擔心了起來，因此在一次打獵的時候召集了一些壯丁。要他們往險坡的方向去找獵物，自己往海岸的方向去尋找。壯丁們在坡上只看到蛇和狐狸，再也沒有其他大的獵物而回來向沙卜拉路亞路央埋怨：「為甚麼我們去的地方沒有獵物，只有蛇和狐狸呢？」沙卜拉路亞路央只好告訴他們：「蛇也好，狐狸也好，把牠們獵過來！」壯丁們便去獵蛇和狐狸。卻聽見沙卜拉路亞路央只在海岸邊呼叫，並沒有實際去追逐野獸而奇怪。壯丁們掉頭回來海邊，聽見沙卜拉路亞路央在說著咒語：「榕樹呀！榕樹，伸展出去吧！伸展出去！」不一會，榕樹便真的向海那邊伸展了出去。這時，沙卜拉路亞路央爬上了榕樹，走到樹枝的那邊，坐在妻子的屋頂上。脫下自己的衣服往屋裡丟進去。妻子的孩子看了說：「媽媽！媽媽！這件衣服怎麼會

▲排灣族男女染布圖像／田哲益提供

在這裡呢？很像媽媽為爸爸繡的那一件衣服。」媽媽聽了孩子的話，心想：「會不會是孩子的父親渡過海來了呢？」沙卜拉路亞路央又脫下圍巾丟進屋子裡，孩子看了又說：「圍巾怎麼會在這裡呢？媽媽，很像是媽媽為爸爸繡的那件圍巾喲！」於是，媽媽走出屋子查看。她看見了自己的丈夫蹲在屋頂苦笑著，便叫他下來，進到屋裡。晚餐的時間到了，可是，沙卜拉路亞路央並不想吃飯。妻子問：「你想吃些什麼呢？」丈夫：「我只想吃蜜柑！」妻子便去拿了蜜柑給丈夫吃。就寢的時候，沙卜拉路亞路央對妻子說：「我睡在床腳。」妻子回答：「你不要睡在床腳，你的腳會累。」丈夫：「那麼，我睡在床的那一端！」妻子：「你不要睡在床的那一端，你要睡在柱子那邊！」沙卜拉路亞路央便去睡在柱腳下，一夜未眠，只是「卡沙！卡沙！」地響個不停。妻子奇怪的問：「你在做甚麼？為甚麼不睡覺？怎麼卡沙、卡沙地響個不停。」丈夫：「我吃了蜜柑就會這樣。」其實沙卜拉路亞路央是在拔除柱子，要把屋子連接伸展到海岸這邊的榕樹。天亮了，大家都醒來。妻子看到屋外四周的景物都改變了，驚訝地問：「什麼時候，我們變成居住在海邊了，我怎麼會在這裡呢？」丈夫回答：「是我把你們帶到這裡的，從今以後我不再欺負你了，請不要再逃走。我們好好地生活在一起！」在丈夫的認錯之下，從此一家人便過著和睦快樂的生活。

本則傳說故事敘述，有一位丈夫經常虐待毆打妻子，而且不讓妻子吃飯，妻子憤怒地帶著孩子鑽入茄苳樹的洞孔內躲了起來。

丈夫遍尋不著，最後因為誠意尋找，終於找到了母子倆，由於丈夫誠心悔過，從此一家人便過著和睦快樂的生活。

二、兄弟鉤心鬥角

陳千武譯述《台灣原住民的母語傳說》載「兄弟」：(註二)

古早有兩兄弟，弟弟說：「院子裡的榕樹，樹蔭是我納涼的地方，我搖了樹，就從樹上有錢掉下來。」哥哥說：「那麼，我也要去納涼、搖樹，我就會有錢。」不久，哥哥去納涼、搖樹，但從樹上掉下來是很多蛇、蚯蚓和石頭。哥哥很生氣，要打死弟弟。弟弟說：「你不相信，以為我騙你，來吧！我去搖樹給你看。」說完就搖樹，事實有很多錢和布掉下來。哥哥不得不相信了。弟弟又說：「我有一隻很好的鐵鍬，用這隻鐵鍬挖土，會挖出很多寶物。」哥哥說：「那麼把鐵鍬給我。」哥哥用弟弟的鐵鍬挖土，無論怎麼挖，挖出來的都是石頭和木片而已。哥哥很生氣，把鐵鍬丟入河裡去。因此弟弟也生氣，兩個人就互相不講話了。有一天弟弟吃了韭菜，吃完到頭目家去，頭目聞到弟弟的呼吸很香，就給他很多禮物。這件事傳出去，被哥哥聽到了，哥哥便去盜很多韭菜來吃，吃完到頭目家去，他以為頭目也會給他很多禮物，但是他吃了韭菜很臭，很不禮貌，頭目很生氣，拿棍子打了哥哥，使哥哥嚇跑了。

從本則傳說故事來看，天神似乎比較眷顧弟弟，例如弟弟搖樹，從樹上掉下來的是「錢」和「布」，而哥哥搖樹，從樹上掉下來的是「蛇」、「蚯蚓」和「石頭」；弟弟有可以挖出很多寶物的鐵鍬，而哥哥沒有；弟弟吃韭菜很香，他到頭目那兒，頭目送給他很多禮物；哥哥也仿效弟弟吃韭菜，也到頭目那兒，頭目覺得他很臭，沒有禮貌，很生氣，拿棍子打了哥哥，使哥哥嚇跑了。

兩兄弟的境遇與命運竟然如此之懸殊，也難怪哥哥要嫉妒弟弟了。

三、姑姑欺負姪女

《原語による台灣高砂族傳說集》，小川尚義、淺井惠倫著（昭和十年），余萬居譯：（註三）

據說曾有（一女）cukucuku，父母偕亡，有個（姑或伯、叔，舅、姨母）moakakai 欺負 cukucuku。自此其女就完全失去社產土地，所以到 makazajazaja 來。pulalulalujan 和 kolilulilu 訪問了 cukucuku。moakakai 嫉之。這兩個人愛 cukucuku，所以到田間去幫忙。Moakakai 也來，跟兩人說：「cukucuku 衣服髒，又醜，不要幫她。」那兩人不聽。三人種芋頭，然後進小屋吃午餐。moakakai 把飯分給 cukucuku，cukucuku 都是小的，她自己都是大的。而，那兩個人也吃了。來到 cukucuku 處，（再）吃了，就（相偕）到田上去。天漸黑，（他們）就到小屋去。將回家時，moakakai 把兩青年帶回家去，將哭著的 cukucuku 留在小屋。可是名為 vubuvubuy 的已故祖父知道了，挑著箱子顯身，（箱中裝）有項鍊、手鐲和衣料……等要給 cukucuku。老人要走了，cukucuku 要跟他一起走，老人不肯，就這樣走了。天亮，那三人由家裡來。見少女穿（美）衣，佩掛項鍊、手鐲。moakakai 罵她是小偷。cukucuku 說：「是老人給我的！老人還說：『我知道妳被妳們的姑姑所欺負。你回家去，呼風來給妳家去邪』！」cukucuku 到了家，呼風被除屋中邪氣。（當她）把水和豬安置在屋中後面較高的廚房裡，念咒說：「水涸吧！」水就涸了，煮的水和喝的水都沒有。而小孩和大人都死了。這時，社人們哀求（派老人來要水），老人來了說：「給我水！」cukucuku 說：「把你的毯子拿過來！」就把毯子沾濕了給老人。人們圍過來 tip、tip……地吸水。cukucuku：「我給你們的部落湧出水來吧！」水就湧了出來，部落就繁榮了。

這是一位叫做 vubuvubuy 的女子受到姑姑的欺侮，vubuvubuy 的已

故祖父知道了，挑著裝有項鍊、手鐲和衣料等的箱子送給 vubuvubuy 的感人故事。

四、孤兒姊妹

林道生《原住民神話·故事全集（三）》載古樓社〈孤兒姊妹〉：（註四）

　　古時候，有個村莊居住著兩位孤兒姊妹。姊姊叫沙秋谷秋谷，妹妹叫沙佳露斯。姊妹兩人，在年紀很小的時候父母就雙雙離開她們，成為孤兒的兩姊妹便由爺爺收養她們。可是，爺爺夫妻並不是具有慈悲心的人，總是把她們看做是添麻煩的孩子，一點也不疼愛她們。經常要她們到田裡的工寮吉馬久（看守猴子，不讓猴子偷吃農作物）。工寮在離開住家很遠的一片廣大耕地的中央，附近沒有住家，也看不到其他工寮，看起來冷冷清清。爺爺夫妻並沒有給她們準備水、火及食物。中午時候，兩姊妹口渴又餓肚子，實在受不了，只好回家向爺爺夫妻要食物。爺爺夫妻不但不給食物，還嚴厲的責罵她們。「為什麼這麼早就回來了，趕快回去田裡吉馬久。」那嚴厲的聲音實在恐怖，姊妹兩人被嚇哭了起來，邊哭著又走回去田裡吉馬久。這時，住在遙遠大海裡的卜努庫（鯨魚），看到這兩位孤兒不幸的遭遇，可憐她們而把頭露出水面「卜！卜！卜」的大聲叫著，然後整條身體浮出水面游向岸邊的沙灘，越過十座高山，十條很深的縱谷，來到兩位姊妹守望著的田地。在工寮的門邊「卜！卜」的呼叫兩位姊妹。兩姊妹一看，是一條大鯨魚，嚇得趕緊關上十道門，害怕得縮成一小團。「別怕了。我是你們以前的爺爺呀！。我是來救你們的，快開門吧！」兩姊妹聽了才安心的開了門。於是鯨魚「卜！卜」的說：「我的肚子餓了，給我些吃的東西吧！」鯨魚爺爺說。兩姊妹把屋

子裡剩下的少許阿拉吉（乾芋頭）給了鯨魚爺爺吃。鯨魚爺爺
吃完了阿拉吉又問：「還有什麼更好吃的東西？」兩姊妹又把
僅有的一點點熟山芋通通給了鯨魚爺爺。鯨魚爺爺吃完了熟山
芋說：「啊！我的口真渴呀！這附近有水就好了！」話才剛說
完，從工寮的裡面已經湧出了清水，源源的流滿了屋子裡，還
有許多鯉魚在水中游來游去。不一會，兩姊妹累得睡著了，鯨
魚爺爺把她們放在簡陋的木板寢台上，唱起催眠曲：「哦！我
可愛的孫子呀！快快長大吧！」這一唱，兩姊妹就漸漸長大
了，變成美麗的姑娘。爺爺又唱：「啊！希望還有一幢很好的
家呀！」這一唱，田中不起眼的工寮也瞬間變成了一棟大又豪
華的別墅。爺爺又繼續仰頭對天祈禱吟唱，希望天神降給這一
對可憐又好心的姊妹所需的日常用品。這些東西有粟、芋頭、
獸肉、美麗的衣裳、銀製髮飾、玉的項鍊、家用器具、農耕器
具等等，家庭的財物器具都增加了不少。鯨魚爺爺把這些東西
送給了兩姊妹之後，很滿意的對她們說：「這樣我就放心了，
我這就回去我的大海。以後你們不論什麼時候，想到需要什麼
東西就面對天上祈求你們想要什麼就行了，那麼，你們需要的
東西，爺爺都會馬上給你們。」鯨魚爺爺說完了，離開了他的
孫女們，翻過十座高山，十條深谷，邊叫著「卜！卜！卜！」的
回到大海去了。之後，兩姊妹每當需要山芋、獸肉、魚、其他
任何物品時，就照著爺爺的話面向天祈求爺爺，那麼很快的所
需要的都能如願得到。兩姊妹就這樣的，住在豪華的別墅裡，
穿著美麗的衣裳，戴著漂亮的飾物。吃著豐盛的食物，過著快
樂幸福的生活。有一天，姊妹想起了以前欺負她們的那對爺爺
夫妻，心有不甘的面向天，告訴鯨魚爺爺：「爺爺，求你責罰
以前欺負我們的那對壞爺爺夫妻吧！」因此，村裡溪谷的水乾
涸了。那對壞爺爺夫妻因為沒有水而造成生活的困難，到處去

找水也找不到。最後來到兩姊妹的地方要求說：「請給我們水吧！」兩姊妹並不理睬他們。壞爺爺夫妻又要求說：「洗完衣服的水也沒關係，請給我們一些水吧！」兩姊妹還是沒給他們水，這一對壞爺爺夫妻，最後因為沒有水喝，口渴的死去了。兩姊妹從鯨魚爺爺走了之後，一直都過著很幸福的生活。

鯨魚爺爺，看到一對孤兒姊妹不幸的遭遇，便從遙遠的海邊前來，變法給她們豪宅、日常用品、粟、芋頭、獸肉、衣裳、銀製髮飾、玉的項鍊、家用器具、農耕器具等等。此後照著爺爺的話面向天祈求爺爺，那麼很快的所需要的都能如願得到。過著快樂幸福的生活。

....

五、孤兒兄弟

林道生《原住民神話‧故事全集（三）》載古樓社〈孤兒兄弟〉：（註五）

　　從前，有一對夫妻，他們生了兩個男孩子，哥哥已經是少年了，弟弟還很小。有一天，父母要兩兄弟留守在家，他們要去遠方的普洛伊努社買穀物。母親對孩子們說：「今天，再晚也會回來，兩個人好好在家裡玩，等著爸爸媽媽給你們帶帕卡路巴（土產）回來。早上的剩飯在棚架上，肚子餓了就拿去吃。」交代好了，他們便離開了村莊。兄弟兩人很乖的都在屋子裡玩。可是，太陽下山了，父母親並沒有回。剩飯也都吃光了，弟弟說：「哥哥，我肚子餓了！」弟弟餓得哭了起來。哥哥走到庭院，看到香蕉正熟透了，他把樹幹搖了幾下，撿了掉下來的香蕉給弟弟充飢。夜更深了，他們的父母親還是沒有回來。弟弟又哭著說「肚子好餓！」。哥哥再出去搖取香蕉給弟弟吃。天亮了仍然不見父母回來，兩兄弟期待著第二天父母會回來，可是沒回來，他們每天都吃著香蕉等待父母的回來。三天過去了，兄弟兩人每天只是等待著。拿還沒有熟的香蕉，

但是樹幹太滑，試了幾次都滑溜下來。「我肚子餓！」弟弟又餓得哭叫著。使哥哥大為苦惱，他想：「如果有芋頭從天上掉下來該多好！。不然小米也不錯呀！」哥哥仰天，輕輕的念唱著，期盼著能從天上掉來芋頭或小米。就在這個時候，很不可思議地，真的從天上掉下了芋頭、小米。當他們在庭院撿到了一塊山豬的頭骨，哥哥說：「如果山豬能出現該多好！」。當他念完，那塊骨頭已經變成一隻山豬了。從此，兄弟兩人不再為了餓肚子而煩惱，每天過著正常的生活。時間一天天的過去，兄弟兩人都長大了，他們還是想念著父母親。幾年後，他們決定要去尋找父母親而離開村莊，來到當年父母親提到的普洛伊努村。他們在村中到處打聽父母親的下落，在一對年老夫妻的庭院停下來詢問：「伯父、伯母，你們知道我的父母親在哪裡嗎？」一聽這熟悉的聲音，兩位老人家仔細的端詳著這兩位年輕人說：「啊！我的孩子，平安無事的長大了！」說完，抱著他們，臉上充滿了快樂。「啊！爸爸、媽媽！」兩位兄弟也流下了高興的眼淚，望著自己年老的父母，心中無比的快樂。兩兄弟一五一十地，把幾年來的遭遇仔細的告訴了父母：「都是天神幫助了我們，讓我們能平安快樂的生活下來。無論如何要請父母親跟我們一道回家。」但是，不知道是什麼原因，父母總是不答應一道回去。最後，兩兄弟只好失望的自己回去了。原來這是因為父母早都已經死亡了，只是思念他們的孩子，知道孩子老遠跑來找父母，才高興的為了見孩子一面，把自己的靈魂化著人的姿態而出現在他們眼前罷了。

這是一則兄弟靠著自己的毅力長大成人的感人故事。

六、排灣族搖籃曲

排灣族搖籃曲〈U Wa U Li Ki U La〉部分節錄：

U wa u li ki u la，u wa u li ki u la，

U maya qemaun，namang tezenga ti i na，

Maya qemaun la，

……

這首流傳在南排灣牡丹鄉一帶的搖籃曲，歌詞大意是：不要哭，不要哭，媽媽已經來了。常被用來撫慰愛哭、想睡覺的小孩，告訴他，爸媽快要回家了。旋律非常柔婉，讓人一聽難忘。（註六）

許多人聽過這個曲子以後，都立刻被吸引，並且難以忘懷！……本曲讓人難忘的原因有兩個：一是相較於其它搖籃曲的平穩，本曲具有五聲音階旋律特有的柔婉（使用 Do、Re、Mi、So1、La 五個音），曲調起伏多變化（以音程來說，它包含同度、大七度、小三度、大二度、大三度、完全五度）。其次，搖籃曲因為普遍曲式短小，少有轉調者、本曲卻是一個例外，它的連續改變調性以及解決方式，既有捉摸不定的美感，又給人色彩繽紛、柳暗花明的喜悅。（註七）

註釋

註一：林道生《台灣原住民族口傳文學選集》，花蓮縣立文化中心，1996 年 6 月。

註二：陳千武譯述《台灣原住民的母語傳說》，台北，台原出版社，1995 年 5 月。

註三：內政部委託台灣大學人類學系研究《台灣山胞各族傳統神話故事與傳說文獻編纂研究》，1994 年 4 月 30 日。

註四：林道生《原住民神話‧故事全集（三）》，台北，漢藝色研文化公司，2002 年 12 月。

註五：同註四。

註六：《Ne Ne Ne 台灣原住搖籃曲》，台北，信誼基金出版社，2001 年 5 月。

註七：溫秋菊《乘著歌聲的翅膀：Ne Ne Ne 台灣原住搖籃曲導讀手冊》，台北，信誼基金出版社，2001 年 5 月。

排灣族愛的痛苦與
殉情口傳文學

第二十章

一、排灣族階級婚的哀怨傳說故事

吳燕和《台東太麻里溪流域的東排灣人》載女頭目與平民結婚的故事：(註一)

> giren 家傳到 tjuko 當頭目時，因為她愛上平民男子 tjulan
> 並和他發生關係 malatsai，而常到山上去同宿。tjuko 的大弟
> 弟 tiamautung 大怒，面子上很是過不去，就趕她姊姊出去。
> 她只好偕夫離家跑到 cualavuts 山上（知本溪發源地）去過活。
> 於是 tiamautung 以頭目自居，他告訴村民，以後不必再尊其姊
> 為頭目，要聽他的命令行事。因為他已結過婚，是分家分出來
> 的。於是他把一切頭目權接過來，要人民到他家來納稅，並命
> 令人民為他工作。tjuko 在山上與 tjulan 生個兒子叫 vasakalan。
> 因為介達的人去打獵時常去探望，或送糧食東西去，故兒
> 子漸長大後，親戚們都知道了，就回去告訴 tiamautung。那
> 時 tiamautung 的心也已軟了，就叫人去請其姊與丈夫偕子回
> 家，他們走到半路、平民丈夫 tjulan 自怕回去可能仍不能見
> 諒 tiamautung 而可能被殺，於是就厭世自殺。他在半路的小
> 茅屋裡找到一根長槍，把槍綁在屋簷邊，自己從屋頂滾下被槍
> 刺死。母子回到家裡，當時 vasakalan 已經十歲了。有一天他

▲ 排灣族婦女／田哲益提供

> 的「舅舅」tiamautung 命令全村青年
> 到山上去收檳榔，回來經過 giren 家
> 時，vasakalan 就問青年是誰叫他們
> 去收的（因為這些檳榔是頭目家的財
> 產）。青年回答說：「你的 kama 叫我
> 們去收了送給他。」vasakalan 大怒，
> 因為他名為頭目的正統繼承人卻未享
> 受頭目之實，頭目的利益都被其舅侵

占了。於是他就把屬於 giren 家的檳榔樹全部砍斷。從此以後 tiamautung 乃交出頭目權，由其姊 tjuko 收回。人民皆向她納稅，弟弟 tiamautung 也不再干涉。後來 tjuko 因為平民丈夫已死，她又娶了一個丈夫 tsutui，他是從 kulaluts 社的 kalangngian 家來的，他也是真正的大頭目。kulaluts 是在西部 patain 社下面的部落，其地的頭目也是像介達一樣偉大的頭目。(今屏東泰武鄉泰武村 kuwarusu) 在結婚之前談婚事時，tsutui 要求提高殺豬「稅」vatis。過去平民獵得野獸必須把右前肢、右後腿及內臟送給頭目。而殺家豬須送頸肉給頭目，tsutui 覺得自己是和 giren 一樣偉大的頭目，嫁來這裡未免委曲，就要求說，除非以後平民得獸要增繳獸頭與灌了肉的香腸，而殺豬要增繳後腿與香腸，他才肯嫁給 tjuko。除此之外還加了很多要求。介達的人們很想要他和 tjuko 結婚，並且又知 tjuko 曾有過羞恥的事，於是都答應了。兩人結婚以後，遷到 masili 去建新居，不久二人又率一部分人民遷到太麻里去，仍舊做頭目云。tjuko 遷走之後，其子 vasakalan 繼續接掌 giren 家，做介達的頭目。

這是一則女頭目與平民結婚導致 giren 家的分裂，也是頭目兩家聯姻的婚姻故事。

按排灣族貴族（尤其是頭目）為保住自己的階級，以免屈降身分地位，因此多實施階級內婚，惟亦不乏「不愛江山只愛美人」的例子。

二、排灣族為愛爭奪傳說故事

吳燕和《台東太麻里溪流域的東排灣人》載「tiamautung 的故事」：（註二）

在（giren 家）的 vuvuvuvu（祖先）時代，有個頭目叫 tiamautung，他曾到西部（大武山之西）的 padjola 村去找姑娘。

剛好那時從（屏東縣的）patain 也來了一個名叫 tiamautung 的頭目。兩人同時在女孩家相遇而起衝突。兩人互相敵視（可能是祖先為敵人）互相責罵對方。兩人進進出出的不斷譏諷。次日晨介達來的 tiamautung 就在女孩屋外磨刀。他因很氣憤，就舉起右手的刀，把左手的磨刀石，一刀砍為兩段。patain 社來的頭目大驚失色，就慌忙逃走。他情急一跳居然躍過了房子，可見介達 tiamautung 之厲害。

按古代排灣人可以自由追求自己心愛的人，而且大家的機會都是一樣的，是一種公平的競爭，惟有時候也會出意外，如本則故事兩個頭目怒目相視，嚇跑了另外一位頭目。

三、排灣族為愛殺人傳說故事

李嘉鑫〈德文部落天鵝湖傳說〉：（註三）

　　部落有兩位少女，同時愛慕一位帥哥，雙方僵持不下之際，一位工於心計者邀請情敵同遊湖畔，藉機說要幫情敵洗髮，結果趁其不備，將對方推下潭中，再假稱對方不慎溺斃，順利與不知情的情郎，從此永浴愛河。

本則傳說故事的情節要述：

（一）兩位少女，同時愛上一位男子。

（二）一位少女蓄意殺害情敵，首先邀請情敵同遊湖畔，再藉機幫情敵洗髮，趁其不備，將之推落潭中，再假稱其為不慎溺斃。

（三）她消滅了情敵，擄獲了情郎。

　　本故事對於手段狠毒、行為囂張的人，可惜沒有以社會的道德意識加以批判與撻伐。

《生蕃傳說集》，佐山融吉、大西吉壽著（大正十二年），余萬居譯：（註四）

古時某地有二少女，名 tsideguragurao 及 tsyoko，都對 saujajuyan 有意，然而此男子選擇後者為妻。tsideguragurao 大吃醋，遂約 tsyoko 到井邊比美，後來自歎不如，於是當場氣得把 tsyoko 推入井裡，並換上 tsyoko 的衣服，回到 saujajuyan 的家去。黃昏，此男子打獵回來，發現妻子變醜了，tsideguragurao 辯稱是淋雨所致。第二天，男子又去打獵，並帶回一隻美麗的小鳥來養，tsideguragurao 竟對小鳥也吃醋，把牠給殺了，準備打個牙祭。但是，她卻吃不到肉，用湯匙舀起的全是骨頭，她氣得把骨頭丟掉，結果，那些骨頭全變成竹子。saujajuyan 臨出門交代她要好好照顧竹子，於是她又吃醋了，把竹子全都砍掉。丈夫回來時問她怎麼回事，她說是被風吹倒，於是丈夫使用那些竹子做凳子。她又吃起凳子的醋，把凳子給燒掉，正在燒時，有一老人經過，發現火中有麻糬，老人便撿起來，準備帶回去給孫子。但老人回家後，卻發現麻糬變成了一個女人。這件事很快地便在當地傳開，saujajuyan 也聽到了，也跑去見識見識，發現那女人竟是 tsyoko。他大怒，一回家就把 tsideguragurao 殺了，當然，也將 tsyoko 請回家。

本則傳說故事情節要述如下：

（一）二少女，名 tsideguragurao 及 tsyoko，都對 saujajuyan 有意，然而此男子選擇後者為妻。

（二）tsideguragurao 大吃醋，遂約 tsyoko 到井邊比美，後來自歎不如，於是當場氣得把 tsyoko 推入井裡，並換上 tsyoko 的衣服，回到 saujajuyan 的家去。

（三）saujajuyan 去打獵，帶回一隻美麗的小鳥來養，tsideguragurao 也對小鳥吃醋，把牠殺了吃，但是她卻吃不到肉，用湯匙舀起的全是骨頭，她氣得把骨頭丟掉，那些骨頭全變成了竹子。

（四）saujajuyan 臨出門交代她要好好照顧竹子，她又吃醋了，把竹子全都砍掉。

（五）saujajuyan 用那些倒下來的竹子做凳子。

（六）她又吃起凳子的醋，把凳子給燒掉。

（七）凳子正在燒的時候，有一位老人經過，發現火中有麻糬，就撿起來要帶回去給孫子吃。

（八）老人回到家，麻糬變成了一個女人。

（九）saujajuyan 得知，也去瞧一瞧，發現那女人竟是他原本選擇的妻子 tsyoko。

（十）saujajuyan 回家就把 tsideguragurao 殺了，將 tsyoko 請回家。

四、排灣族化石天鵝傳說故事

排灣族德文部落之「天鵝湖」，李嘉鑫〈德文部落天鵝湖傳說〉載傳說故事：（註五）

> 據說昔日曾有一對戀人，因為雙方家長反對，雙雙躲到這裡，希望他們的雙親能夠同意婚事，並到湖畔找他們回家，不料枯等許久，雙方家長仍然相應不理，最後兩人終於化成一對石頭天鵝，永久在湖畔長相廝守。

本傳說故事敘述，一對遭雙方家長反對婚事的男女情侶，雙雙躲到天鵝湖湖畔，盼望家長到這裡尋找他們，並且同意他們的婚事。盼望著！盼望著！仍然盼不到家長來，最後兩人終於化成一對石頭天鵝，永久在湖畔長相廝守。

五、排灣族婚變傳說故事

陳千武譯述《台灣原住民的母語傳說》載〈婚姻異變〉：（註六）

> 馬卡茶社有個叫白白克的女人，跟可魯魯結婚，生了一個男孩叫布拉揚。還有，馬卡勞社有個叫毛阿凱的女人，跟拉路

揚結婚，生了一個女孩叫丘臼兒。布拉揚去找丘臼兒互為依斯糾（年輕男人訪問年輕女人交際之意）。逗留三天之後回到馬卡茶社，告訴父母親。父母親同意他們結婚，就找媒人宇卡凡，說：「你去問他們聘金需要多少？」宇卡凡去了，回來報告：「對方只是說，頭目聘金不能有差異，是固定的一百圓加十圓。」這對婚姻就這麼決定了。父母親說：「我們明天去狩獵，朋友啊！去採取結婚用的頭飾花。年輕人採花，老年人切肉，狩獵去吧！」「採怎麼樣的花才好？」「小蕊的才好。」「好，我們採好回家準備晚餐吧。」大家互嚷著，很忙。不久大家都回來了。年輕人造完了頭飾花，老年人切完了肉。「結婚典禮啦，到馬卡勞社去。」全社的人就到馬卡勞社附近的休憩所，打信號的鎗聲碰！碰！結結巴巴地響了。「丘臼兒喲！出來外面看看，馬卡茶社的人已經來到那兒啦。」社的人叫丘臼兒，然後去向馬卡茶社的人說：「你們走遠路來，口渴了吧，也受風吹了吧！哦，請你們吃檳榔⋯⋯」馬卡茶社的人回答說：「是啊！我們走過遠路，口渴了，也受風吹了。」結婚典禮熱鬧了三天，馬卡茶社的人說：「我們回去吧！孩子和老人們在等我們。」就回去了。布拉揚留在馬卡勞社，跟丘臼兒同居。但是經過了一年還不生孩子，一點徵兆都沒有。馬卡茶社的父母心不安，就叫媒人宇卡凡來。說：「宇卡凡喲！你去馬卡勞社，叫布拉揚帶儲倉裡的粟子回來。」宇卡凡來到馬卡勞社，布拉揚看到宇卡凡就問：「宇卡凡伯母啊！妳來了有甚麼事嗎？」宇卡凡只是說：「我很懷念你們，只是來看看。」就回去。布拉揚的父母問：「布拉揚怎麼說？」宇卡凡說：「我去看了，他倆都很和好，我覺得好可憐，不敢講出口⋯⋯」，父母親叫了別的女人宇里雅，「宇里雅喲！你去叫布拉揚回來。」宇里雅就去，告訴布拉揚說：「你們父母親要你帶儲倉的

粟子回去。」布拉揚問:「為甚麼這樣子要我回去呢?」宇里雅
說:「是啊! 這該怎麼講,是因為你們不生孩子的關係,要你
們離婚。」「不要,你們為甚麼這樣講,我倆不答應離婚。」不
過,布拉揚還是聽話回到父母親家一趟,知道父母親的意思,
又來到丘臼兒家,丘臼兒問他:「父母親怎麼講?」布拉揚卻
說:「沒有,甚麼也沒有講。」丘臼兒和布拉揚兩個人擁抱著都
哭了。卡那凡社的人聽到風聲,說丘臼兒很煩心,就說:「好
啊! 我們去訪問丘臼兒吧!」而去了。可是布拉揚還在她的身
邊,丘臼兒不願出去。布拉揚對丘臼兒說:「卡那凡人來到那
兒要訪問妳,妳沒有討厭他們的理由吧! 雖然我還在這裡,
但是我倆已經是兄妹了,有什麼關係? 丘臼兒喲! 妳出去見
他吧!」丘臼兒說:「這,我怎能答應。」布拉揚說:「妳不能
不答應,是俗規,不然,我回到馬卡茶社去好了。」「不要,我
不願意離開你啊!」丘臼兒不得不到外面去,對卡那凡人說:
「給你們檳榔和大碗的酒,你們喝吧! 你們走遠路來,停留在
休憩所,口渴吧! 也受到風吹了吧?」「是啊! 我們接受,喝
你們的酒,我們真的口渴了,也受風吹了。」經過三天,他們
回去便叫媒人宇卡凡說:「宇卡凡伯母,請妳回頭,去問他們
需要多少聘金?」宇卡凡去問了,回答是:「頭目的聘金不能
有差異,是固定一百圓加十圓。」「這樣好,我們去狩獵吧!
去採頭飾花。」他們去狩獵兩天。年輕人採頭飾花,老年人切
肉。「怎麼樣的花才好?」「小蕊的才好。」「好了,我們回家
吧! 太陽下山了,把採來的花解開,把獵物拿出來,回家準備
晚餐吃啊!」大家回來,年輕人造完了頭飾花,老年人切完了
肉,我們明天要到馬卡勞社去結婚,全社人為準備而忙。第二
天卡那凡人來到休憩所,打信號鎗聲碰! 碰! 結結巴巴地響
了。卡那凡人來到院子。布拉揚告訴丘臼兒該到外面去。丘臼

兒說:「這,我怎麼能夠答應呢?」而哭了,布拉揚也哭了。

布拉揚說:「無論如何,妳應該出去,為甚麼妳不出去,那麼我回去馬卡茶社吧!」終於丘臼兒走出去,跟卡那凡人一起過了三天。於是布拉揚回到馬卡茶社去,鬱鬱不樂,第十天就死了。要埋葬在哪裡?請巫師占卦,布拉揚的靈魂,轉移巫師說:「埋在我領地的東南邊。」丘臼兒聽到布拉揚死亡的消息,便說:「去,我們去卡那凡去。」就坐轎出發了。經過埋葬布拉揚的地方,丘臼兒說:「讓我下轎,我要祭拜。」丘臼兒在祭拜的時候,忽然跟布拉揚的靈魂兩個人變成蝴蝶,翩翩飛到太陽那兒去,問太陽說:「為甚麼不給我們生孩子?」太陽給他倆各一個頭飾,頭飾成為生孩子的基礎。兩個人生了叫丘布魯一個兒子。丘布魯下界到馬卡茶社去,把葬在那兒的飾物以及一切的東西都打毀,打得亂七八糟。社裡的人說:「這個人是誰?從哪一村社來的?殺死他。」丘布魯卻說:「隨你們要怎麼樣就怎麼樣吧!我的祖母是臼臼克,祖父是可魯魯,你們殺死我好了。我的母親是丘臼兒,父親是布拉揚,我就是他們的兒子。」哦,原來是頭目的兒子,社裡的人都服從他,他就在那兒住下來了。

本則傳說故事敘述的是,因婚姻發生變異而產生愛的痛苦。馬卡茶社的男孩布拉揚與馬卡勞社女孩丘臼兒。是經由「依斯糾」,即年輕男人訪問年輕女人,經交往後,由初識、相知而央媒成婚。

他們相處了一年快樂的時光,但是因為他們沒有生下孩子,所以布拉揚的父母要他們離婚,這突如其來晴天霹靂的事情,兩夫妻擁抱痛哭。

這時,卡那凡社的人趁虛而入來拜訪,又央媒而成親,布拉揚只好回到馬卡茶社去,鬱鬱不樂,第十天就死了。

丘臼兒聽到布拉揚死亡的消息,就坐轎出發,經過埋葬布拉揚的地方,丘臼兒下轎祭拜。丘臼兒跟布拉揚兩個人的靈魂忽然變成蝴蝶,永

遠廝守在一起。

他們翩翩飛到太陽那兒去，質問太陽說：「為甚麼不給我們生孩子？」而「害得我們分崩離異？為什麼？」

《生蕃傳說集》，佐山融吉、大西吉壽著（大正十二年），余萬居譯：（註七）

男子 pujajan 嫌棄老女，跟年輕貌美的 tsiyoko 結了婚，老女生妒，變成臭蟲去咬死了他們。

本故事是一則悲上加悲的傳說，首先是老女被遺棄之悲，變成臭蟲又是一悲，其丈夫與新妻被臭蟲咬死，又一悲也。

六、排灣族逃妻傳說故事

陳千武譯述《台灣原住民的母語傳說》載「妻逃回娘家」：（註八）

女人們在屋頂上搗粟。當時的天很低，太陽很熱。一個女人怕熱，用杵大力撞上去，果然撞壞一個太陽盲目了，變成月亮，同時天發出聲音昇高了。天變黑暗，身體有刺的男人沙達守大聲喊叫，使女人們害怕，躲避到粟倉後面去。可是沙達守追逐去把女人抓出來。沙達守說：「請妳坐在磨刀石上，我扛妳去玩。」女人說：「不要，我害怕你的刺。」沙達守還是把她抱起來，扛回去做妻子。結婚後女人去洗衣服，看到好多魚，就撈回家煮。女人吃魚吃壞了肚子。女人說：「我要去大便，我害怕黑暗，請你帶我去。」沙達守帶她去。回來不久，女人又要去，說：「我害怕，請帶我去。」沙達守帶她去，回來不久，女人說要去。如此去了好幾趟，沙達守討厭說：「我不想跟妳去了，原諒我吧！」於是女人一個人去。大便完了，女人咒語給大便說：「如果沙達守叫，你就『啊』一聲回答他。」說完，就逃回娘家去。過一會兒沙達守喊他的妻子，大便就「啊！」回答他。又喊又「啊！」再喊再「啊！」。如此經過好

幾次，沙達守覺得奇怪。「為甚麼那麼久不回來？」便走過去看，只看到一大堆大便而已。沙達守很生氣，用自己勃起來的東西撞石頭，石頭就發出火花。

與自己不愛的人生活在一起，確實是一件很痛苦的事情，沒有愛的基礎，的確相處起來會有一些高難度。何況本故事的丈夫是一種身體有刺的人類，而且其妻也是出於無奈，被強迫扛回去做妻子的，因此妻子日思逃家，終於有了機會逃回到娘家。

本故事的丈夫是屬於暴力型的人，連其發現妻子不在了，生氣的方式也非常暴力，他「用自己勃起來的東西撞石頭，石頭就發出火花」。

七、排灣族奪愛之恨傳說故事

《生蕃傳說集》，佐山融吉、大西吉壽著（大正十二年），余萬居譯：（註九）

　　古有一壯丁，名叫 tutuur，有一次到河邊去取水，可是水濁不堪飲用，所以沒有取。第二天和第三天仍然如此。tutuur 仔細瞧瞧水中，發現了一隻螃蟹，tutuur 猜想原因必在於牠，把牠給殺了，此時，眼前突然出現了一個美女。tutuur 捨不得美女，所以就脫下衣服裹住她，把她帶回家去藏在穀倉裡。同一天，頭目獵得一鹿，叫 tutuur 分送鹿肉。tutuur 沒有拿去分給頭目的親戚，而是把它帶回自己家裡，若無其事地去給頭目覆命。tutuur 來得太快了，頭目生疑，夜裡到他家屋外去查看，屋裡有人說：「妳喜歡鹿心呢？還是鹿肉？」接著又傳出女人的聲音，頭目推門而入，看到的竟是一個絕世美人，所以就硬逼 tutuur 讓腎，決定在那裡住下一宿，把女人拉到自己的身邊去。煮熱的鴨子被端走了，tutuur 不甘，所以也往榻邊躺下去。頭目以阻礙他吐痰為由，叫 tutuur 到別地方去睡。

tutuur 不敢違逆，去躺在他們的腳邊，頭目說不能伸腿。tutuur 躺到頭目的手邊去，頭目罵說不要摸到他的手。tutuur 大感委曲，繼而恨得咬牙切齒，說：「我到臼裡面去睡好了！」而 tutuur 一進臼就變成了一隻臭蟲，立即爬出來吸那美女的血，直到血涸致死為止。

本則傳說故事謂，有一壯丁名叫 tutuur，到河邊去取水突然出現了一個美女，便把她帶回家藏在穀倉裡。

此日頭目狩獵獵得一鹿，便叫 tutuur 分送鹿肉給頭目的親戚，但是他沒送而是自己帶回家去，便向頭目覆命了。

頭目很懷疑，晚上到他家屋外去查看，結果發現一美女。就逼 tutuur 讓賢，決定在那裡住下一宿，把女人拉到自己的身邊去，而叫 tutuur 到別地方去睡。

tutuur 心裡很生氣，到臼裡面去睡，就變成了一隻臭蟲，立即爬出來吸那美女的血，直到乾涸致死為止。

《生蕃傳說集》，佐山融吉、大西吉壽著（大正十二年），余萬居譯：（註十）

sukusukus 社曾有兄弟二人，弟弟 kataira 在河邊發現了個美女，把她藏在小農屋裡，卻被哥哥 sauraruyan 搶走。弟弟變成了臭蟲去咬他們，哥哥嫌煩，把牠抓住，擲入火中，臭蟲邊說：「偷人家女人的哥哥……」一邊就死了。

本故事是哥哥搶走弟弟女人的傳說，弟弟何其不幸，自己的美女被哥哥搶了，變了臭蟲去咬他們，還被哥哥抓來丟入火中慘死。

現今社會兄弟相殘者何其多，真是慘不忍睹，實在是該檢討的時候了。

《生蕃傳說集》，佐山融吉、大西吉壽著（大正十二年），余萬居譯：（註十一）

古時有一美女，叫做 mokai，跟老人 purarudan 結了婚。可是 mokai 本來就有一個情夫 pururugan，所以很想脫離老人的掌心。有一天，老人打獵去了，她馬上把情夫引進屋裡，享樂一番。傍晚時 pururugan 暫離，mokai 躲進廁所裡去。老人回來了，見不到 mokai，正大失所望而垂頭喪氣時，pururugan 來訪。老人請他代勞，送獸肉去給親戚。他卻繞到屋後去，進廁所裡，跟 mokai 兩人吃起那些肉來，談談笑笑。老人聽到，燃火把去，目睹其親暱狀，醋勁大發之餘，說：「可惡的姦夫淫婦！此恨不報，我死也不瞑目！」就變了臭蟲，附到他們身上去，使得他們痛癢難受。他們拿滾燙的開水往那蟲子潑，臭蟲哭著說：「我的妻子被搶走了，我的妻子被搶走了！」便死去了。

本傳說是老夫少妻的悲情故事，少妻背著老夫繼續與其情夫通姦，最後被老夫發覺，憤恨得變成了臭蟲，吸附到他們身上去，讓他們痛癢難受。但是他們拿滾燙的開水往臭蟲潑去，臭蟲便死去了。

前兩則傳說故事都是無辜者受害而且慘死，搶奪者卻安然無事，真令人感到憤恨不平。但是現今社會不是充斥著這樣的不幸事件嗎？好人下地獄，壞人上天堂，毫無公平正義。

八、排灣族殉情故事

排灣族的殉情口傳文學，有為離婚之妻殉情者，更有為動物殉情之者，皆膾炙人口，令人無限同情與悲淒。

陳千武譯述《台灣原住民的母語傳說》載排灣族「離婚妻」傳說：（註十二）

沙布拉揚的妻子沙拉蕾全身患了疥癬，看起來不潔又醜。使沙布拉楊很討厭，就把她離婚了。另娶沙白克為新娘。娶沙

白克時，請大家來跳舞。被離婚的沙拉蕾很傷心，到灶後去，說：「能洗掉我疥癬的水湧出來多好！」而唱歌。眼看著，真的有水湧出來了。她用湧出來的水洗疥癬，疥癬就消失了。沙拉蕾沒有想到自己會變成非常美的人。於是她化粧，到大家在跳舞的廣場去。但不參加跳舞，爬到屋頂上，只看人家在跳舞。可是由於她太漂亮，使跳舞唱歌的人都感覺到晃眼。「那是甚麼？」大家仰頭看上面，看到沙拉蕾在屋頂上，跟太陽一樣美麗。沙布拉揚也看到了，起初以為是哪裡來的仙女，一看清楚才認出是沙拉蕾，便甩開牽著手跳舞的新娘，跑上去，緊抱著沙拉蕾的腰部說：「我們再做一次夫妻吧？」女人說：「我是被你遺棄的女人，你討厭我，我也討厭你。」沙布拉揚說：「那是因為妳患了疥癬，我才不得不跟妳離婚。」可是無論他怎麼要求，沙拉蕾都不答應，跑了。沙布拉揚一直追逐她，不死心，使沙拉蕾不知道如何才好。沙拉蕾被追逐而躲到山頂，已經很疲倦。於是騙他說：「我的斗笠放在屋頂上，忘記拿來，如果你去替我拿來，我就跟你做夫妻。」沙布拉揚很高興，立刻跑回去拿斗笠。可是到處找不到斗笠，焦急地趕快跑回沙拉蕾的地方，卻看不到沙拉蕾，爬到最高的樹上，才看到沙拉蕾已經逃到海邊去了。站在海邊，沙拉蕾說：「變成蜘蛛多好！」而唱歌。她就像蜘蛛般浮上海面走，走到海的盡處才上岸，就不見了。然而沙布拉揚非常戀慕她，想辦法進到海的盡處來，不知道經過多少個日子，才找到沙拉蕾，看到她已經跟新的丈夫在一起了。沙布拉揚的戀情發瘋，便跳海自殺死了。

本傳說故事敘述，一位拋棄妻子又要重新與妻子敘舊，終不能如願而跳海殉情的故事。

本故事情節要述如下：

（一）沙拉蕾因為全身患了疥癬，看起來不潔又醜，所以丈夫沙布拉揚就與她離婚。並且準備另娶沙臼克為新娘。

（二）沙拉蕾的丈夫沙布拉揚與沙臼克結婚日，沙拉蕾很傷心，她到灶後說：「能洗掉我疥癬的水湧出來多好！」結果真的有水湧出來了。

（三）她用湧出來的水洗疥癬，疥癬就消失了，她變成非常美麗的女人。

（四）沙拉蕾化妝亮麗後，到結婚跳舞的廣場上，爬到屋頂看人家跳舞。

（五）由於沙拉蕾跟太陽一樣美麗，大家都發覺了屋頂上有人。

（六）沙拉蕾的丈夫沙布拉揚認出屋頂上美麗的女人是他離婚的妻子，便甩開牽著手跳舞的新娘，跑上去，緊抱著沙拉蕾的腰部說：「我們再做一次夫妻吧」？

（七）沙拉蕾：「我是被你遺棄的女人，你討厭我，我也討厭你」。

（八）沙拉蕾跑了，沙布拉揚不死心的一直追逐她。

（九）沙拉蕾被追逐而躲到山頂，她不得已騙沙布拉揚說，舞會廣場的屋頂上，忘了拿斗笠，請沙布拉揚去拿，就願意再做夫妻。

（十）沙布拉揚跑回去舞場拿斗笠，可是到處找不到斗笠，又趕緊跑向沙拉蕾的地方，可是不見沙拉蕾，爬到最高的樹上，才看到沙拉蕾已經逃到海邊去了。

（十一）沙拉蕾在海邊說：「變成蜘蛛多好！」而唱歌。於是她就像蜘蛛般浮上海面走，走到海的盡處才上岸，就不見了。

（十二）不知道經過多少個日子，沙布拉揚想辦法走到海的盡處，終於找到了沙拉蕾，可是沙拉蕾已經有新的丈夫了。

（十三）沙布拉揚最後跳海自殺殉情。

《原語による台灣高砂族傳說集》，小川尚義、淺井惠倫著（昭和十年），余萬居譯：（註十三）

　　　Sapulaujalujan 和 Sasulalulalui 是夫妻。可是，Sasulalulalui 全身罹患疥瘡，Sapulaujalujan 嫌棄她，而休了她，改娶 Sacukucuku。婚禮時、人們聚集而跳舞。Sasulalulalui 氣她自己被休，在灶後唱歌說：「倘有清水湧出，給我洗疥瘡……」，結果，地上真湧出水來，她清洗了自己的疥瘡，然，她痊癒了，變成了大美人。於是她化了妝，混到跳舞的人中去。她的美貌難以形容地耀眼，美如太陽的她吸引了眾人的眼神。Sapulaujalujan 見之，摔開了牽手（跳著舞）的新娘，向 Sasulalulalui 求婚，但女人卻說，「我討厭你，我是被你拋棄了的女人！」Sasulalulalui 跑開，但是 Sapulaujalujan 不停地追她。到了山上，她已經很累了。她騙 Sapulaujalujan 回去拿她忘了的斗笠，等他再回來時，她就嫁他。但她卻趁機逃了，當 Sapulaujalujan 回來，Sasulalulalui 已經在海上了。Sasulalulalui 變成蜘蛛一樣，走在海上，抵達海洋盡頭，坐在那裡。可是 Sapulaujalujan 卻很愛慕她，追到海洋盡頭去。可是見之，海洋盡頭已有 Sasulalulalui 的（新）夫。Sapulaujalujan 在戀慕之餘自殺了。

本則傳說故事與上則相同。

《生蕃傳說集》，佐山融吉、大西吉壽著（大正十二年），余萬居譯：（註十四）

　　　有個由姨母養育的孤女，奉命去看守農地，那時她很害怕，有一隻鹿到小屋來，對她很溫柔，所以終於以身相許，少女從此，多日未回家，姨父擔心她，有一天要她回家，當晚親自看守，就殺了鹿，少女傷心之餘遂殉情而死。

　　本則傳說故事敘述，孤女看守農地，那時她很害怕，但是有一隻鹿到小屋來，對她很溫柔，因此終於以身相許。孤女的姨父擔心她，有一天要孤女回家，當晚自己看守農田，發現有隻鹿，就殺之，少女非常傷心，遂殉情而死。

　　類似本故事女子為動物殉情的傳說很多，在本書「排灣族人與動物情口傳文學」中亦有許多例子。

註釋

註一：吳燕和《台東太麻里溪流域的東排灣人》，台灣南港，中央研究院院民族學研究所，民族學研究所資料彙編，第 7 期，1993 年 4 月。
註二：同註一。
註三：李嘉鑫〈德文部落天鵝湖傳說〉，中國時報，1999 年 4 月 2 日。
註四：內政部委託台灣大學人類學系研究《台灣山胞各族傳統神話故事與傳說文獻編纂研究》，1994 年 4 月 30 日。
註五：同註三。
註六：陳千武譯述《台灣原住民的母語傳說》，台北，台原出版社，1995 年 5 月。
註七：同註四。
註八：同註六。
註九：同註四。
註十：同註四。
註十一：同註四。
註十二：陳千武譯述《台灣原住民的母語傳說》，台北，台原出版社 1995 年 5 月。
註十三：同註四。
註十四：同註四。

排灣族人與動物情
口傳文學

第二一章

一、排灣族女與蛇情傳說故事

古樓村的陶壺傳說，李嘉鑫〈陶壺女嬰與蛇神生子〉載：（註一）

據說太古的時候，山區有三個神聖的古壺，它們分別由金、銀與陶做成，有一天，從大武山跑下來兩條狗，牠們撞裂了陶壺，裂開的壺中，有一位女嬰，女嬰長大後與百步蛇神結婚，而生下三個兄弟。……

本則傳說故事敘述，陶壺生下女祖先的故事，後來女祖與百步蛇神結婚，而生下三個兄弟，繁衍人類。

《民族所集刊》，引自《排灣族信仰體系》，許世珍：（註二）

傳說有一個女陶壺，此陶受陽光照射孵出了一個女性的蛋，此蛋與 pocoan 家一個男性的靈魂結婚，生下了一女人，此女子又和山裡的百步蛇結婚，生下了二男孩。……

本則傳說故事敘述，一個女陶壺孵出了一個女性的蛋，此蛋與 pocoan 家一個男性的靈魂結婚，生下一女，此女復與百步蛇婚，生下二男孩，人類自此開始繁殖。

按排灣族人的陶壺分為兩種，一種是女性陶壺，另一種是男性陶壺，亦即有「陰壺」與「陽壺」之分。

許功明、柯惠譯《排灣族古樓村的祭儀與文化》載女祖與百步蛇結婚的故事：（註三）

tjiluvekan 家的女祖 tsail 與一條百步蛇成為戀人，平常人眼中可怕的百步蛇，在她眼底，卻是個俊美的男子。話說一回，從最大的陶甕（dredretan）中，突然出現了一個比雞蛋還要大的蛇蛋，並有一條蛇盤

▲ 排灣族勇士雕像／田哲益提供

繞在甕上。白天裡，太陽光透過天窗照射在蛋上面，蛋就一天天大起來；到了第十個月，竟孵出了一條百步蛇（vurung）。tsail 認為這是個可愛的男孩，於是，就將之命名為 pulaluian。後來，百步蛇想和 tsail 結婚，便帶了一大群的百步蛇前來求婚，這些百步蛇蟠得樹上、樹下到處都是，還有許多珠子（qata）和禮品（sauzaian）。在 tsail 的想像中，pulaluian 一定來自相當大的部落，所以，就以酒和檳榔熱情的款待他們。當pulaluian 離開部落，將被迎娶去 pulaluian 家之前，她依依不捨的交待家人說：「我就要和我的丈夫走了，當我撐的黃傘漸漸沉下，直到看不見時，就表示，我已經到夫家了。」說著，正要離村去時，突然飛來了一片雲彩把她帶走了，此後，tsail 就再也沒有出現過。人們認為她尚未死而是去了神的地方，於是，不再用她的名字來給後代取名。

這是一則記述「人」與「蛇」之詩情畫意的戀情故事，本則故事中的人與蛇情，是原住民難得的異類婚姻成功的例子，原住民大部分的「人獸婚戀」，多是以悲劇下場。

本則傳說故事中的女主角 tsail，是古樓世系頭目 tjiluvekan 家族之女。按 tsail 是古樓世系頭目 tjiluvekan 家族系內極負盛名的女祖先。

林道生《台灣原住民族口傳文學選集》載利吉利吉社〈嫁給百步蛇〉：（註四）

以前，在利吉利吉社有一位嫁給百步蛇的女孩名字叫柯娥伊。她的丈夫夜晚以人形顯現，到了白天又恢復成為原來百步蛇的模樣，被妻子柯娥伊放在竹籠裡，用自己的衣服蒙蓋著蛇籠，所以別人都沒有看過。柯娥伊也不允許他人觀看。有一天，柯娥伊的哥哥沙俄龍心想：「我妹妹到底收養了什麼奇禽怪獸，才不給別人看呢？」於是有一次，哥哥沙俄龍對妹妹柯娥伊說：「妳去集水場去汲一桶水。」柯娥伊照著哥哥的吩咐去

汲水。留在家的哥哥沙俄龍趁著妹妹不在的好機會，掀開竹籠
上覆蓋著的妹妹的衣服一看，竟是一條百步蛇。百步蛇有些不
高興地問沙俄龍：「你為甚要看我？」說著便從竹籠裡爬了出
來，往南方走去，爬入一個水所流進去的穴洞裡。不一會，柯
娥伊從集水場汲水回來，卻不見竹籠裡的百步蛇。柯娥伊問哥
哥沙俄龍：「我的百步蛇呢？」沙俄龍以反問的語氣回答：「為
什麼你要把百步蛇放進竹籠裡呢？」柯娥伊聽了哥哥的質問，
生氣地說：「牠是我的丈夫呀！」又說：「你為甚麼故意要我到
外面去汲水，再利用機會觀看我的百步蛇，又把牠放走了？」
又說：「這樣作法，你知道會有什麼後果嗎？」妹妹柯娥伊說：
「我要跟丈夫在一起。」說完便離開了家去找她的丈夫百步蛇。
後來都沒回來過。

這是一則女子深戀百步蛇丈夫的傳說故事，柯娥伊的丈夫是一條百
步蛇，夜晚以人形顯現，白天又恢復原形，柯娥伊把牠放在竹籠裡用衣
服蒙蓋著，不允許他人觀看。

有一天，柯娥伊的哥哥沙俄龍藉故打發妹妹汲水，掀開竹籠，赫然
發現是一條百步蛇，百步蛇從竹籠裡爬了出來，往南方走去，爬入一個
水所流進去的穴洞裡。

柯娥伊知道哥哥沙俄龍放走了百步蛇，非常生氣，最後，柯娥伊離
開了家去找她的丈夫百步蛇。後來都沒回來過。

林道生《台灣原住民族口傳文學選集》載卡吉來社〈蛇的妻子〉：
（註五）

卡吉來社的一位老人去打獵，在山上看到了一朵美麗的
花，心想：「把它摘下送給婦女多好！」因此攀上岩石去把花
摘了下來。這時候，從岩縫裡走出來了一條百步蛇，瞪著眼
對老人說：「你為甚麼摘我的花？」老人不好意思地回答：「對
不起，我不知道這一朵美麗的花是你的！」百步蛇：「還來，

要不然我就咬死你！」老人害怕地說：「好的，好的，我馬上把它放回去！」老人把花放回原來的地方。可是，被摘下來的花朵總是掉下來，放不回原來的地方。老人很擔心，不知道怎麼辦才好。這時，看著的百步蛇對老人說：「你家有女孩子嗎？」老人回答：「有！」百步蛇說：「那麼，你把花帶回去，送給女孩子。把喜歡這朵花的女孩許配給我做妻子。如果她願意的話，我就娶了她。我就不咬死你了。」老人帶著花回家去，把花給大女兒看，並且問她：「妳喜歡這朵花嗎？」沒想到，大女兒竟回答父親：「不喜歡。」老人又問小女兒：「妳喜歡這朵花嗎？」沒想到小女兒也回答：「不喜歡！」這時，老人傷心地哭了，他說：「如果妳們都不喜歡這朵花的話，那麼岩石縫裡的那條百步蛇就會來咬死我！」聽了父親傷心的話，小女兒覺得過意不去，而對父親說：「那麼把那一朵花給我。我去嫁給蛇郎！」老人便把花朵給了小女兒。第三天，百步蛇來了。百步蛇問老人：「我的妻子在那裡？」老人：「在那邊。」老人指著打扮好的小女兒，穿著美麗的服裝，頭上插著那美麗的花。小女兒唱著歌告別了家人及族人，歌詞的意思是：女兒唱：爸爸媽媽，還有我的族人們，我現在就要去嫁給蛇郎啦，你們要保重自己，我會想念你們。父母唱：去吧！去嫁給妳的蛇郎。明年要記得帶著妳的孩子回來，我們都在等妳回娘家！在歌聲中，百步蛇用牠的尾巴捲著牠的新娘走了。在途中，百步蛇變成一位美男子，新娘子看了大為驚奇又歡喜。這一對新人邊走邊談地已經來到了百步蛇的家。百步蛇的家非常地漂亮，四處都是玻璃的落地窗，地板滑溜地，連蒼蠅停在上面都會滑倒。在屋裡，百步蛇不讓妻子外出一步，因為怕屋外有灰塵污染了美麗的新娘。過了幾天，蛇郎去田裡工作，請他的大姊來幫忙照顧家。大姊一踏上門，心想：「這是

多麼漂亮的家呀！應該由我來做這一家的女人才好！」然後
又想：「只要把弟弟的妻子殺了，我就是這家的女主人啦！」
於是，百步蛇的大姊對著新娘子說：「我們一起照照鏡子看看
誰漂亮？」兩人在鏡子前一站，是蛇的新娘子漂亮多了。蛇
的大姊不服氣地說：「妳是穿著美麗的衣服才顯得漂亮呀！」
大姊要蛇的新娘子脫下了美麗的外套。再度站在鏡子前比一
比，還是蛇的新娘子漂亮。大姊不高興地說：「是妳的腰帶顯
得漂亮！」大姊又要蛇的新娘子解下腰帶，再度照鏡子比漂
亮。還是蛇的新娘子漂亮。不服氣的大姊便說：「我們去外面
井子那邊照照看！」兩個人到了外面，站在井子旁邊一照，
蛇的新娘子還是漂亮多了，大姐的心裡非常地不服，一肚子的
嫉妒，便順手推了一把，把新娘子推下井底淹死了。傍晚，蛇
郎從田裡回來，看了妻子，心想：「我美麗的新娘子怎麼變得
這麼醜了？」過些時候，蛇郎去井汲水。井邊的雞用奇妙的聲
音啼著：「哈，哈，你是把姊姊當妻子啦！」蛇郎聽了，便把
雞帶回家。第二天，蛇郎要去田裡工作，他告訴妻子（大姊）：
「要好好照顧雞，別把牠殺了！」妻子（大姊）在蛇郎走了之
後，去曬乾粉滓。不久，粉滓被雞吃了許多。大姊一生氣便把
雞給殺了。傍晚，蛇郎回來，沒看到雞而問：「我的雞那裡去
了？」大姊：「雞偷吃了許多粉滓，所以把牠給殺了，煮成一
餐豐盛的菜餚了！」晚餐時，蛇郎挾了菜卻變成了肉，大姊挾
了菜卻變成了骨頭。大姊生氣地把整鍋的菜都丟了。後來，
在大姊倒了菜的地方長了一棵松樹。松樹長得很快，蛇郎把大
松樹砍斷做成兩張椅子。蛇郎坐了上去，安定而不搖動，很舒
服。可是大姊一坐上去，椅子卻搖個不停。大姊生氣了，把椅
子劈成柴給燒了。

這是一則人與蛇情的悲劇故事，美麗孝順的姑娘為了營救父親免於被百步蛇咬死，而寧願嫁給蛇郎，但是被蛇郎的姊姊推入井中陷害了，真是不幸的悲劇故事，美麗的姑娘與蛇郎君短暫的幸福與快樂，換來無限的痛苦與惆悵，令人不勝唏噓。

本故事情節要述如下：

（一）父親到山上打獵，摘了岩石上一朵美麗的花。

（二）從岩縫裡爬出一條百步蛇，指責父親為什麼要偷摘花？

（三）父親把花放回原來的地方，可是放不回去。

（四）百步蛇對父親說，如果家有女兒嫁給牠，就不咬死他。

（五）父親帶著摘下的花回家，問大女兒喜不喜歡？又問小女兒，結果都說「不喜歡」。

（六）父親傷心地哭了，他說：「如果妳們都不喜歡這朵花的話，那麼岩石縫裡的那條百步蛇就會來咬死我」！

（七）小女兒覺得過意不去，而對父親說：「那麼把那一朵花給我。我去嫁給蛇郎」！

（八）第三天，百步蛇來娶小女兒。百步蛇用牠的尾巴捲著牠的新娘走了。在途中，百步蛇變成一位美男子，新娘子看了大為驚奇又歡喜。

（九）過了幾天，蛇郎去田裡工作，請他的大姊來幫忙照顧家。

（十）蛇郎的大姊嫉妒姑娘漂亮，把新娘子推下井底淹死了。

《生蕃傳說集》，佐山融吉、大西吉壽著（大正十二年），余萬居譯：（註六）

> 古時，mateyasan 之地有一少女，名為 barun。在她新婚之夜，家人發現有一條大蛇躺在她的床上，barun 說她很丟臉，第二天一早就坐著一個籃子，進入 daruparigan 之地的池中，並與家人告永別。說著，戴著 barun 的斗笠就沉了，但不久，barun 又出現於水面上，把 makarurusa、toutaotaon（二者均

為水缸）、kodorurun 和 momorisa（二者均為項鍊）交給她的家人，說：「這是留給你們的遺物，今後你們若到這一帶來打獵，我定會備好飯菜，等著你們！」之後，她又沉了下去。其後，我們每一家都要掛上蛇形的裝飾物，用以表示我們與 barun 的關係。

本則傳說故事敘述，少女 barun 與蛇結婚的故事，家人都不知道其丈夫是一條蛇，新婚之夜家人才發現躺在她床上的是一條蛇，barun 自己覺得很丟臉，第二天一早就坐著一個籃子進入 daruparigan 之地的水池，戴著斗笠沉入池中，與家人告永別。

不久，barun 又出現於水面上，把 makarurusa、toutaotaon（二者均為水缸）、kodorurun 和 momorisa（二者均為項鍊）交給她的家人，並且說，今後你們若到這一帶來打獵，會備好飯菜等著！

後來排灣族每一家都要掛上蛇形的裝飾物，用以表示我們與 barun 的關係。

《生蕃傳說集》，佐山融吉、大西吉壽著（大正十二年），余萬居譯：（註七）

> 有個叫做 tsyokotsyok 的少女，每在夜深人靜時，都會引情夫入房。有一晚，女母點燃火把，去查看她的臥房，原來是一條大蛇而不是男人。不久之後，tsyokotsyok 跟著那一條大蛇雙雙入海。

本則傳說故事敘述，有位母親發現其女，每在夜深人靜時，都會引情夫入房。於是點燃火把查看，才發現其女的情夫是一條大蛇。後來少女跟著那一條大蛇雙雙入海。

《生蕃傳說集》，佐山融吉、大西吉壽著（大正十二年），余萬居譯：（註八）

有個叫做 rangao 的少女，每晚都跟一條蛇 kisoju，可是後來事跡敗露。她深覺無顏見人，遂投身沉入一個叫 itoataatsupu 的深淵裡。那時，她告訴家人說，以後家人到那個地方去的時候，她都會備飯以饗，可是，冷飯是神的，所以要吃熟飯。

本則傳說故事敘述，有一位少女與蛇每晚 kisoju，後被人察知，遂投身沉入一個叫 itoataatsupu 的深淵裡。她謂家人云，「以後家人到那個地方去的時候，她都會備飯以饗，可是，冷飯是神的，所以要吃熟飯」。

《生蕃傳說集》，佐山融吉、大西吉壽著（大正十二年），余萬居譯：（註九）

有個叫做 sabariyaparariku 的少女，每晚皆有 kisoju 的跡象。女母好奇，想知道對象是誰，走過去偷看，竟是跟一條蛇，但 sabariyaparariku 以為她的對象是一正常男人，後來，她果然生下了很多蛇。

本則傳說故事是一少女與蛇 kisoju 交往，還懷孕生下很多蛇。

《生蕃傳說集》，佐山融吉、大西吉壽著（大正十二年），余萬居譯：（註十）

內文社裡曾有一少女，名為 siyapaji，生了很多小蛇，把牠們藏在衣箱裡。一天，女母生疑而打開衣箱查看，無數小蛇爬出，逃離無蹤。少女引以為恥，投海自盡。

本則傳說故事敘述的是一則悲劇故事，一少女被其母發現生了無數小蛇，無顏見家人，遂投海自盡。

《原語による台灣高砂族傳說集》，小川尚義、淺井惠倫著（昭和十年），余萬居譯：（註十一）

古時，luvotsi 家上方曾有 pasusu 家 savali（女）與其母的房子。（有一次）savali 說：「我到汲水場去，可是，媽媽，不要打開我的行李箱！」然而母親很好奇，於是就開了行李箱。這一來，（許多）小蛇（爬出）四散。savali 自汲水場回，（中途）

遇見小蛇，想是母親開了蓋子。到了家，她看了看行李箱，孩子（小蛇）已不見，savali 於是生氣地對母親說：「妳為什麼要做那種事？我要出去了！」就收拾東西，戴著斗笠到內獅頭去。據說，母親跟在她後面叫著：「別走，別走！」到了海（邊），（savali）就走進海中（其）笠連續旋轉，然後消失。自古傳說，是因此而稱南勢湖為 cisavali（savali 的地方）。這一位 savali，是懷了龍而從海中來的，想必是因為如此，所以才回到龍之所去的海中。

本則傳說故事敘述，savali 女子的行李箱裡面是她的孩子小蛇，但是在 savali 汲水的時候被 savali 的母親打開，小蛇爬出四散。savali 非常生氣，就走進海中，然後消失。

《生蕃傳說集》，佐山融吉、大西吉壽著（大正十二年），余萬居譯：（註十二）

古時，tariraur 社曾有 mokai、karar 二姐妹，一天一起去河邊時，有一群青年向她們示好，妹妹 karar 受一位美青年 kurerere 花言巧語，遂以身相許。可是，那青年所經之處皆會散發出蛇腥味，妹妹惟恐那人是蛇，在百般試探之後，她像是要安慰自己一樣地對姐說：「他果然不是蛇……。」又有一天，姐妹倆一起去河邊，妹不慎失足，沉入水中不上來。姐奔回家相告，女母傷痛不已。當晚 kurerere 又來了，mokai 渴望已久的機會來了，遂與之 kisoju。正在那時，karar 突然出現了，說：「我今天頭一次到 kurerere 家去。」姐姐很尷尬，不得不把 kurerere 讓回給妹妹。之後，karar 和 kurerere 的交情未變。

本則傳說故事情節要述如下：

（一）姐妹一起去河邊，河邊有一群青年向她們示好。

（二）妹妹受一位美青年花言巧語，遂以身相許。

（三）妹妹感覺到這一位美青年是蛇。

（四）有一天，姐妹又一起去河邊，妹不慎失足沉入水中。姐告知
　　　家人，母親悲傷不已。

（五）當晚美青年又來了，姐姐渴望已久，遂與之 kisoju。

（六）姐姐與美青年 kisoju 之際，妹妹突然出現，姐姐很尷尬，又把
　　　美青年讓回給妹妹。

二、排灣族男與蛇情傳說故事

金榮華《台北縣烏來鄉泰雅族民間故事》載〈排灣族與蛇〉：（註
十三）

　　　據排灣族的傳說，以前的蛇是有神性的，牠幻化無窮，能
變成美麗的女孩子，也能變成很多奇怪的相貌，所以排灣族人
認為蛇有神性，把牠當作神，對牠崇拜祈求。後來有一個排灣
族的頭目和母蛇結了婚。一直到現在他們都還很尊重蛇，把牠
當作本族的圖騰來崇拜。

　　本則傳說故事敘述的是排灣族的頭目和母蛇結婚的故事，排灣族人
認為蛇是有神性的，蛇與排灣族頭目也有密切的關係，「一直到現在他
們都還很尊重蛇，把牠當作本族的圖騰來崇拜」。

三、排灣族女與鹿情傳說故事

《生蕃傳說集》，佐山融吉、大西吉壽著（大正十二年），余萬居
譯：（註十四）

　　　少女在小農屋裡，與水鹿私通。女父不知之，射殺其水
鹿。少女以其角，刺破自己腹部身死。水鹿掛有精美的銀質項
錬戴有頭飾，甚至也戴有「手鐲」。女父憐之，予以合葬。

　　本則傳說故事謂，父親射殺了少女之愛水鹿，少女就以鹿角刺破自
己腹部身死。少女家人從「水鹿掛有精美的銀質項錬戴有頭飾，甚至也
戴有手鐲」，知水鹿為女兒情夫，遂予以合葬。

《生蕃傳說集》，佐山融吉、大西吉壽著（大正十二年），余萬居譯：（註十五）

> 古時，ruboan 社有個少女叫 samirikam，每晚睡在小農屋裡看田。可是，有一天田裡卻亂七八糟，女父決定一探究竟，留下來看守一晚。至深夜，女父聽到「ken、ken……」的叫聲，迅發一矢射之，一隻角上掛有項鍊的大鹿倒在地上。女父知道這正是女兒的情夫，遂割下其頭提回去。少女見之，哭傷不已，從屋頂上跳下來，被鹿角刺破腹部死亡。

本則傳說故事敘述，少女的情夫「鹿」，被父親射殺，並且把頭割下提回去。少女悲傷自屋頂上跳下來，被鹿角刺破腹部死亡。

四、排灣族女與青蛙情傳說故事

《生蕃傳說集》，佐山融吉、大西吉壽著（大正十二年），余萬居譯：（註十六）

> 古時，sauraruyan 氏去取水時，有一隻青蛙出現在他眼前，欲送檳榔給他，請他把女兒嫁給牠。sauraruyan 不肯，青蛙便予以威脅，sauraruyan 只好無奈地收下檳榔。五天之後，青蛙果然送來大量竹子和貨幣，要娶少女。sauraruyan 想趁青蛙不備時殺牠，但自己卻反而被傷，女兒也給搶走了。又過五天，可憐的女兒已變成死屍，浮在河面上。

本則傳說故事。sauraruyan 氏不願意把女兒嫁給青蛙，但是青蛙蠻橫把女兒強走了，五天後，女兒已變成死屍，浮在河面上。

五、排灣族女與蜂情傳說故事

《生蕃傳說集》，佐山融吉、大西吉壽著（大正十二年），余萬居譯：（註十七）

　　有一隻蜂來到 sauraruyan 家提親，並帶來一些檳榔。長女不接受，欲用棍子打牠；牠又飛到次女、三女、四女那裡去，也都被拒絕，四女甚至用刀砍牠。後來，蜂又到五女那裡，並略施計謀說：「若妳不嫁我，妳父親會被蛇咬死！」五女思慮之後，就收下其禮物。過了五天，蜂來迎娶五女，到了夫家後，發現那是鑲有許多珠寶的堂皇建築，而原以為是蜂的丈夫也搖身一變，成為英俊健美的青年。其中一姐得知真情後，大悔坐失良機，便跑去拜訪五妹，但卻不安好心將妹推入水中，假扮其妹，奪其妻子寶座。幸而五妹又從爐中復活出來，此姐惡行敗露，終被滾燙的熱水燙死。據說，蜂夫婦從此就過著恩愛幸福的日子。

　　本則傳說是「蜂」娶妻的故事，長女到四女都不願意嫁給「蜂」，最後只有五女因為信了「蜂」說的話：「若妳不嫁我，妳父親會被蛇咬死！」而答應嫁給「蜂」。

　　結果「蜂」的住宅美輪美奐，堂構輝煌，是鑲有許多珠寶的堂皇建築，而「蜂」丈夫也搖身一變，成為英俊健美的青年。

　　其中一姐得知，便去拜訪五妹，但因忌妒把妹妹推入水中，假扮其妹，奪其妻子寶座。

　　老天有眼，不該是妳的，絕對不會變成妳的。妹妹又從爐中復活出來，其姐惡行敗露，終被滾燙的熱水燙死。

註釋

註一：李嘉鑫〈陶壺女嬰與蛇神生子〉，中國時報，1998年。

註二：內政部委託台灣大學人類學系研究《台灣山胞各族傳統神話故事與傳說文獻編纂研究》，1994年4月30日。

註三：許功明、柯惠譯《排灣族古樓村的祭儀與文化》，台北，稻鄉出版社，1998年9月。

註四：林道生《台灣原住民族口傳文學選集》，花蓮縣立文化中心，1996年6月。

註五：同註四。

註六：同註二。

註七：同註二。

註八：同註二。

註九：同註二。

註十：同註二。

註十一：同註二。

註十二：同註二。

註十三：金榮華《台北縣烏來鄉泰雅族民間故事》，中華民國民間文學學會，1998年12月。

註十四：同註二。

註十五：同註二。

註十六：同註二。

註十七：同註二。

排灣族生殖器與
性愛口傳文學

第二二章

　　排灣族是一個「生殖器崇拜」的民族，在排灣狩獵文化中有一個與「生殖器崇拜」有關的古老習俗，非常的有趣。排灣族人在族人狩獵回來時，會以獵物的多寡、種類來分成績的高低。獵到大型的野獸如：山豬、熊、山鹿、山羌、山羊等，或是獵到數量越多的獵人，就會被族人尊稱為勇士。通常獵人於回程要進入部落前，就會依自己的狩獵成績通報給族人，方法是扯開喉嚨大聲的喊叫「嗚嗚嗚」，利用山谷的迴音告訴族人自己狩獵的成果，大型的三聲、母的兩聲、小型的一聲。族人根據聲音來判斷並準備物品迎接這些凱旋歸來的勇士們。而成績最好的那位勇士有權在進入部落時，大大方方的敞開上衣，光著下體走進部落，接受族人的歡迎與稱讚。反而是那些成績不好的，必須要衣冠端正，遮遮掩掩的回來。（註一）

一、排灣族女性生殖器傳說故事

《生蕃傳說集》，佐山融吉、大西吉壽著（大正十二年），余萬居譯：（註二）

　　古人的陰部在額上，但因諸多不便，遂移至膝蓋上去，後來發現仍是不便，又移至足踵上去，但一走起路來會沾上泥巴，所以最後移至股間來。

本則傳說故事謂，人女性的生殖器，原來在額上，後來移至膝蓋上去，又移至足踵上去，都因諸多不便，故最後移至股間來。

李嘉鑫〈陶壺女嬰與蛇神生子〉：（註三）

　　古樓地區，最早的時候，由於因為人口不多，因此只好近親結婚，而生下小孩的生殖器，長在腳底，隨後所生下孩子的生殖器，一代一代慢慢往上移，最後就變成現在正常的樣子了。

本則故事述及近親結婚所生的小孩會發育不正常，本則故事以人類生殖器的生長位置不正常，說明近親結婚的結果。

陳千武《台灣原住民的母語傳說》載排灣族卡比揚社傳說：(註四)

　　聽說，布拉揚的妻特可得生了很漂亮的女兒，叫毛阿凱。太漂亮了，使社裡的男人都煩惱。競爭的結果，嫁給了可魯魯。可是聽說，毛阿凱的女陰有牙齒。同衾之後，可魯魯卻被女陰咬死了。天亮時，母親特可得要叫他們起來吃飯，沒有回音。打開門進去一看，男人已經死了。父母親問毛阿凱說：「怎麼會死，妳做了甚麼？」毛阿凱都不說話。其實她也不知道為甚麼。不得不通知可魯魯家，可魯魯的壯丁來收拾屍體回去了。「這，使我們感到羞恥，無臉見人家。」布拉揚夫婦很懊惱。於是把女兒放入箱子裡，丟入河川讓水流走了。然而，在天上也有一位叫可魯魯的人，帶壯丁來河邊釣魚，發現了淵裡有箱子，就把箱子扛回家。回到家一進門就喊：「爸媽，我們發現了一個箱子，很重，大家來打開看看。」把蓋子打開一看，「咦！這不是毛阿凱嗎？漂亮的女人。聽說，女陰有牙齒，才被丟棄了的。」可魯魯的母親很同情她。母親叫可魯魯去狩獵，準備以獵物歡迎毛阿凱。可魯魯去狩獵，毛阿凱很疲勞而睡著的時候，母親便用鉗子，把女陰的牙齒拔掉了。可魯魯從狩獵回來，跟她同衾了，可魯魯卻沒有死。不久毛阿凱就懷孕了。從毛阿凱的女陰拔出來的牙齒，叫達達牟拉紋，是一種蜻蜓玉，跟土地的價值同等高貴。

本傳說故事情節要述如下：

(一)毛阿凱是一位絕世美女，有許多人追求，最後嫁給了可魯魯。

(二)因為毛阿凱的陰部有牙齒，可魯魯被女陰咬死了。

(三)毛阿凱的父母認為女兒陰部有牙齒，感到羞恥，無臉見人家，便把女兒放入箱子裡讓水流走。

(四)天上也有一位叫可魯魯的人，帶著壯丁到河邊釣魚，發現淵潭裡有箱子，就把箱子扛回家。

（五）打開箱子，裡面正是陰部有牙齒而被丟棄的絕世美女毛阿凱。

（六）可魯魯的母親叫他去狩獵，準備以獵物歡迎毛阿凱。

（七）可魯魯的母親趁毛阿凱很疲勞而睡著的時候，用鉗子把女陰
　　　的牙齒拔掉了。

（八）從毛阿凱的女陰拔出來的牙齒，叫達達牟拉紋，是一種蜻蜓
　　　玉，跟土地的價值同等高貴。

（九）可魯魯與毛阿凱成婚，不久毛阿凱就懷孕了。

　　美不是罪惡，不過像毛阿凱這種曠世美女，女陰卻生出了致命的
牙齒，自己還差一點險些喪命，好在被人發現救了起來，還嫁給了天
神，過著美滿幸福的日子。

　　《原語による台灣高砂族傳說集》，小川尚義、淺井惠倫著（昭和十
年），余萬居譯：（註五）

　　　據說曾有 tokotoko 和 pulalulalujan 一對夫妻，生
女 moakakai 非常美，據說社中青年皆戀之，她後來嫁給
kolilulilu。可是據說 moakakai 的陰部有齒，同寢之餘，kolilulilu
被女陰咬而死，天亮時，tokotoko 叫他們起來吃早飯，卻發
現新郎已死。雙親質問為什麼，moakakai 無言。於是他們
叫 kolilulilu 的壯丁來領取了屍體。而 tokotoko 和 pulalulalujan
說：「我們很丟臉，這孩子有什麼用！我們把她裝進箱子
裡！」於是便裝入箱中，且拿去河上，任其流走。適有天上人
kolilulilu，帶著壯丁在河裡捕魚，發現了淵中的箱子而取之，
扛回家去，打開了，才發現，原來是那個陰部有齒而被雙親丟
棄了的 moakakai。（母親）於是向 kolilulilu 說：「打獵去吧！」
且趁 moakakai 睡著時，剪掉了那陰部的牙齒。kolilulilu 獵歸而
與之同寢，然 kolilulilu 未死，moakakai 懷孕生子了。那種牙齒
叫做「tatalavin dadamilamin」，價同土地。女陰的牙齒共有四

顆，是玻璃珠，一個在下 paiwan 社，兩個在 piliti 社，（還有）一個在 kaviay 社。故事完。

本則傳說與上則故事相似，惟本則故事對於女陰的牙齒有比較詳細的記載，故事謂：「那種牙齒叫做 tatalavin dadamilamin，價同土地」。對於牙齒的來龍去脈亦有詳述：「女陰的牙齒共有四顆，是玻璃珠，一個在下 paiwan 社，兩個在 piliti 社，一個在 kaviay 社」。

陳千武《台灣原住民的母語傳說》載排灣族篤文社傳說：（註六）

沙布路康和毛阿凱是一對夫妻，毛阿凱很漂亮，像太陽閃閃亮亮。可是跟她同衾，局部卻沒有孔。這使沙布路康很懊惱，吃飯、喝酒都不願跟她在一起。只很生氣。有一天，沙布路康要去狩獵，忘記帶煙台。他要媽媽拿煙台給他。毛阿凱拿去給他，他不要，一定要媽媽拿，他說：「那是甚麼女人，只有局部沒有孔。」母親說：「難怪，你會這麼生氣。」沙布路康說：「叫社裡的人釀酒，把最好的酒給她喝，等她喝醉了，你就看她那個地方。」母視命令社人釀酒，酒釀好了，選出最好的酒說：「來吧，毛阿凱，我們來喝。」兩個人喝酒，喝到毛阿凱醉矇矇，倒在床上睡著了。母親把門關上，然後捲起毛阿凱的衣裙看了，兒子講的果然不錯。仔細查局部，那是像針孔那麼小。母親便拿小刀，把孔開大了。毛阿凱清醒過來，母親叫她去洗澡。毛阿凱拿水來洗澡，洗到局部，感覺不一樣，「咦！為甚麼變了？我的東西有孔了。」母親問她：「毛阿凱，怎麼啦？」「媽，你看看我的東西！」母親說：「啊，女人都是這樣子，你原來那是不對，難怪沙布路康會生氣。」毛阿凱說：「媽，真的是這樣子嗎？我實在不懂。」沙布路康從狩獵回來，母親高興地笑著迎接他。沙布路康聽了母親的話，就跑過去擁抱毛阿凱，而滿意地完成夫妻的結合，生了孩子，過著快樂的

生活。（註）布農族南部方言的郡大社，也有女陰無孔的傳說。內容與上述不同的是，母親把女陰剪開了，從女陰裡有跳蚤跳出來。其餘完全類同。

本則傳說故事謂，沙布路康和毛阿凱是一對夫妻，毛阿凱雖然很漂亮，像太陽閃閃亮亮般，可是陰部無孔，難怪丈夫對她非常生氣，而毛阿凱本身不知道問題到底出在哪裡？

沙布路康的母親與媳婦毛阿凱一起喝酒，等媳婦醉睡了，就檢查她的女陰，果然無孔，便拿小刀，把孔開大了。

毛阿凱洗澡的時候，發現陰部不一樣了，而且有孔了，便請教婆婆，才知道原來女子這樣才是正常的。

沙布路康狩獵回來，得知妻子陰部已經有孔了，就跑過去擁抱毛阿凱，後來他們生下了孩子。

陳千武《台灣原住民的母語傳說》載排灣族篤文社傳說：（註七）

男人沙布路康和女人毛特可結婚，生了毛阿凱。毛阿凱只有女陰，沒有身體，但會講話。沙布路康的雙親，聽了毛特可生女孩子，就來祝賀，問：「你們的孩子在哪裡？」毛特可夫妻把女孩藏起來說：「沒有，我們的孩子不是人。」而把去慰問的人打發回去。有個沙洛揚長大了，很好的青年，為了訪問女人需要帶禮物，就到山去狩獵。沙布路康的雙親說：「等沙洛揚從狩獵回來，就給他跟毛阿凱辦結婚。」毛阿凱的雙親卻說：「沙洛揚回來時，我們該怎辦，毛阿凱是這樣的女孩，真羞恥，把她藏起來。」便把她放進箱子裡，拿去放在岩石下的草叢，用方布蓋起來。沙洛揚帶著獵物，剛好經過放箱子的地方，發現了它。「唉！這是甚麼？有很多方布。」他走近岩石下面，把箱子的蓋子打開了。包在裡面的東西說：「不要掀開我的被子，我害羞啊。」他問：「你是誰？」「我是毛特可的女兒！」「妳為甚麼在這裡？」「我母親把我藏在這裡，她說給

別人看到，很羞恥！」沙洛揚把她拿起來，放入網袋裡帶回家。回家途中，遇到別人問他：「朋友啊！你扛著甚麼笨重的東西？」他就回答說：「這是頭飾花。」而邊走邊喊著跑回家。一進門，就把網袋解開，帶去眠床睡了。母親叫他起來喝酒吃飯，他卻說：「我生病了。」這樣子過了四、五天，都沒有吃飯。社裡的人跑來說：「山豬出來了，我們去獵牠。」沙洛揚才起來出去狩獵。母親去整理他的眠床，發現了那奇異的東西。「或許這就是害我兒子生病的根源。」便拿去丟入垃圾場。沙洛揚狩獵回來，拚命地尋找，「我的東西在哪兒？」母親說：「你找甚麼東西？找你的吹笛嗎？嘴琴嗎？」「不，我正在找放在床上的東西。」「啊！那個東西，我替你丟棄垃圾場了。」沙洛揚趕快跑去垃圾場一看，毛阿凱已經變成完整的女人坐在那兒。沙洛揚把她抱起來，抱到前院子的石垣地方，「媽媽，你來看，你丟棄的就是她。」此時忽然發生了地震。母親拿了寶石給毛阿凱，並吻她，然後準備很多結婚用的東西給她。毛阿凱的雙親聽了消息也很高興，也帶著很多東西來探望毛阿凱。

毛阿凱和沙洛揚兩個人終於生了孩子，他們都很高興。

本則傳說故事謂，毛阿凱姑娘只有女陰，沒有身體，但是會講話。有個很好的青年沙洛揚長大了，為了訪問女人需要帶禮物，就到山去狩獵。沙布路康的雙親說：「等沙洛揚從狩獵回來，就給他跟毛阿凱辦結婚。」

毛阿凱的雙親便把她放進箱子裡，拿去放在岩石下的草叢藏起來，用方布蓋起來。剛好沙洛揚經過放箱子的地方，把她拿起來，放入網袋裡帶回家。一進門，就把網袋解開，帶去眠床睡了。連續四、五天母親叫他起來喝酒吃飯，他卻說：「我生病了」，都沒有吃飯。

社裡有人跑來說：山豬出來了，沙洛揚才起來出去狩獵。她的母親整理他的眠床，發現沙洛揚帶回一個奇異的東西，便丟入垃圾場。

沙洛揚狩獵回來，一直找尋，才知被母親丟棄垃圾場。沙洛揚跑去垃圾場一看，毛阿凱已經變成完整的女人坐在那兒。

沙洛揚的母親拿了寶石給毛阿凱，並給他們結婚，生下了孩子。

《原語による台灣高砂族傳說集》，小川尚義、淺井惠倫著（昭和十年），余萬居譯：（註八）

古時，qaqoayan 家有一位長女。結了婚而行夫妻之道時，其夫的陽物被女陰所咬，男人因此而死。結了五次婚，都死。（母親）說：「為什麼你的丈夫都這樣死去？妳是怎麼了？我們來查查看妳的東西！」（見之，）真有牙齒，所以母親就把那牙齒切除掉。那時所除的牙齒是一顆，用線穿了過去，充作頭飾。傳說（其物）今尚在。

本則傳說故事謂，有牙齒的女人，結婚五次，咬死五位丈夫，母親把她的一顆牙齒拔除充作頭飾。傳說這顆牙齒至今（日治時代）尚在。

陳千武譯述《台灣原住民的母語傳說》載克拉勞社傳說故事：（註九）

伊禿童是一位奇人。從里拉斯社來了敵人，邀他一起去狩獵。伊禿童知道敵人要殺死他。他說：「咦！敵人的槍像鬼茅的穗，像切斷的木頭。你們等一下，等我炒好木豆。」伊禿童把木豆炒好，就吃木豆。然後說：「好了，你們要殺我，就不要讓我跑掉。請你們的頭目從大門進來，壯士們從天窗進來。把窗門所有的孔隙都塞滿。」伊禿童被敵人全包圍了，就放木豆的屁，敵人都中毒而死了。只有叫宇卡凡的青年，因木豆僅中了膝蓋，沒有死，跑回家去報告。社裡的人商量說：「看樣子我們無法打贏他，設法選一個美人嫁給伊禿童，請他把殺死的社人復活。」宇卡凡便做調解人，去跟伊禿童說：「他們願意讓你跟社裡最美的女人白白克結婚，要使你把殺死的社人復活，聘禮可以減少到豬牛合起來一百頭。」伊禿童答應了，

他使法把殺死的人復活，便到里拉斯社去結婚。晚上伊禿童和白白克同睡。伊禿童的手摸到白白克的局部，以為那個地方受了創傷。他說：「打碎生薑做藥，貼在那個地方吧！」白白克說：「這不是創傷，是女陰，為了給我們結婚用的。」可是伊禿童說：「我不喜歡這樣的創傷。」便跑回家去了。最後他還是主張那是創傷的傷口，要求還給他牛豬的聘禮，終於帶著聘禮回去。

伊禿童是一位奇人，他炒木豆吃，放木豆的屁，結果反把要殺他的人全部毒死，只剩下一位存活。

這位存活的人回到里拉斯社述說此事，社人認為無法與伊禿童抗衡，只有設法選一個美人嫁給伊禿童，請他把殺死的社人復活。

伊禿童答應了，他使法把殺死的人復活，晚上伊禿童和美人臼臼克同睡。伊禿童摸到臼臼克的局部，以為那個地方受了創傷。臼臼克告訴他：「這不是創傷，是女陰，為了給我們結婚用的」。

可是伊禿童說：「我不喜歡這樣的創傷」，最後他還是主張那是創傷的傷口，要求還給他牛豬的聘禮，終於帶著聘禮回去。

本故事中的伊禿童實在是一位奇人，與人作戰的武器是木豆放屁，使敵人中毒而死；見到女陰認為那是創傷的傷口，他也不喜歡這樣的創傷。

二、排灣族男性生殖器傳說故事

吳燕和《台東太麻里溪流域的東排灣人》：（註十）

從前有一個青年男子叫 apula，他的生殖器特別大。他隨便坐在那裡，陰莖都會到處亂跑，有次伸展到有女人織布的地方，就想與女人交合，被織布女以刀狀打棒擊打才退。因為他的陰莖可以隨便伸長到任何地方去，故當他收回時，許多草刺都沾滿陰莖，必須全村的人出動，去幫他拿掉草刺。現在的許

多雜草，如野草 tiavuvuk、刺竹等，都是在當時從他的陰莖上拔下而繁殖的。螞蟻、蜜蜂也是當時從他的陰莖上撿下來而繁衍至今。

這是一則男子大陰莖的傳說故事，其陰莖可以隨意伸長到荒草野地尋找目標，因此常常弄得陰莖沾滿草刺，且還要勞神全村的人出動，去幫他拿掉草刺。

據說，現在許多野草、刺竹、螞蟻、蜜蜂等，都是當時從他的陰莖上撿下來而繁衍至今之物。

陳千武《台灣原住民的母語傳說》載排灣族卡知萊社傳說：（註十一）

古早，有個人名字叫沙卡波拉。他的東西很長，看女人們在拔草，就去旱田邊緣坐下來。然後解下捲在肩膀的男根，向女人們拔草的草堆裡伸進去。女人們躲避了，男根還是執拗地追逐去撞擦女人們的股間。因而女人們都害怕沙卡波拉的男根，大聲喊叫而逃逸。然而這種事經過一久，變成習慣，也就不怕了。有一次女人們在拔草，他又來撞股間，女人們也拿著鏝子撞男根。女人們不知道男根從哪兒來。用鏝子撞了幾下，男根就消失了。不一會兒男根又穿過來，又用鏝子撞它。沙卡波拉的男根就發出勃勃的聲音。沙卡波位的男根很不尋常，他時常把男根捲幾卷掛在肩膀。然而有一次社裡的人們去狩獵的時候，大家商量調戲沙卡波拉，說：「把你的男根給我們看看。」他慢慢把肩膀的男根解開，讓人家仔細觀察。然而大家圍著看男根的時候，有人騙他喊著：「敵人來了！」驚嚇了他。沙卡波拉來不及把男根捲起來掛上肩膀，便拖著男根跑了。他跑過有刺的路，很多刺扎上男根，痛得要命。他回到家，把刺拔出來，放入壺裡存起來。之後，沙卡波拉招待大家來喝酒，大家來了。他把四個壺子拿下來，說：「喝酒啊！喝酒，這些壺

子酒，你們任意喝吧。」大家很高興，爭先恐後去打開壺蓋子。然而從壺子裡飛出來很多蜂，欺騙過他的人，都被蜂螫得叫痛了。蜜蜂、山峰、黃蜂、熊蜂都由不同的草刺產生的。現在山裡的很多蜂，就是如此產生的。

本則傳說故事敘述，沙卡波拉的陰莖很長，他的男根是捲了幾卷掛在肩膀上，他會伸進女人們拔草的草堆裡，去撞女人的股間。起初女人們會逃逸，後來婦女也以牙還牙，用鑿子打男根。

有一次社人出外狩獵，大家商量調戲沙卡波拉，叫他把肩膀的男根解開，讓人家仔細觀察。突然有人喊「敵人來了」，他來不及把男根捲起來掛上肩膀，便拖著男根跑了，沿途被很多刺扎上，他回到家，把刺拔出來，放入壺裡存起來。

之後，沙卡波拉招待大家來喝酒，打開壺蓋後，飛出來很多蜂，欺騙過他的人，都被蜂螫得叫痛。

陳千武《台灣原住民的母語傳說》載排灣族卡知萊社傳說：（註十二）

> 傳說，女人在旱田拔草，男人的男根伸去纏繞女人。女人們建議換男人們拔草。反而用女陰去黏住男人們的膝蓋，男人們用手要把女陰剝掉。終於害怕，大喊救命而逃跑。

女人在旱田拔草，男人的男根伸去纏繞女人。換由男人在旱田拔草，用女陰去黏住男人們的膝蓋，男人們用手要把女陰剝掉。終於害怕，大喊救命而逃跑。

陳千武《台灣原住民的母語傳說》載排灣族 kulalau 社傳說：（註十三）

> 古早，有個叫克魯魯的哥哥和只有男根的弟弟。父母親都死了，成為孤兒。克魯魯要去巴達威家，訪問毛阿凱和油克克的兩個女兒，就把男根弟弟放在箱子裡帶去。唱歌的時候，男根也會一起唱。到了天亮，他們去泉水的地方玩。由毛阿凱

先走，再來是迪克克、男根、最後是克魯魯的順序走。來到泉水邊，大家用竹筒汲水，洗臉和手腳，男根也模仿他們在水裡發出恰恰聲音，使迪克克感到討厭，拿起木棍打男根，男根被打，就跳出水面叫「痛啊，痛啊！」而哭了。「我們回去吧！」他們說。毛阿凱先走，其次是迪克克，再來是男根，最後克魯魯，回到社裡就分開了。克魯魯帶男根回家，克魯魯說：「你做得不正經，不乖乖在箱子裡，常要摸摸我們對方的女友，真羞恥。」男根說：「那麼我們去逛街吧！」克魯魯說：「好吧，我們去店鋪，你有甚麼喜愛的東西！」男根說：「我喜歡魚和貓。」於是買魚和貓回家了。男根說：「把我帶去別室，跟貓和魚，讓我們在一起。」克魯魯就讓他們在一起。可是貓調戲了男根，男根碰上魚鰭而滾落下來，瞬間剝了皮的男根就變成完整的人了。男根說：「哥哥，你快來，請你給我衣服穿。」克魯魯嚇了一跳，走去一看，男根的皮剝開變成人了，而很高興。便給他穿最好的衣服，戴頭飾，帶去頭目家的門前，說：「我倆坐在這裡，毛阿凱和迪克克看到，一定會很喜歡。」果然，迪克克看到了，告訴母親說：「媽媽妳去頭目家看看，那裡的客人是誰？請他們到我家來做客。」母親去告訴兄弟說：「啊，請你們兩位到我家來玩。」但是弟弟布拉揚說：「我們感到羞恥，上次我們去玩，她欺負了我們。」母親回去告訴迪克克。迪克克想起了，那必定是那個男根。迪克克叫媒人去，說：「我沒有聘禮，也願意嫁給他。」媒人去找克魯魯兄弟，轉達了迪克克的願望。布拉揚說：「我怎能答應，先前她欺負過我。」媒人回去告訴迪克克，「還是不答應，沒那麼簡單。」迪克克說：「伯母，請妳再去一次，我願意賠償五隻白豬。」媒人去了，布拉揚還是說：「我怎能答應呢？」媒人走了幾趟都不成功，迪克克決定自己去。在芋籠裡裝滿蜻蜓珠，特別選擇各種

好東西，到克魯魯家去。迪克克真正迷戀著男根的布拉揚，終於跟布拉揚結婚了。

本則傳說故事敘述，哥哥克魯魯和只有男根的弟弟布拉揚，是孤兒相依為命。有一次，哥哥克魯魯訪問毛阿凱和油克克兩位姑娘，就把男根弟弟布拉揚放在箱子裡帶去。唱歌的時候，男根也會一起唱。

他們去泉水玩的時候，男根也模仿他們在水裡發出恰恰聲音，迪克克感到討厭，拿起木棍打男根，他就跳出水面喊痛而哭了。

他們回家後，又去逛街，男根喜歡魚和貓，於是買了回家。男根弟弟說：讓他跟貓和魚在一起，哥哥克魯魯就讓他們在一起。

因為貓調戲男根，男根碰上魚鰭就滾落下來，剎那間男根剝了皮，變成了一個完整的人。

他們到頭目家的門前坐著，迪克克讓母親請他們到家來做客，布拉揚說：「我們感到羞恥，上次我們去玩，她欺負了我們。」迪克克女子馬上聯想到，他就是上回被她欺負的男根。

迪克克女子叫媒人說媒並謂，沒有聘禮，也願意嫁給他。布拉揚說：「我怎能答應，先前她欺負過我」。

迪克克女子又叫媒人說媒謂，迪克克願意賠償五隻白豬。可是布拉揚還是說：「我怎能答應呢？」

最後，迪克克女子決定自己去。「在芋籠裡裝滿蜻蜓珠，特別選擇各種好東西，到克魯魯家去。迪克克真正迷戀著男根的布拉揚，終於跟布拉揚結婚了」。

《原語による台灣高砂族傳說集》，小川尚義、淺井惠倫著（昭和十年），余萬居譯：（註十四）

　　古有下 paiwan 社人，名 diqoqo 者。……diqoqo（高大，故可）腳踩在 dinukapan 之地，另一腳（跨谷）而踏 padain……。（diqoqo 的陽物巨大），一天，padain 社的 moakai 在織布時，陰莖自壁中伸出（是身在下 paiwan 的 diqoqo 跨谷猥褻 padain

社女)。「這是什麼嘛？」(女人)一驚，用莰木打它，(陰莖尖端被)打斷，diqoqo (趕快)縮回了，可是因為太長，所以(中途)被刺所刺，或被賊草黏住。diqoqo 拔掉了刺，去除了賊草，結果有一整籃。

本傳說故事謂，paiwan 社人，名 diqoqo 者是一位巨人，可是好女色，有一天，padain 社的 moakai 在織布時，陰莖自壁中伸出，女人用莰木打陰莖，巨人趕快把陰莖縮回去，陰莖被被刺所刺，或被賊草黏住。去除之，結果有一整籃。可見陰莖之大。

三、排灣族性愛傳說故事

陳千武譯述《台灣原住民的母語傳說》載卡知萊社「父親是狗」傳說：(註十五)

　　古早，卡知萊社人怠慢了，沒有到朱勞束社去用山豬乾肉繳租金。朱勞束社人很生氣，就到卡知萊社去出草要殺人。他們來到卡知萊社就躲在前院下面埋伏，等卡知萊人出來。不久看到一位美麗女人出來，他們就互相通報，商量說：「好吧，我們不要殺人，改到那個美人的地方去玩。」他們把刀拿下來，吊在榕樹。因為刀太重，樹枝就彎了。然後到美人那兒去玩。其中一個人娶那個美人做妻子。娶美人的男人回到朱勞束，晚上跟女人交接，可是女人沒有女陰，只有尾巴。男人說：「這怎麼搞的，她沒有東西。」剛好到了狗的交尾期，突然女人的東西就出來了。便問女人：「妳是甚麼人？父母親是誰？」女人回答說：「我的母親是人，父親是狗。」這個女人生孩子，每次都生了兩個。

本則傳說故事敘述，卡知萊社人沒有到朱勞束社去用山豬乾肉繳租金。朱勞束社人很生氣，就到卡知萊社去出草馘首。

到達卡知萊社埋伏時，看到一位美女，便放棄了馘首的行動，而到美人那兒去玩。後來，其中一個人娶那個美人做妻子。

可是娶美人者，此時才發現美女沒有女陰，只有尾巴，剛好到了狗的交尾期，突然女人的東西就出來了。這才知道美女的母親是人，父親是狗。這個女人生孩子，每次都生了兩個。

《生蕃傳說集》，佐山融吉、大西吉壽著（大正十二年），余萬居譯：（註十六）

> 古時，kintopor 山上有個女人，叫 panarupihan。有一天，當地突然山崩，她差點墜崖而死，幸而及時抓住一叢 tatorin 草，在千鈞一髮之際挽回一命。然而，她卻因此懷孕生下一子。兒子漸長，成為一健壯青年，可是卻像嬰兒一般時常啼哭。panarupihan 為此心煩，欲哄他、安慰他，可是不見效。一天，母親不堪其煩，遂罵以：「哭什麼哭！煩死我了！是不是想要這個？……」結果，兒子立即停哭。母子於是相合，其後子孫滿堂。

本則傳說故事是母子媾和，其後子孫滿堂的傳說故事。

註釋

註一：高雄縣桃源鄉公所《桃源鄉鄉誌期末報告》，國立高雄應用科技大學，2003年。

註二：內政部委託台灣大學人類學系研究《台灣山胞各族傳統神話故事與傳說文獻編纂研究》，1994年4月30日。

註三：李嘉鑫〈陶壺女嬰與蛇神生子〉，中國時報，1998年。

註四：陳千武譯述《台灣原住民的母語傳說》，台北，台原出版社，1995年5月。

註五：同註二。

註六：同註四。

註七：同註四。

註八：同註二。

註九：同註四。

註十：吳燕和《台東太麻里溪流域的東排灣人》，台灣南港，中央研究院民族學研究所，民族學研究所資料彙編，第7期，1993年4月。

註十一：同註四。

註十二：同註四。

註十三：同註四。

註十四：同註二。

註十五：同註四。

註十六：同註二。

排灣族憨愚的情與偏差的愛口傳文學

第二三章

一、笨丈夫

林道生《台灣原住民族口傳文學選集》載排灣族泰吉來社〈笨丈夫〉：（註一）

　　從前在卡吉來社住著一對夫妻，生有一個孩子。有一天妻子揹著嬰兒，對丈夫說：「你去後面樹林，找些木材回來！」丈夫說：「好的！我去找木材！」丈夫準備了一條長繩子去樹林要找木材。在樹林裡有兩棵檳榔樹，丈夫看了並沒有砍伐它，因為這兩棵樹太高太粗了，要砍倒也不容易，因此他用帶來的繩子把兩棵檳榔樹綁起來，自己站在中間要扛起來。可是檳榔樹太重了，動也沒動。丈夫便空著手回家了。丈夫對妻子說：「我找到的樹太大了，沒辦法拿回來，妳去拿吧！」妻子回答：「好吧！我去看看。不過你要記得燒開水給孩子洗澡。我們養的雞回來了，要記得數清楚哦！」妻子說完便去砍木材。留在家的丈夫馬上就燒了一鍋開水，照著妻子的吩咐把孩子放入開水中洗澡。當孩子被放入開水中馬上張開嘴巴。丈夫想：「你看，他洗得多舒服呀！笑得那麼開心！」這個笨丈夫竟不知道孩子已經死了，還為了被他燒死的孩子而高興。不久，雞回來了，丈夫記得妻子所吩咐的話：「要數清楚雞。」於是先準備了雞的飼料，然後抓住一隻雞，把飼料塞進雞的嘴巴，再把牠掛在牆壁上，口中大聲地數「一隻！」接著又抓第二隻雞也塞進食物，把牠掛在牆壁上大聲數：「兩隻！」這樣辛苦了些時候，才把所有的雞都掛在牆上，也數清楚了。然後坐在地上休息，心中很高興，因為他把妻子交待的事都做好了，孩子洗完了澡，雞也數清楚了。妻子去樹林搬取丈夫所砍伐的木材。到了樹林才知道丈夫只是在兩棵檳榔樹的根部綁了繩子而已，因此只好回家。回到了家的妻子問丈夫：「你數清

楚了雞沒有？」丈夫回答：「有，我數得很清楚。你看！不是全部掛在那邊牆上嗎？你去數數看！」妻子走去一看，所有的雞都死了，一隻隻地被掛在牆上，非常生氣地責罵丈夫沒把事情做好。又問：「孩子洗過澡了嗎？」丈夫：「我給他洗了。孩子很高興地張著嘴巴笑著睡了！」妻子到房間一看，原來孩子已經被丈夫給燙死了。妻子傷心地大聲哭了起來，丈夫聞聲走過來，問妻子：「妳無緣無故在哭什麼！妳看！孩子不是張開嘴巴笑嘻嘻地睡著了嗎？」妻子生氣地說：「不是笑嘻嘻地睡了！是死了！」過一會，妻子對丈夫說：「你去拿鋤頭和畚箕來！」丈夫便去拿了鋤頭、畚箕，夫妻兩人往屋後的雜木林走去，在一棵樹下，妻子說：「你在這裡挖個洞！」洞挖好了，妻子正要把孩子埋了。丈夫一看生氣地罵妻子說：「妳為甚麼要把笑著的孩子埋了？可惡！」妻子：「孩子已經死了！埋了吧！」埋好了孩子，回家的途中，妻子想利用機會教育自己的笨丈夫而告訴他：「我們的親朋好友中，有人在悲哀或在哭泣時，我們也要有同情心，跟他們一起悲哀，一起痛哭才好！」過了幾天，部落裡有人辦結婚，夫妻兩人也去參加。不一會，新娘子由於要離開養育的娘家出嫁而悲傷地哭了起來，笨丈夫看人家哭，竟也大聲地陪著哭了起來。妻子奇怪地問：「你無緣無故在哭什麼呀！」丈夫：「妳不是說別人哭的時候，我們要有同情心一起哭嗎？你為什麼責備我呢？」到了中午婚宴席上，菜一端上來，笨丈夫動作好快地用手一抓就吃光了，別人都在看他。妻子覺得很沒有面子。便想了個辦法，告訴丈夫說：「別丟臉了。我用繩子綁著你的左手指，每當我拉一下，你才可以吃一下，這樣就不會鬧笑話丟人啦！」妻子一用繩子綁在丈夫的左手小指上，可是已經上了幾道菜，妻子都不拉動繩子暗示他吃菜。丈夫等得不耐煩地問：「妳為甚麼不快些拉

繩子呀？」就在這個時候，一隻狗走過來咬住了繩子猛拉著，
丈夫感覺到繩子猛拉著，而且連續不斷。便用右手連續快速地
抓著菜吃，一下子把菜都吃光了，害得其他客人都沒東西吃，
妻子很不好意思地只好拉著丈夫趕快離開，回家訓了丈夫一
頓。

這是一則非常憨愚的丈夫的傳說故事，他所做的事盡是背道而馳，
實在令人氣憤，不過如果真的遇上了這種人，也真是無可奈何啊！

二、二女搶夫

《生蕃傳說集》，佐山融吉、大西吉壽著，大正十二年，余萬居譯：
（註二）

　　古時某地有二少女，名 Tsideguragurao 及 Tsyoko，都對
Saujajuyan 有意，然而此男子選擇後者為妻。Tsideguragurao
大吃醋，遂約 Tsyoko 到井邊比美，後來自嘆不如，於是當
場氣得把 Tsyoko 推入井裡，並換上 Tsyoko 的衣服，回到
Saujajuyan 的家去。黃昏，此男子打獵回來，發現妻子變醜
了，Tsideguragurao 辯稱是淋雨所致。第二天，男子又去打獵，
並帶回一隻美麗的小鳥來養，Tsideguragurao 竟對小鳥也吃醋，
把牠給殺了，準備打個牙祭。但是，她卻吃不到肉，用湯匙舀
起的全是骨頭，她氣得把骨頭丟掉，結果，那些骨頭全變成竹
子。Saujajuyan 臨出門交代她要好好照顧竹子，於是她又吃醋
了，把竹子全都砍掉。丈夫回來時問她怎麼回事？她說是被風
吹倒，於是丈夫便用那些竹子做凳子。她又吃起凳子的醋，把
凳子給燒掉。正在燒時，有一老人經過，發現火中有麻糬，老
人便撿起來，準備帶回去給孫子。但老人回家後，卻發現麻糬
變成了一個女人。這件事很快地便在當地傳開，Saujajuyan 也

聽到了，也跑去見識見識，發現那女人竟是 Tsyoko。他大怒，
一回家就把 Tsideguragurao 殺了，當然，也將 Tsyoko 請回家。
這是一則搶夫的女子被殺死的故事。

三、憨愚的孩子

《原語による台灣高砂族傳說集》，小川尚義、淺井惠倫著（昭和十年），余萬居譯：（註三）

　　曾有 pulalulalujan、sasuluplupan（夫妻兩人），生有二子。（一天，父母）向 kolilulilu 說：「我們到田上去一下，你在家照顧弟弟吧！（並且）找出我們的粟，tsugtsug（孜孜不倦）地舂！」然後他們就下田去了。kolilulilu tsugtsug 拿弟弟的頭去撞石柱，這一來，弟弟死了。父母歸，見弟弟已死，責問為何，他說是你們要我 tsugtsug 的做呀！父母說：「我叫你 tsugtsug 的是那些粟，不是弟弟呀！」天亮了，父母去了（田間），吩咐：「給我們的豬燒開水！」而他燒了開水，水開，就把豬抓進鍋裡，豬死了。父母自田間歸：「問，豬在那裡？」「你們要我燒開水，（豬）在，死了！」我們說過要燒開水，那是要給豬喝的。此事真糟。（父母）把司祭者請來，（父親）說：「我們要去邪了，抓住我們的豬！」可是，kolilulilu 所抓的卻是其父。父親說：「別這樣！我說的是那一隻豬！這不行，我們要快快作法，除掉他的愚蠢和粗暴！」可是父親和司祭者都被抓到死。

本則所述憨愚的孩子，實在令人氣憤，因為愚笨造成了許多無可挽回的悲劇。

林道生《台灣原住民族口傳文學選集》載排灣族庫瑙社〈笨哥哥〉：（註四）

　　有一對叫普拉路拉央及史露卜露畔的夫妻，他們有兩個小孩。有一天，父親對哥哥柯路路路說：「我們要去田裡工作，你在家看顧弟弟。還有，把家裡的小米（粟）找出來搗一搗。」交待清楚了，夫妻兩人便安心地去田裡工作。哥哥看著小弟弟很乖地躺著，便在家裡儲藏室找出來小米，又到門外撿了一塊石頭。然後把帶殼的小米整把放在弟弟頭上，用石頭搗起來。小弟弟叫了幾聲就死了。傍晚，爸爸媽媽回來了，問柯路路路「弟弟呢？他在那裡？」哥哥：「躺在那邊，已經死了，你要我搗小米，我在弟弟頭上搗小米，才搗了幾下他就死了！」父親生氣地說：「你為什麼在弟弟頭上搗米呢？我是要你在石頭上搗小米的呀！」第二天，天一亮，父母又要去田裡工作，交待柯路路路說：「天氣很冷，要記得給小豬燒熱水哦！」夫妻兩人交待好了工作，又安心地去田裡。柯路路路去搬柴燒熱水。當水滾開了，便去門外捉了小豬回到廚房，把小豬放進去熱滾滾的鍋裡，小豬叫了幾聲就死了。傍晚，爸爸媽媽從田裡回來，問柯路路路：「我們的豬呢？小豬在那裡？」柯路路路：「在熱水鍋裡，已經死了」！父親生氣地說：「你為什麼把小豬放進去熱水鍋呢？」柯路路路：「你不是說，要我為小豬燒熱水嗎？我燒好了熱水把小豬放進去就死了！」父親非常生氣地說：「我的意思是，天氣太冷了，燒熱水給小豬喝！不是要你把小豬給煮了！」父親便去找了祭司來祓去不祥。父親說：「快抓豬！」可是柯路路路卻抓了父親，父親生氣地說：「你不能抓我，我是說抓豬呀！」又說：「祭司，快快祓除，我們必須糾正他的愚蠢及粗暴才行，以免禍害。」就在這個時候，柯路路路抓住了父親及祭司，父親及祭司便死了。

　本則與上則傳說都是令人氣憤的憨愚故事，因此，憨愚不見得可愛，有時候還會危及人身的安全。

四、大姊搶了么妹的夫君

林道生《原住民神話‧故事全集（三）》載高士佛社〈富足的蜂王〉：
（註五）

從前，普加久亞久努與莫雅凱凱夫妻生了五個女兒。有一天，不知從什麼地方飛來了一隻大蜜蜂，「嗡、嗡」哼著靠近大女兒的身旁，遞了檳榔要給她。正在用鍋煮飯的大女兒，不但沒有接受蜜蜂要給她的檳榔，反而拿了煮飯用的薪柴要打蜜蜂。蜜蜂嚇了一跳，高飛起來躲避木柴。蜜蜂飛到第二個女兒身旁「嗡、嗡」哼著，又拿出了檳榔要給她，正在裁縫的第二女兒，不但沒有接受蜜蜂要給她的檳榔，反而順勢用手裡拿著的布揮舞著要趕走蜜蜂，嘴裡還嘀咕著：「哎呀！討厭的蜜蜂。」蜜蜂趕緊逃走，飛到第三個女兒身旁「嗡、嗡」哼著，拿出檳榔要給她，正在機織的第三個女兒，嘴裡說：「哎呀！真討厭！」順手拿起斯可薩努（機織的梭子），把蜜蜂拂走。蜜蜂又飛到了第四個女兒身旁「嗡、嗡」哼著，正在用西諾可（小刀）切地瓜藤的第四個女兒，一看蜜蜂飛過來，便用小刀在空中揮舞著要殺蜜蜂。蜜蜂趕緊離開，飛到第五個女兒那邊，拿出檳榔要給她，還「嗡、嗡」哼著說：「如果你也不接受我的檳榔的話，恐怕你的父親會被普龍（百步蛇）咬死！」正在編造髮飾的第五個女兒，聽了蜜蜂這麼一講，嚇了一跳，於是接受了蜜蜂要送給她的檳榔。蜜蜂大為高興地先回家。五天後，率領了一大群部下，攜帶著酒、衣裳、其他許多祈福的禮品，來到了普加久亞久努的家，要迎娶他的第五個女兒做新娘。五女兒因為稍前曾經接受了蜜蜂的檳榔而不能拒絕婚事，便告別了父母和四位姊姊，哭泣著被蜜蜂迎娶，越過十座山，十條溪流，到達了蜜蜂的家。她的郎君蜜蜂的家，有十個房

間，一切用具都是黃金打造的，每一個房間裡堆積了許多裝滿
了米的袋子。另外有一百隻牛、一百隻狗、一百隻貓、一百隻
雞、一百隻鴨、還有許多部下、傭人，真是個富足的大財主。
普加久亞久努的第五個女兒也就是新娘子大為高興地想：「本
來以為只是一隻蜜蜂，原來是大財主呀！」當她上廁所時，清
潔屁股的是金棒子，而不是一般家庭用的茅皮、竹片，廁所丟
棄著一堆使用過的金棒子，她想：「這實在太浪費了！」因此
把使用過的金棒子，撿起洗乾淨放入自己的袋子內。有一天，
新娘子帶著她的袋子回娘家。把金棒當做禮物送給了父親，
對他說：「出嫁那天，我以為被蜜蜂騙婚，傷心地哭泣著離開
了家。但是到了夫家，一看，我的丈夫居住的是我從來都不曾
看過的豪華房屋，他是很富裕的大財主，用了許多人，養了許
多牲畜。在廁所裡使用的是這些金棒子。」父母親聽第五個女
兒這麼一講，大為高興的笑了起來。她的姊姊們，聽了她的一
番話，心想：「沒想到蜜蜂居然是大財主，當時沒有接受他的
檳榔，真可惜！」嫉妒起來。大姊甚至於有些懷疑么妹的話，
她想：「妹妹的話會是真的麼？我去看看就知道了！」因此，
當么妹要回去夫家時，大姊便同行要去蜜蜂家做客。一到了蜜
蜂的家，大姊發現這戶人家原來比妹妹所描述的還要富裕。
是真正的，從來沒有見過的大財主，心想：「自己能夠取代妹
妹居住在這裡的話該多好！」於是起了個歪念頭，把妹妹誘出
去，來到一個水泉的地方，趁著妹妹未注意的時候把她推下水
泉淹死。自己穿上妹妹的衣服，配戴她的髮飾、項鍊，化成妹
妹回到蜜蜂家，等待蜜蜂丈夫的歸來。蜜蜂做完了一天的工作
回來。一見他的新娘子覺得好像突然變醜了。而問：「你怎麼
變得沒早上漂亮了呢？」「哦！是剛才被雨淋了！」真不可思
議！蜜蜂心中覺得怪怪的。大姊裝作什麼也不知道。不過蜜蜂

心想：「她實在不像是我的新娘子，一定是什麼壞女人在欺騙我。」這一天就這麼過去了。第二天早上，蜜蜂來到泉水灘。旁邊的一棵樹上停著一隻白色的鳥。不停的啼叫著。仔細聽聽那啼叫聲，竟然是：「我的丈夫，被姊姊搶了！」蜜蜂大吃一驚，「原來那位醜女人是她的姊姊。我得回去調查看看。」蜜蜂帶著白鳥回家去。回到家，白鳥又啼叫著：「我的丈夫，被姊姊搶了。」大姊一聽，知道事機敗露，伸手捉了白鳥把牠給殺了，然後烹調成菜餚，擺在晚餐的飯桌上。吃飯時，蜜蜂的湯匙撈起來的是鳥肉，而大姊的湯匙撈起來的只有鳥骨頭。大姊氣得把骨頭丟棄到庭院。被大姊丟出去的骨頭長出了芽，變成一棵樹。蜜蜂看了說：「哦！這真是一棵珍貴的好樹呀！要好好的照顧它，千萬別砍了！」但是，大姊在蜜蜂走後把它給砍倒。傍晚蜜蜂回來，看見樹已被砍倒，生氣的責問：「不是告訴你，要好好照顧嗎？為什麼砍倒呢？」姊姊回答說：「是風吹倒的呀！」「真是遺憾呀！」蜜蜂說著，便把樹木做成凳子來坐。但是，不可思議的是，當蜜蜂坐上這隻凳子時，他的重心良好不偏不倚的好安穩。而大姊一坐上去，竟然搖動起來，然後倒了下去。跌倒了的大姊對這情形很生氣，趁著蜜蜂出外自己留下來時，劈了凳子把它給燒了。就在這個時候，有一位老公公經過，正想抽煙而走近火堆要借個火，看到的是正在燃燒的凳子，火焰的中心有一塊餅。老公公撿起了火烤的餅回家，咬了一口，覺得味道真好，他把餅放在箱子裡面，要等孫子回來好讓他高興。不一會，孫子從外地回來，公公對孫子說：「箱子有一塊餅，你去看看！」孫子聽了有餅，高興地趕快走過去，打開箱子的蓋子看，裡面並沒有餅，只有一位漂亮的女人蹲在那邊，對他說：「我受了傷，請幫我塗些藥吧！」公公聽了大吃一驚，走來往箱子裡面看，真的是一位從來都沒

有見過的女人。她的額頭受了傷（這傷是剛才公公咬了一小口餅所造成的），公公當即為她塗藥照顧。這位女人的事傳到了村中。蜜蜂也聽到了。蜜蜂心中有所感應地，趕緊去老公公家探個究竟，一看是自己的新娘子，而大為高興，就請老公公照顧這位女人，自己先回家去了。蜜蜂回到家，磨起山刀來。對化裝成新娘子的大姊說：「我要宰豬，幫我在鍋裡燒開水！」大姊去拿了鍋，正在鍋裡燒開水的時候，蜜蜂舉起刀，一刀把她砍死。然後，去老公公的家，把自己真正的新娘子接回家，兩人又恢復到以前新婚時的快樂生活。

大姊搶了么妹的夫君，其結果是惡有惡報，被妹妹的夫君一刀砍死。

五、昇天的女孩

陳千武譯述《台灣原住民的母語傳說》載「昇天的女孩」：（註六）

古早，親子去旱田工作。母親讓姐姐揹著弟弟在旱田邊緣，弟弟卻哭了。姐姐要求媽媽給弟弟吃奶，可是母親正在忙工作。姐姐說：「弟弟的肚子很餓，給他餵奶吧！」母親對姐姐再次的要求都不答應。揹著弟弟的姐姐肩膀也懶倦了，弟弟又哭不停。「怎麼辦？」姐姐想哄弟弟不哭，爬上叫「牧伊」的石頭上唱歌。神聽到女孩唱歌，特地跑來看。神很同情，便把弟弟從姐姐肩膀解下來，讓弟弟睡在草蓆上，把姐姐帶上天去了。傍晚，母親忙過了工作，又聽到孩子的哭叫聲，走過去一看，只看到弟弟躺在那兒，姐姐卻不在了。母親很擔心，抱著弟弟到處找都找不到，天黑了也不回家，母親和父親都很憂慮，只是傷心地哭了。經過很久，失蹤的女兒回家來，但已長大了，變成漂亮的處女，又母親都認不出自己的女兒。女兒便將那天昇天的經過告訴了父母。並說：「我現在已經是神的孩

子，不能住在這個家。」父母親認出自己的女兒，懷念得那麼久而很高興，抓住她的手或腳，不願讓她離去。「不要去，妳應該留在這裡。」但是孩子不得不離開，她說：「給我三粒粟子。」說完，拿了粟子插入頭髮之間，「我要自己種，自己搗粟子，我搗粟子的時候，你們會聽到天上在打雷。聽到天上打雷，你們就知道那是我在搗粟子。」一瞬，女兒的影子就不見了。父母又傷心地哭泣。

本故事敘述，在旱田邊緣姐姐背著弟弟，弟弟的肚子餓了一直哭，姐姐請媽媽給弟弟餵奶，但是媽媽因為太忙，所以沒有答應，姐姐肩膀也因為懶倦而不得不休息一會兒。

弟弟哭個不停，姐姐想哄弟弟不哭，於是爬上叫「牧伊」的石頭上唱歌。神聽到了女孩子唱歌，特地跑來看。神很同情姐姐，便把弟弟從姐姐肩膀上解下來，讓弟弟睡在草蓆上，把姐姐帶上天去了。

到了傍晚，父母親才發現姐姐失蹤了，他們非常傷心。經過了一段很長的時間，女兒回來了，已經長得亭亭玉立，父母親知道了她升天成了神的女兒，不願讓她離去，但是又不得不讓她離去。

女兒離去前，向父母要了三粒粟子，她說：「我要自己種，自己搗粟子，我搗粟子的時候，你們會聽到天上在打雷。聽到天上打雷，你們就知道那是我在搗粟子。」

女兒又再度離開昇天後，父母又傷心地哭泣。

《原語による台灣高砂族傳說集》，小川尚義、淺井惠倫著（昭和十年），余萬居譯：（註七）

古有親子（母、姊、弟），在田上幹活，姊姊背著弟弟。母親工作時，背上的弟弟哭了。自此，姊姊請母親給弟弟餵奶，可是母親工作忙，不給餵。她一再請求，還是一樣不給餵。姊姊沒辦法，只好爬上一棵叫做 mui 的石頭上去，唱著歌，那時，神聽到了那（女）孩子的歌，來看，覺得可憐，把背著的

弟弟放下來，把那姊姊帶到天上去。神對於那弟弟，則給了張草蓆，讓他睡著。至傍晚，母親聽到了（孩子的）哭聲，過去看，只見弟弟躺著哭，母親於是擔心起來，找尋姊姊，或呼或叫，還是找不著。母親回到家，（將之）告知父親，父母親擔心，只在家裡哭著。孩子第七天就回到家裡來了，可是她已經長大了，而且很漂亮。父親等不知道（她）是誰家的女兒，所以問是打從那兒來的？於是，那個孩子便把升上天的經過告訴了（他們）。而且，她已成為神的女兒了，不想住在這一個家裡了。父母親想留她，捉住了她的手和腳。可是女兒不肯。只請他們給她三粒小米，之後，自己取了三粒小米，塞進自己的頭髮裡。之後，她說：「我想回去了，我帶走了些小米，回天上，我就種植它，小米一增多，我就自行搗舂我的小米，當我搗舂小米的時候，將有雷聲作響。」說完，孩子就已消失無蹤，不知去向。父母在家一直哭。

本則故事與上則傳說相似。

六、媽媽不喜歡哥哥偏愛小兒子

林道生《台灣原住民族口傳文學選集》載卡沙亞沙亞社〈人變成山〉：（註八）

從前，一對叫特可（toko）與布拉露康（burarugan）的夫妻之間生了兩個小孩，叫庫利利（xuriri）及胡拉路樣（furaruyan）。但是，這位母親對於同是自己親生的孩子卻有所偏愛，她愛弟胡拉路樣，卻嫌棄哥哥庫利利，並且經常覺得是生活上的累贅。有一天，兄弟二人跟村人一起去打獵，母親在哥哥的飯盒裡只裝了頭髮，在弟弟的飯盒內放了肉。當中午打獵的人個個都休息用餐時，哥哥打開飯盒一看是不能吃的頭髮，而弟弟的飯盒是豐盛的獸肉，因此悲傷地說：「為了不使

媽媽經常虐待我，我要永遠留在這裡而變成了一座山。弟弟看了哥哥變成一座山，覺得不能讓哥哥一個人留在這裡，因此也決定不回去了，隨即也變成一座比哥哥小的山。家裡的父親，到傍晚都不見兩個孩子回來，很擔心地到處去尋找，最後登上了山，但是被強烈的風雨所阻擋不能前進地又折回來。

本傳說故事中的母親是一個極度偏私的母親，在一次狩獵活動中，中午休息用餐時，哥哥打開飯盒一看，母親在哥哥的飯盒裡只裝了頭髮，在弟弟的飯盒內則放了肉。哥哥非常地悲傷，為了不要讓媽媽繼續虐待他，他變成了一座山。弟弟也決定跟隨，變成一座比哥哥小的山。

一家頓失兩個孩子，都是母親偏心所造成的悲劇。

范純甫主編《原住民傳說（上）》載〈兄弟山〉：（註九）

> 從前有一對夫婦，生了克利里和布拉爾陽兩個兒子，母親偏愛小兒子布拉爾陽，一點也不愛大兒子克利里，而且常常虐待他。有一天，兩個兒子要和社人去狩獵，母親就在哥哥飯裡放了些頭髮，弟弟的飯裡卻放了好吃的肉。兄弟兩個人在山上吃飯時，哥哥因飯裡雜有頭髮不能吃，非常失望，悲痛的說：「我寧可不回家，以免常被母親打罵。」說罷，變成了一座山。弟弟自己一個人也不想回去，也就同樣地變成了山。這就是大武山和霧頭山。

本則傳說與上則故事都是母親偏私，因此兩兄弟都變成了山，本故事對於兩座山有明確的交代，即大武山和霧頭山。

七、叔母虐待姪女

陳千武譯述《台灣原住民的母語傳說》載〈因果報應〉：（註十）

> 有個叫丘臼克的女孩，跟父母死別了。她的叔母莫卡伊，很自私，只想虐待丘臼克，把社裡丘臼克所有的土地財產都搶走了。丘臼克不得不來到馬卡查住下來。在馬卡查，有布拉揚

和可魯魯兩位青年，常常來訪問她。這也使叔母莫卡伊嫉妒
了，她責備青年說：「你們為甚麼要去訪問那個髒女孩？」他
倆愛丘臼克，便三個人一起到旱田去工作。莫卡伊就跑來說：
「你們兩個人為甚麼要幫那樣髒的女孩？穿的衣服髒，臉也醜，
你倆回去吧！」但兩個人不聽。三個人一起種完蕃薯，就到茅
屋去吃午餐。叔母莫卡伊對丘臼克說：「不准妳接近他們兩個，
妳的全身那麼髒又臭。」然後把飯分給丘臼克，叔母的飯很多，
分給丘臼克的卻是那麼一點點。兩個青年吃過飯，又來到丘臼
克那兒，一起去旱田。傍晚從旱田茅屋要回家的時候，莫卡伊
說：「我帶兩個男人回家去。」而叫丘臼克住在茅屋。但丘臼克
不肯。莫卡伊爬上茅屋的高處，強迫兩個男人：「回去！」丘
臼克只是悲傷地哭著。兩個男人要帶丘臼克回去，但她只是哭
著不聽話了。他們不得不留下丘臼克獨自在那兒，回家去了。
晚上，早已死去的丘臼克的祖父布拉溫，知道這件事，就帶著
箱子出現。箱子裡有頸飾、手環和衣服等很多寶物。老人說：
「丘臼克啊！你把衣服換掉，你穿得太髒了。」丘臼克就換了
衣服。老人說：「這些貴重的裝飾給你，我要走了。」但丘臼克
要求老人帶她走，老人說：「你為甚麼這樣要求？我是很早以
前死去的人，不行！」老人就走了。天亮之後，昨天的三個人
又從家裡來。一看丘臼克穿著美麗的衣服，帶掛貴重的頸飾和
手環，莫卡伊說：「你是從哪裡盜來的？」丘臼克回答說：「昨
晚，有位老人來送給我的，老人說他知道叔母虐待我，要我回
家，就請風來清潔房屋。」他們要回去的時候，丘臼克請兩位男
人扛他的那些東西。莫卡伊叫他們不要扛。丘臼克說：「無論如
何，你倆都要扛，那不是盜來的東西，你們不必害怕。」兩個人
就扛了。回到家，丘臼克叫風來清潔家，家變成新家一樣，他
們把東西放進屋裡。丘臼克把水和豬放在家裡面廚房的地方，

而唱著說：「水乾涸吧！」水就乾涸了。在全社裡，煮飯的水和飯用的水都沒有。因此小孩和大人都死了。社裡的人就派人來哀求說：「丘臼克啊！社裡的人不懂事，有人欺負你、輕蔑了你，都是不對的，請你原諒，給我們水吧！」丘臼克叫他拿毯子來，用毯子潤濕了水給老人。大家就來吸吮毯子的水。丘臼克對社裡的人說：「你們知道了吧！這就是因果報應。」然後，丘臼克唱著，說：「我要給全社有水，水湧出來吧！」水便湧出來，使全社繁榮起來。

本則傳說故事敘述，丘臼克女孩是一位孤兒，受盡叔母屈辱與虐待，但是，好人終有出頭的一天，苦盡又甘來。

本故事情節要述如下；

（一）丘臼克女孩的父母死了，她成了一位孤兒。

（二）丘臼克女孩的叔母莫卡伊，很自私，常常虐待丘臼克。

（三）丘臼克女孩的叔母莫卡伊，把社裡丘臼克所有的土地財產都搶走了。丘臼克不得不來到馬卡查住下來。

（四）有兩位青年布拉揚和可魯魯，常常來訪問丘臼克女孩，並且三個人一起到旱田去工作。

（五）叔母莫卡伊嫉妒丘臼克有兩位青年男子訪問她及幫忙工作，她說：「你們兩個人為甚要幫那樣髒的女孩？穿的衣服髒，臉也醜，你倆回去吧！」心腸可謂十分惡毒，見不得人家幸福美滿。

（六）在田裡工作，吃飯的時候，叔母的飯很多，分給丘臼克的卻是一點點。

（七）傍晚時，叔母為了不讓丘臼克與兩位青年男子在一起，便強迫丘臼克獨自在田裡過夜。

（八）晚上，早已死去的丘臼克的祖父布拉溫，帶著頸飾、手環和衣服等很多寶物送給丘臼克。

（九）第二天，天亮了，兩位青年與叔母三個人又從家裡來。一看
丘臼克穿著美麗的衣服，帶掛貴重的頸飾和手環。叔母說：
「你是從哪裡盜來的？」丘臼克回答說：「昨晚，有位老人來
送給我的。」

（十）丘臼克請兩位青年扛她的東西。叔母阻止青年不要扛。丘臼
克說：「無論如何，你倆都要扛，那不是盜來的東西，你們不
必害怕」。兩個人就扛了。

（十一）丘臼克回到家，請風來清潔房屋，家變成新家一樣。

（十二）丘臼克把水和豬放在家裡面廚房的地方，而唱著說：「水乾
涸吧！」頓時全社煮飯的水都沒有了。

（十三）社人派人哀求說：「丘臼克啊！社裡的人不懂事，有人欺負
你、輕蔑了你，都是不對的，請你原諒，給我們水吧！」

（十四）丘臼克叫他拿毯子來，用毯子潤濕了水給老人。大家就來
吸吮毯子的水。丘臼克教訓社人說：「你們知道了吧！這
就是因果報應。」

（十五）最後，丘臼克憐憫社人，唱著：「我要給全社有水，水湧出
來吧！」水便湧出來了，大家又有水喝了。

八、丈夫殺了妻子

范純甫主編《原住民傳說（下）》載〈鳩閣雷與阿艾鳥〉：（註十一）

百宛人的獵手，什麼飛禽走獸都打，就是不打兩種鳥：一
種是深山老林裡的「鳩閣雷」，一種是平原樹下的「阿艾鳥」。
大家都說牠們是益鳥。鳩閣雷和阿艾鳥是兩兄弟變的，為什麼
兩兄弟會變成兩隻鳥，就得從兩兄弟的父母說起。那是古老的
年代，有對年輕夫妻，兩個人都生成倔強性子，但剛結婚時，
小倆口還合得很好，白天一同下地種田，一起上山砍柴，到了
晚上，男的編織藤筐，女的紡紗織布，夫妻倆一塊幹活，一塊

唱歌。兩人相親相愛，不久妻子懷孕了，小倆口更是快樂。是生個男的好呢，還是生個女的好？夫妻倆各有各的心思：丈夫說：「生個男孩好！」妻子說：「生個女孩好！」夫妻倆常為這件事爭吵，有時鬧得臉紅脖子粗。這天，妻子臨產了，生了個胖墩墩的男娃娃。妻子因不高興，對生下來的男孩不理不睬，餵奶也是有一頓沒一頓的，丈夫見兒子餓得呱呱哭鬧，又痛心又氣憤。月起月落，花開花謝，日子過了二年，妻子又懷孕了。妻子說：「要是生個男孩，我就不奶大，任他死去！」丈夫也使倔，把那硬邦邦的話甩了過去：「你敢，孩子死，我也不叫你活！」就這樣，小孩還沒出世，夫妻心裡的疙瘩，就在吵聲裡越結越大。一天又一天，一月又一月，妻子懷胎到十月，又臨產了。孩子哇地一聲出胎，一看還是生了個男孩，妻子更氣了，對老二比對老大還苛刻，吃奶從不讓孩子吃飽，一天也只餵個回把，氣得她丈夫常打她。妻子恨丈夫，連帶也恨兒子了，對兩個兒子她死活不理，由丈夫去管。沒娘愛的孩子苦呵，衣服成了破筋筋，人瘦瘦，臉青青，誰見了都可憐，都痛心。時間又過了五年。這天，丈夫去打獵，想到山裡弄點山羊獐鹿回來，讓兩個兒子吃頓好的。臨走前，他對妻子說：「我走了，孩子照顧點！」妻子聽了，不點頭，也不吭聲。丈夫走了，妻子也下地去了，把兩個孩子扔在家裡，餓得兄弟倆歪歪扭扭，七蹬八蹴地找到田裡來，見娘正在樹下吃蕃薯，就上前伸手要吃的：「媽媽，我們肚子餓啦！」當媽的，心也不軟一下竟拿些剩下的薯蒂和薯皮給孩子吃。老大很懂事，盡揀厚厚的薯皮給弟弟吃，自己吃些薄薄的。弟弟吃不飽，又哭又鬧，哥哥又伸手向媽媽討。媽媽不耐煩地說：「沒有了，要吃，你倆在這裡等著，我回家拿去。」就把兩個兒子扔在地裡，自己就走了。回到家，她磨磨蹭蹭的，到快天黑了也不見

她去給孩子弄什麼吃的，就想上床睡了。正好這時，她丈夫
背著山羊、鹿子回來了，不見兩個兒子，就問：「孩子呢？」
妻子說：「在田裡呢！」丈夫聽了好火，這麼黑了，還讓孩子
在田裡。他什麼心思也沒了，點起一支火把，便下田找孩子去
了⋯⋯天黑漆漆的，風又大，丈夫一邊找，一邊叫，找了好幾
處地方，沒聽到一聲回音，也沒見到一個人影。此時，這倆兄
弟，正傷心地哭著哩。他倆躲在一個山坳坳的地方，又冷又
餓，不見媽媽回頭拿吃的來，又不見來領他倆回家，越想越
難受，正抱成一團哭著呵。哥哥說：「弟弟，媽媽不愛我們，
我們不如死了，變成鳥還好！」弟弟說：「哥哥，死了好，變
成鳥還自在，到處都可以找到吃的。」於是，兄弟倆把身上的
衣服脫下來，扯成四條長塊，剩下的全撕成一條一條的布筋
筋，這就是鳥的翅膀和羽毛了。說也神，兄弟倆真的變成了兩
隻鳥，哥哥變成鳩閣雷，弟弟變成阿艾鳥。兄弟倆真的變成了
兩隻鳥，想到要飛走，要離開爸爸，心裡又難受了，傷心地哭
了起來。這時正好爸爸找來了，見變成鳥的兩個兒子在風中痛
苦地旋轉著，就說：「孩子，可憐的孩子，跟我回去吧！」兄
弟倆說：「不，媽媽對我們不好，我們不回去了。」爸爸又說：
「孩子回去吧，媽媽不好，我們不跟她一起過。回去吧！」兄
弟倆說：「不行了，我們已經變成鳥了。」說著，兩隻鳥飛了
起來，一前一後地圍著爸爸頭上轉了三圈，「爸爸！爸爸！爸
爸！」地連叫了三聲，就一個飛上高山，一個飛向平地。所
以，至今在排灣人居住的地方，哥哥變成的鳩閣雷生活在深山
老林裡，弟弟變成的阿艾鳥則生活在平原坡地一帶。再說，爸
爸見兩個兒子變成鳥飛走了，痛苦得像刀子戳心，對妻子就更
憤恨了。一回到家，他就跟妻子大吵，妻子也不讓，兩人就打
起架來。丈夫火了，拿起一支竹鞭子就抽，見鍋裡的水開著，

又舀了一瓢朝妻子潑去，只見妻子倒在地上，吱吱吱地叫著，滾來滾去，最後竟變成了一隻老鼠。也從這以後，百宛人的祖先傳下話來：不准用竹鞭子打人；慢慢地，這不僅成了生活中的禁忌，也形成為一種風俗。而那兄弟倆變成的鳩閣雷和阿艾鳥，傳說以後牠們就專門吃鼠。不管是在高山平地，樹下田邊，路旁屋後，也不管是白天或是黑夜，牠們見到老鼠就抓起來吃。

本則傳說敘述的是一位母親偏私，她不喜歡生下男孩，希望生下女孩，結果生了兩個孩子，卻都是男孩子，因此她並不照護兩兄弟，也不給他們吃飽，還把孩子放在荒山野地的田裡，挨餓受凍，可謂極盡虐待之能事，真是喪盡天良。

兩兄弟相約變成鳥，離開了他們的父母親，而盛怒的父親拿起一支竹鞭子抽打妻子，又用鍋裡的開水潑去，妻子也得到了報應，變成了一隻老鼠。

據說，兄弟倆變成了鳩閣雷和阿艾鳥，傳說以後牠們就專門吃鼠。本故事還涉及一個禁忌信仰，那就是「不准用竹鞭子打人」，否則被打的人會變成老鼠。

九、丈夫毆打妻子變成老鼠

〈台灣土著の口碑〉，《東京人類學會雜誌》，明治四三年（1910），伊能生著，劉佳麗譯：（註十二）

從前，一對名叫 tsyogoroi 及 kagai 的兄弟，他們的母親非常討厭弟弟，時常虐待他。一天，弟弟餓了要喝奶，母親不但不給，還爬到屋頂上，自個吃著芋頭，並將皮丟向兩兄弟，哥哥撿皮餵弟弟，對母親產生憎恨，心想若有翅膀，定上去搶食物，果真，衣服化成了羽毛，在天空飛翔，就是鳥。後來，父親打獵回來，對於妻子的行為感到憤怒，乃毆打其頭部，妻子

咻地一聲變成了老鼠，這就是鼠類的開始。

本則傳說故事敘述，媽媽非常討厭弟弟，時常虐待弟弟，弟弟餓了也不給奶喝，還爬上屋頂自己吃芋頭，只丟皮給兩兄弟，哥哥撿皮餵弟弟。

哥哥心想如果有翅膀，一定上去搶食物，果然衣服變成羽毛，在天空飛翔，變成了鳥。爸爸狩獵回來，非常憤怒，毆打其妻頭部，妻子咻地一聲變成了老鼠。

本則故事有一個疑點，就是弟弟是否也變成了鳥？故事中沒有說明。

十、母親偏愛結果失去了兩位孩子

《生蕃傳說集》，佐山融吉、大西吉壽著（大正十二年），余萬居譯：（註十三）

古有 pujajuan、kurere 二兄弟，其母偏愛弟弟而恨哥哥。因此，哥哥厭世，變成了熊入山去，弟弟也效之，變成了豹，追隨其兄之後。

這是一則媽媽偏愛弟弟而恨哥哥的傳說故事，於是哥哥厭世入山變熊，弟弟也隨其後變成豹。

《生蕃傳說集》，佐山融吉、大西吉壽著（大正十二年），余萬居譯：（註十四）

某地有兄弟二人，哥哥 kurere 是個美男子，身邊常有少女們雲集，撒嬌獻媚。反之，弟弟是個醜男子，沒有人願意接近，可是，母親卻疼愛弟弟 puraruyan 而憎惡哥哥。有一次，兄弟一起出草去，母親在弟弟的飯包裡裝的是肉和麻糬，卻給哥哥的飯包裝了蒼蠅和頭髮……等東西。在路上打開飯包一看，kurere 的飯包裡裝的不是人之所能下嚥的東西，kurere 很傷心，

也埋怨母親的無情。弟弟百般安慰他，可是他不聽，終於身纏黑布，變成了熊，弟弟也以不能單獨回家為由，同樣走入山中，變成了豹。

本則與上則傳說相同，都是媽媽疼愛弟弟，憎惡哥哥的故事。兄弟一起出草去，母親準備弟弟的便當是肉和麻糬，而哥哥的卻裝了蒼蠅和頭髮等。

哥哥實在是很傷心，再也不能忍受，身纏黑布，變成了熊，弟弟也走入山中，變成了豹。

註釋

註一：林道生《台灣原住民族口傳文學選集》，花蓮縣立文化中心，1996 年 6 月。

註二：內政部委託台灣大學人類學系研究《台灣山胞各族傳統神話故事與傳說文獻編纂研究》，1994 年 4 月 30 日。

註三：同註二。

註四：同註一。

註五：林道生《原住民神話・故事全集（三）》，台北，漢藝色研文化公司，2002 年 12 月。

註六：陳千武譯述《台灣原住民的母語傳說》，台北，台原出版社，1995 年 5 月。

註七：同註二。

註八：同註一。

註九：范純甫主編《原住民傳說（上）》，台北，華嚴出版社，1996 年 8 月。

註十：同註六。

註十一：范純甫主編《原住民傳說（下）》，台北，華嚴出版社，1998 年 4 月。

註十二：同註二。

註十三：同註二。

註十四：同註二。

排灣族器物
口傳文學

第二四章

▲ 排灣族製作陶壺之壁畫／田哲益提供

排灣族文化水平頗高，有突出的造型藝術成就，尤以雕刻、織繡傲視全島。

排灣族是個熱愛藝術的族群，雕刻是族人日常的消遣，陶壺則是頭目家族權勢、財富的象徵，色彩豐富的古琉璃珠更是男女老少都珍愛的珠寶。至於藤編、竹編、月桃席的製作，在部落裡隨處可見。

一、排灣族寶物傳說故事

陳千武譯述《台灣原住民的母語傳說》載「寶物」：（註一）

祖先的頭目家有三個寶物，是從大武山帶來的。有一次三個人去卡吉來社出草，其中一個被卡吉來人殺死了，頭被拿走。其他兩個人把屍體扛到大武山來，在那兒三個人都變成寶物，而其中一個沒有頭，就是這個原因。

本則傳說故事謂，三個去卡吉來社出草的人，變成了寶物：

（一）其中一個沒有頭，就是被卡吉來社人殺死，取走了頭。

（二）另外兩個人，把被卡吉來社人殺死而被取走人頭者的屍體，扛到大武山來。

（三）他們三個人變成寶物的地點是在大武山。

本故事的疑點甚多：

（一）他們變成了什麼寶物？

（二）現在這三個寶物，如今何在？是否還在大武山上？

猜測可能這三個寶物是人模人樣的岩石，兩個是完整的「人」的形象，一個則是「無頭」的人形象。

二、排灣族石扇子傳說故事

陳千武譯述《台灣原住民的母語傳說》載「石扇子」:(註二)

祖先沙拉艾在發祥地時,持有石扇子,自己用來扇風。扇子上有人或豬的雕刻。經常豎立在頭目的眠床邊。可是在最後的戰爭時,家屋被燒,同時石扇子也燒掉了。沒有留到現在。

本傳說故事是「石扇子」的故事:

(一)「石扇子」的持有人是祖先沙拉艾。

(二)「石扇子」的傳說時代是在祖先還居住在發祥地的時候。

(三)據說「石扇子」很美,扇子上有人或豬的雕刻。

(四)據說「石扇子」經常豎立在頭目的眠床邊。

(五)「石扇子」的消失是在一場戰爭中家屋被燒,石扇子也燒掉了。

《原語による台灣高砂族傳說集》,小川尚義、淺井惠倫著(昭和十年),余萬居譯:(註三)

古時,(祖先)salapats 從發祥之地來了(此地)的時候,曾經有過一把石扇,salapats 以其扇自己,那一把扇子上面,雕有人或豬等。而,來到了此地,就把它充作豎在頭目床上之物。可是,最後一次戰爭時,房子被燒了,那一把扇子也同時被燒,所以今已無之。

本則傳說敘述,祖先 salapats 有一把石扇子,後來被燒毀了。

台東縣達仁鄉「古發冷」,李嘉鑫〈拉嘎巴威傳奇:紅眼力士永逐邪靈〉載一則傳說故事:(註四)

相傳當年這裡,曾經出現一位可怕的紅眼睛大力士。據說這位大力士名字叫「拉嘎巴威」lagvavui,他本來是平凡的常人,因為不為人知的原因而被邪靈附身,……變成力氣其大無比的力士……起先是只要被他手指指到的人會死掉,最後……只要被他紅眼睛一瞪,也會立即一命歸西。……在古發冷遺

址大門下方，一株巨大九芎樹旁，仍然存在一支「拉嘎巴威」遺下的「石扇子」，這是一片寬約兩公尺，高出地面一公尺多的大石板，據說當年「拉嘎巴威」起乩後，用來搧涼的扇子，有一次因為做別的事，把扇子往地上一插，就變成一直持續到今天的模樣，據說石扇的柄部還深深地插入地下，因而牢不可拔。

本則傳說故事相傳，以前曾經出現一位可怕的紅眼睛大力士「拉嘎巴威」，只要被他手指指到的人會死掉，被他紅眼睛一瞪，也會立即一命歸西。

據說，在古發冷遺址大門下方，一株巨大九芎樹旁，還有一支「拉嘎巴威」的遺物「石扇子」，這是一片寬約兩公尺，高出地面一公尺多的大石，深深地插入地下，堅固的牢不可拔。

三、排灣族陶壺傳說故事

《民族所集刊》，引自《排灣族信仰體系》，任先民：（註五）

　　在平和村有一家人，遷移至他處，想到別的地方創立新社，因為沒有頭目家贈予陶壺，出去了以後，不久便連續死亡，最後便只剩下一人，仍舊回到本社來了。

本則傳說故事謂，平和村有一家人遷至他處欲創立新社，惟因沒有頭目家贈予陶壺，連續死了人，只剩下一人，最後還是回到本社來。

從本故事來看，排灣族人非常重視「陶壺」，陶壺具有「安家立業」的功能，亦有「保家保命」的作用。平和村的一家人遷徙他地，因為沒有頭目家贈予陶壺，甚至失去了生命保障，最後仍舊回到平和來了。

《民族所集刊》，引自《排灣族信仰體系》，任先民：（註六）

　　泰武鄉的泰武村（kualous），原是很有勢力的大部落，各家頭目的陶壺也收藏很多。有一次，一頭目家的女兒，嫁到台東的太麻里地方去，帶了兩個很好的陶壺去，他們的子孫，一直

繁衍到現在仍很強盛。

本則傳說故事謂，泰武鄉的泰武村一頭目家的女兒，嫁到台東的太麻里地方，因為她攜帶了兩個很好的陶壺去當嫁妝，因此他們的子孫一直到現在仍然很繁盛。可見「陶壺」在排灣族社會中的價值與意義。

《民族所集刊》，引自《排灣族信仰體系》，任先民：（註七）

> 本社（puyma 社）以前是很弱小的一個部落，因為沒有好的陶壺。後來，從 padain 社的大頭目家，有一個女兒帶了最好的蛇紋陶壺嫁到本社來，之後，部落人口漸多，勢力也漸強大了。

本則傳說故事謂，一個村社若有好的「陶壺」，則村社會興旺，部落人口會漸多，而勢力也會漸漸強大起來。

《民族所集刊》，引自《排灣族信仰體系》，任先民：（註八）

> 從前，本社（puyma 社）的人口是很旺的，但自從頭目家的陶壺一一碎裂之後，社中的人口也逐漸減少。到後來，連最後一個陶壺也破了，社民皆驚惶，然該壺並未碎裂，而是很整齊地裂成二半片，於是社民又逐漸繁衍強大了，大家對這兩半陶壺也更珍視了。

從本則傳說故事來看，陶壺的意義是部落興旺的依據，保存的好則部落發達，反之，則部落會逐漸衰退。

四、排灣族白貝傳說故事

《原語による台灣高砂族傳說集》，小川尚義、淺井惠倫著（昭和十年），余萬居譯：（註九）

> 古有一頭目，名 saolivan，讓壯丁（按：原譯蕃丁）們在田中幹活兒。（因為）騙以：「有酒！」所以壯丁們才在他的田上工作。（因為他說：）「來，喝！」所以掀起壺蓋，可是無酒，壺中有（無數的）蜂。壯丁們逃，門口垂吊著有石頭，tsog、tsog……地碰了（頭），壯丁們生氣了。（一天，）壯丁們謊稱：

「來！到 padain 社去找女孩子玩！」壯丁們把他裝入箱中，扛去丟進瀑布下的深潭裡。他死了，變成一棵樹，開出了白貝（做成長方形的頭飾用貝殼）的花。那一棵樹倒了，族人（按：原譯蕃人）們取其白貝，今日之有白貝，是因此之故。

▲ 排灣族陶壺與百步蛇圖像
／田哲益提供

本則傳說故事謂，一頭目名 saolivan，以「有酒」請壯丁們在他的田上工作。但是酒壺無酒，壺中有卻有無數的蜂，壯丁們奪門而逃，又碰上了門口垂吊的石頭，壯丁們都非常生氣。

有一日，壯丁們騙頭目說，一起到 padain 社去找女孩子玩！結果把他裝入箱中丟入瀑布深潭裡。他死後變成一棵樹，開出了白貝，這白貝就是以後做成長方形的頭飾用的花。

五、排灣族臼傳說故事

小米是排灣人製酒的原料與珍貴的主食之一，排灣族人以小米之收成論豐歉。碾米以大木剖空為臼，直木為杵，以去殼。《重修鳳山縣誌》載述：（註十）

> 臼以巨木為之，高二尺餘，直徑三尺，虛其中；旁通三、四小孔，覆於地上。鑿其面如鍋底，盛米於內，婦執杵以舂；舂則左右手。昏暮三間，黎明之候，丁東之聲遠遍相間。

六、排灣族服飾傳說故事

巴格達外・日不落〈服飾翩翩排灣情〉有一則服飾的神話描述：（註十一）

> 從前從前的時候，太陽神的女兒瑪樂芙樂芙，自陶壺誕生

一雙巧手織繡美麗的衣裳，像天上的彩虹，摘下花草編結美麗
的頭飾，像天上的太陽，拾起果實串成美麗的項鍊，像天上的
星星。

排灣族傳統的部落文明現象，是族人追求「藝術生活化，生活藝術
化」，精緻生活方式的因素之一。且經年累月居住的環境就是美麗的大
自然，也激發了心靈對美無限的嚮往，提供了豐富的靈感，自然就釋放
出愛美麗的能量，造就藝術的成就。（註十二）

從本則故事中，可以看出排灣族人追求自然、愛好藝術的情操，排
灣族人真是善於運用自然，與自然合為一體的可愛民族。

七、排灣族石板屋傳說故事

張騰元〈祖先的智慧七佳村〉一文，載有一則排灣族石板屋的故
事：（註十三）

相傳在很久以前，我們的祖先早已創造石板屋來居住。但
當時的石板屋有一個很大的缺點，逢雨必漏，族人用了各種
材料還是無法解決這項難題。直到有一日，有一條族人的聖
獸——百步蛇，突然出現在族人面前，牠告訴族人：你們的屋
頂，必須用我身上鱗片的排列方式來構築。族人不甚了解，
於是剎那間，這條百步蛇變大了，牠撐開牠的身體，一片片耀
眼奪目的蛇鱗由下而上井然有序的排列著，此時族人才恍然大
悟，遂在石板屋的屋頂方面，依循著百步蛇的指示，由屋簷部
分慢慢的往上堆疊石板，且較大的石板在屋頂下方，愈往屋
脊石板愈小，從此以後族人便不怕下雨的日子了，而這項技
法，也一直流傳至今，只是關於百步蛇的啟示卻已逐漸無人知
曉……。

本則故事敘說排灣族的石板屋，下雨的時候，雨水不會滲進屋內，
原來排灣人屋頂石板的搭建是由下而上、由大而小疊成，由屋簷處的大

石板逐漸轉變為屋頂的小石板，如此架構便可確保屋內不漏水，而此搭建的靈感，傳說是來自於百步蛇身上的鱗片排列啟示得來。

排灣族石板屋的建構，是經過許許多多角度思考點的總和，架構出石板屋的形象及族人的生活與文化。

石板屋是族人的分工互助、古老的傳說、艱辛的建築過程等等的綜合體，有生命、有光榮。

台灣南部山區多板岩，排灣族人就地取材以石板建屋，不僅冬暖夏涼，又是堅固防颱的好建材，一間好的石板屋往往歷經數代也不會毀壞。排灣族的房子，地基深約1.5至2公尺，除了樑柱、桁架是用木材之外，外牆與屋頂都是用石板堆砌而成，中柱與兩邊的柱列間距約1至2公尺，承載牆及隔間牆的重量。屋內設爐灶，床則設在屋內各角落裡。以往在屋內的棚架上會置放許多的土壺、由於今日的排灣族人已不再製作土壺、所以今日我們所見的土壺都是祖先留下來的，哪一家的土壺越多，就表示他家歷史越久，是很值得驕傲的一件事。百步蛇的圖形或是擬人化的百步蛇圖騰，是非常尊貴的，在過去只有頭目才能使用。頭目家是權威的象徵，其住屋屋簷有塊寬約二十公分，長約二至三公尺的木板，上面雕刻著百步蛇圖騰或人面圖騰，並且繪上美麗鮮艷的顏色。（註十四）

在北部巴武馬地區，典型的房屋是以板岩片為主要建材的石造房舍，貴族的房屋前橫楣上往往有雕刻，室內中柱與床柱上有祖先形象。每一個住宅單位有一專用的家名，在房屋落成時，經由一個特定的儀式加以命名，為其居住家屬之集體姓氏。一所房屋單位以主幹家族為主，只有一

▲ 充滿排灣風味的建築／田哲益提供

▲ 排灣族石板屋／田哲益提供

對夫婦及其所出之子女組成的小家族居住。每一家族之人口，一般在五至十口之間。房屋與家名為家系繼承的主要標的物之一，除非居住在房屋中的家系絕嗣，否則房屋與家名總是由承家者繼承下去。（註十五）

八、排灣族的琉璃珠

琉璃珠是排灣人、卑南人、魯凱人所特有的，這與他們的社會階級和制度有關。他們已不知琉璃珠由來的年代與地點，僅知是祖先代代流傳下來的。琉璃珠大體上可分為三種類型：（一）單色小型珠：有橙、黃、綠、白、黑等色，每串長約一至二公尺，常綴飾於服裝上。（二）單色中型珠：有橙、黃、綠、赭等四種顏色，每串長約三至五公尺，用於佩戴的飾品上。（三）多色大型珠；在單顆上有各色紋樣，每串長約十至二十公尺，形狀各有不同，且有透明與不透明程度之分。在每顆珠上，都有古老的神話傳統流傳於排灣人之間，並有男珠與女珠的區別。以上三類琉璃珠，常一起併用，如複串式飾品，單串胸飾或項飾則大多由大型或中型珠穿串而成。琉璃珠除代表階級、地位、財富、性別等意義外，還兼具宗教信仰的涵義。排灣人相信琉璃珠串有賜福、降禍、護身及懲戒等功能。排灣人大量使用琉璃珠於裝飾和衣服上，單色小型珠除串成飾品外，也運用不同顏色的珠子縫成各種形狀，如蛇紋、人頭紋等在各類衣服上。這類衣服並非所有家族都有，可能是因琉璃珠的取得並不容易，故有這種衣服的人，也只在較正式的場合才會穿著。由於排灣人在社會上存在階級，故各家族也有特定的文身花紋，

通常女子在手背、小腿上文身（刺青）；男子在前胸、手臂、背部上文身。文身成為某些領主家族特有的權利。（註十六）

九、排灣族的青銅刀

排灣人還有宗教用的青銅刀文化，雖然台灣本島不產銅也不產鐵，但排灣人卻有青銅刀。青銅刀在排灣人的語言裡是「宇宙神的拐杖」之意，意即神的器物。青銅刀有大型、小型之別；大型的青銅刀長約三十至四十五公分，平日供放在部落的祭祀小屋內。小型青銅刀長約十五公分，是巫師為人占卜祭祈時的用具。對青銅刀的來源，值得進一步探討研究。（註十七）

排灣族，凡至十五歲的男孩，其家中尚須行 patsiejapu 禮，亦可稱為「帶刀禮」，這是專為了成年而行之禮。舉行時，家內先殺一豬，且準備許多米糕和酒，還有松樹葉和佩刀等，祭神以後，邀請諸親友，來家飲宴並歌舞，以示祝賀之意。從此這個男孩，被視為成年，並穿用成年男子特別服飾。一般為穿黑色長衣，腰下加一方形圍巾，戴頭冠，佩腰刀，並有檳榔袋、臂鐲、戒指、耳塞等。（註十八）

註釋

註一：陳千武譯述《台灣原住民的母語傳說》，台北，台原出版社，1995 年 5 月。

註二：同註一。

註三：內政部委託台灣大學人類學系研究《台灣山胞各族傳統神話故事與傳說文獻編纂研究》，1994 年 4 月 30 日。

註四：李嘉鑫〈拉嘎巴威傳奇：紅眼力士永逐邪靈〉。

註五：同註三。

註六：同註三。

註七：同註三。

註八：同註三。

註九：同註三。

註十一：巴格達外・日不落〈服飾翩翩排灣情〉，《台灣月刊》第 193 期。

註十二：同註十一。

註十三：張騰元〈祖先的智慧七佳村〉，載於《再生的土地》。台北，常民文化事業有限公司，1998 年 1 月。

註十四：高雄縣桃源鄉公所《桃源鄉鄉誌期末報告》，國立高雄應用科技大學，2003 年。

註十五：劉寧顏總纂《重修台灣省通志・卷三住民志同胃志》第一冊，1995 年 5 月。

註十六：陳國強《百越族與台灣原住民》，台北，幼獅文化事業公司，1999 年。

註十七：同註十六。

註十八：同註十六。

排灣族戰爭與出草口傳文學

第二五章

　　台灣原住民各族以往為了保護領土，或為兩族之間長久以來的仇恨，也有的是因為部族之間的攻守同盟關係，部族與部族之間常會發生戰爭，甚至同一部族之間為迎得女性的青睞，也會互相的發生格鬥。……為了生存，因此原住民族的男子在很小的時候，便要開始學習戰技及武器製作的方法。其實這種人與人之間的殺戮，並非僅見於原住民族。從古至今，地球上各個角落時時都有人類為了領土及虛榮，而互相以殘暴的方式消滅對方。（註一）

一、排灣族同族人戰爭

　　林道生《台灣原住民族口傳文學選集》載下排灣社〈晝夜分別為勝〉：（註二）

　　　　從前，巴達英社（spadain）與下排灣社的部落相鄰。當兩社因不合而引發戰爭時，如果是白天打仗，總是下排灣社打勝仗。反過來說，夜間打仗的話，必定是巴達英社打勝。因為下排灣社的人眼睛長在臉上，適合於白天打仗，而巴達英社的人，眼睛是長在膝蓋上，所以方便於夜間打仗的緣故。

　　本則傳說故事很可愛，巴達英社與下排灣社為兩個相鄰的部落，經常引發戰爭，因為下排灣社的人眼睛長在臉上，所以兩社在白晝戰爭，總是下排灣社打勝仗；巴達英社的人，眼睛是長在膝蓋上，所以兩社在夜間戰爭，必定是巴達英社打勝。

　　林道生《台灣原住民族口傳文學選集》載內文社〈沙巴亞斯與卡烏倫〉：（註三）

　　　　從前，有一位叫做沙巴亞斯（sapajas）的人，有一次他去維利路社（viliil），遇到了卡烏倫（gavulun）家的人。因此談起了在維利路社成為糾紛的土地問題。沙巴亞斯說：「這塊土地應該是屬於我的。」卡烏倫也說：「這塊土地的確是屬於我的。」沙巴亞斯與卡烏倫雙方為土地而引起爭執，但是沒有結

果。於是，決定下次見面時再繼續商談。兩個人便分了手。

一次，兩人又在維利路社上方的比那克拉丹（pinagagulatan）的平地相遇。那時沙巴亞斯是單獨一個人，而對方西拉烏拉特社（sivalavulat）的卡烏倫是全社的人都在場。沙巴亞斯說：「我們來商談土地的問題！」卡烏倫的家人卻回答：「我們要用打仗的方式來決定！」卡烏倫這一方的人都高聲大叫：「來吧！來打仗！」並且開始對沙巴亞斯射箭。沙巴亞斯繼續對他們說：「不要射了，我們來商談！」但是，卡烏倫家人仗著人多勢眾，不願意接受沙巴亞斯的提議商談，繼續用箭射向沙巴亞斯。沙巴亞斯睜大眼睛躲開射來的箭而未被射中。然後又要求卡烏倫：「不要射了，我們來商談！」但是，卡烏倫家人聽不進他的話，繼續向他射箭。這時，沙巴亞斯知道卡烏倫家人實在是聽不下去了，因此對他們說：「如果你們不聽的話，那麼等一等，讓我磨一磨刀再說！」沙巴亞斯拔出他的配刀在磨刀石上磨刀，不久刀口與磨刀石磨擦發出了火光，把地上都燒了起來，而且愈燒範圍愈擴大，並且燒到利路利路安（riluriluan）的地方。「哦！哦，糟了，我們趕快逃吧！」卡烏倫大聲叫著，一家人趕緊都逃了。後來，卡烏倫對沙巴亞斯說：「請你不要再燒地了，趕快停止吧！我們承認這塊地是你的！」土地的紛爭終於停止了。後來，維利路地方的土地都歸屬於沙巴亞斯所有。

本則傳說故事敘述的是沙巴亞斯和卡烏倫雙方為土地糾紛而引起爭執。有一次，兩人相遇，沙巴亞斯是單獨一個人，卡烏倫是全社的人都在場。

卡烏倫家人仗著人多勢眾，不願意接受沙巴亞斯的提議商談，用箭射向沙巴亞斯。

沙巴亞斯希望和平商談，但是，卡烏倫家人聽不進他的話，繼續向

他射箭。沙巴亞斯知道卡烏倫家人聽不下去,因此對他們說:「如果你們不聽的話,那麼等一等,讓我磨一磨刀再說!」

沙巴亞斯刀口與磨刀石磨擦發出了火光,把地上都燒了起來,而且愈燒範圍愈擴大,並且燒到利路利路安地方。卡烏倫家人見狀,大家都趕緊逃走了。

最後,卡烏倫對沙巴亞斯說:「請你不要再燒地了,趕快停止吧!我們承認這塊地是你的!」土地的紛爭終於圓滿解決了。

陳千武譯述《台灣原住民的母語傳說》:(註四)

　　古早,有一天社人去狩獵,來到沙蘭地方,叫布拉揚的人說:「你們看我。」便用力拔一棵樹,把樹木弄斷了,大家都說:「你為甚麼要做這種事?」而很驚訝。幾天後,社人又去狩獵。布拉揚又弄斷樹木給大家看。頭目說:「你為甚麼要做這種事?」他回答說:「我為甚麼要弄斷樹木,因為我想要分家,才這樣粗暴起來,我粗暴的時候,你們不要靠近我,不然會被打死。」他這麼說,大家都知道了。不久,他去做通往汲水場的路,再做水桶放在岩石中間,很快就做好了。然後去取木材蓋房子,他不用刀子、僅用手折斷木料。搬運棟木,一次就搬完,搬運石頭做牆,扛兩次就做完了。去採頂樑,竟有寬二尋左右,長三尋左右,材料收齊便蓋好房子。社裡的人都說:「布拉揚像神,超人的強健人。」排灣族的弓箭、槍都用竹造的,出草的時候,用竹造的武器互相戰鬥。狗也參加夥伴幫忙打戰。布拉揚出草,都要帶十隻狗去。到了敵人的陣地,他叫狗,狗就聚集,他指揮,狗就追逐。敵人贏不過便爬上樹,狗便咬樹根。布拉揚卻用箭射殺,一支箭射死五十個人。敵人大都死了,只剩下兩個人活著。鄰近的那達斯社社人的風習很不好,時常盜竊人家的東西又要殺人。因此布拉揚很生氣,去攻擊那達斯社。這一次布拉揚帶著平常他喜歡的一隻老鷹去。

那達斯社的社人聽了消息，便動員所有的壯丁，分路埋伏在山峽處。老鷹說：「布拉揚啊！回家吧，有敵人埋伏在那邊。」布拉揚不聽老鷹的話，向前走。走到山峽的地方，多數人就跳出來打布拉揚一個人。布拉揚打輸，終被殺死了。首級和骨頭，被刺在莿竹的尖端。老鷹很悲傷，一直守在布拉揚屍首旁不願飛走。牠想：「怎麼樣才能使布拉揚活過來呢？」然而，布拉揚有一個兒子叫沙米兒，聽到父親被那斯達社人殺死的消息，很痛心地說：「我要去那達斯社報仇。」沙米兒這麼想，不告訴母親，就拿槍去那達斯社。沙米兒很會攻擊，那達斯社人無法贏他，全都被殺死了。沙米兒發現了他父親的首級及骨頭刺在莿竹的尖端，就把骨頭拿下來收集。此時，老鷹飛來唱歌：「布拉揚的骨頭接合起來啊。」奇怪，布拉揚的骨頭真接合起來了。老鷹又唱著：「布拉揚的肉體復元起來啊。」布拉揚就復活了。老鷹又唱：「布拉揚能夠講話啊。」布拉揚真的能夠講話了。沙米兒便帶著復活的父親和老鷹回家。回到山的頂峰，布拉揚就大聲歡呼。家人聽到了說：「那聲音是怎麼啦？好像是布拉揚的聲音。」沙米兒也歡呼他的勝利，社裡的人都聽到了說：「那聲音是怎麼啦？好像是沙米兒的聲音。」最後他們兩個人和老鷹都一起高喊，一看，有五重的彩虹包圍著他們。他們回到家裡來，但是彩虹還是那樣留著。於是社裡的人都跑來歡迎他們。那時，在宇滋爾的地方有個叫達卡爾的人，常會吃人。社人告訴布拉揚，布拉揚答應帶沙米兒去消滅他。問社人：「達卡爾是太陽來到甚麼地方會來吃人？」社人回答說：「太陽出來，昇到頂上的時候就來。」布拉揚父子就到宇滋爾地方去，把達卡爾殺死了。從此以後，布拉揚便當了宇滋爾地方的田租收集人。而布拉揚和沙米兒都當了酋長。

本則傳說故事的情節非常豐富，要述如下：

（一）有一個叫布拉揚的人，有著巨大的力量，能夠拔一棵樹，把
　　　樹木弄斷。

（二）後來布拉揚分家，他蓋房子，不用刀等工具，僅用手折斷木
　　　料。搬運棟木、石頭也很快就做完了。

（三）布拉揚擅長出草，指揮狗兒自如，他得一支箭可射死五十個
　　　人。

（四）有一次，布拉揚帶著老鷹去攻擊那達斯社。

（五）老鷹告訴布拉揚說有眾多敵人埋伏，不要繼續前進，布拉揚
　　　不聽老鷹的話，繼續前行。

（六）埋伏的敵人突然殺出來，布拉揚終於被殺死了。他的首級和
　　　骨頭，被刺在莿竹的尖端。老鷹看了十分悲傷。

（七）布拉揚的兒子叫沙米兒，聽到父親被那斯達社人殺死的消
　　　息，不告訴母親，就取槍去那達斯社報仇。

（八）沙米兒把那達斯社人全都殺死。

（九）沙米兒把刺在莿竹尖的父親首級及骨頭收集起來。

（十）老鷹飛來唱歌：「布拉揚的骨頭接合起來啊！」奇怪，布拉揚
　　　的骨頭真接合起來了。老鷹又唱著：「布拉揚的肉體復元起來
　　　啊！」布拉揚就復活了。老鷹又唱：「布拉揚能夠講話啊！」
　　　布拉揚真的能夠講話了。

（十一）他們回到社裡，受到族人的熱烈歡迎。

（十二）後來父子倆又去宇滋爾，把會吃人的達卡爾殺死了。

（十三）布拉揚便當了滋爾地方的田租收集人。而布拉揚和沙米兒
　　　　都當了酋長（頭目）。

陳千武譯述《台灣原住民的母語傳說》載克拉勞社傳說故事：（註五）

　　伊禿童是一位奇人。從里拉斯社來了敵人，邀他一起去狩
獵。伊禿童知道敵人要殺死他。他說：「咦！敵人的槍像鬼茅
的穗，像切斷的木頭。你們等一下，等我炒好木豆。」伊禿童

把木豆炒好，就吃木豆。然後說：「好了，你們要殺我，就不要讓我跑掉。請你們的頭目從大門進來，壯士們從天窗進來。把窗門所有的孔隙都塞滿。」伊禿童被敵人全包圍了，就放木豆的屁，敵人都中毒而死了。只有叫宇卡凡的青年，因木豆僅中了膝蓋，沒有死，跑回家去報告。……

本則傳說故事敘述，從里拉斯社來了敵人要殺死奇人伊禿童，伊禿童炒木豆吃，他被敵人團團包圍了，就放木豆的屁，敵人全部中毒而死了。只有叫宇卡凡的青年，因木豆僅中了膝蓋，沒有死，跑回里拉斯社報告此事。

《原語による台灣高砂族傳說集》，小川尚義、淺井惠倫著（昭和十年），余萬居譯：（註六）

　　古時，我們 paiwan 人是箭、矛和槍枝都用竹子做。出草時，是用那些竹製品作戰，狗也一起去協助。古時，曾有家名叫做 paituzan，名字叫做 vaculajan 的人。他率領十隻狗，出草鄰社。據傳鄰社有五十人之眾，但是戰死多數，惟僅兩個人倖免。這一個叫做 vaculajan 的人招呼狗，狗就集合。他出發時，狗會走在前頭。敵人一跑，狗就追。於是 vaculajan 便去等著狗所趕過來的敵人。其敵不能勝，爬上樹去。部分（不善於爬樹的）敵人被狗咬。縱使爬上了樹，狗也會咬樹幹下方。因此敵人不能勝。加之，vaculajan 尤其（擅長）連射，大多數敵人因此喪身。自古以來的傳說這樣說。

本則傳說故事謂，vaculajan 善於領導狗出草作戰，vaculajan 本人又擅長連射，大多數敵人因此喪身。

《原語による台灣高砂族傳說集》，小川尚義、淺井惠倫著（昭和十年），余萬居譯：（註七）

　　古時候有個叫 sapulalujalujan 的人，因為 sicoavudas 的人風俗不佳，偷盜、殺人而前去攻打他們。sicoavudas 社被

sapulalujalujan 攻擊了五天。sapulalujalujan 因單槍匹馬，寡不敵眾而敗了，被 sicoavudas 社人所殺，首級和骨被刺在荊竹（尖）上。sapulalujalujan 有個兒子叫 sasimidalu。長大後問母親說：「媽媽！我父親是誰？為什麼不在家？」母親惟恐其子再去槍戰報仇而不敢說，但他問別人，別人告訴他真相，於是他便未曾告訴母親就到 sicoavudas 去開槍。因為 sasimidalu 善於攻擊，所以 sicoavudas 社的人未獲勝。sasimidalu 將其父的骨和首級由荊竹上取下，並唱：「爸爸的骨骼若能連接起來……！」「父親若能生肉……！」「父親若能說話……。」於是父親便活了，他們便回家去了。抵達山頂，sapulalujalujan 先高呼勝利，接下來是 sasimidalu。最後他們兩人一起喊。人們看到他們有五層的彩虹圍住了他們。他們回家去了，彩虹仍在。於是人們來看，並歡迎他們。繼之，人們跳舞，喝酒十天，然後，sapulalujalujan 和 sasimidalu 做了頭目。

本則傳說故事謂，父親單槍匹馬攻擊了 sicoavudas 社五天，最後殉亡，被敵社把其首級和骨刺在荊竹（尖）上。

其子長大後問母親有關父親之事，母親惟恐其子再去槍戰報仇而不敢說，但是孩子還是從他人口中得知父親之事。於是背著母親就到 sicoavudas 社去開槍。

孩子善於攻擊，因此 sicoavudas 社的人未能獲勝。孩子還將其父的骨和首級由荊竹上取下，並唱：爸爸的骨骼若能連接起來、父親若能生肉、父親若能說話，父親竟然活了起來，便一道回家去。

村社的人喝酒跳舞十天歡迎父子英雄，最後父子都當了頭目。

《原語による台灣高砂族傳說集》，小川尚義、淺井惠倫著（昭和十年），余萬居譯：（註八）

（在頭目家裡的）那三件寶貝，是從大武山拿來的。而那寶貝（原來是人，有一次，這）三個人（同行）出草到 coaqatslai 社

去了。可是據說其中一人被 coaqatslai 社人所殺。是（其餘）兩人（把他）扛來此地。自古傳說，（現有三件寶貝中的）一件沒有頭部，就是這緣故。

本則故事敘述頭目家裡的三件寶貝的傳說。

《原語による台灣高砂族傳說集》，小川尚義、淺井惠倫著（昭和十年），余萬居譯：（註九）

padain 和下 paiwan 人相鄰其部落。（這兩社之間）發生戰爭時，白天都是下 paiwan 贏了，夜晚都是 padain 獲勝。padain 人勝的原因，是因其眼睛在膝蓋上，可以夜間行走攻擊之故。下 paiwan 的白天獲勝之因，是眼睛在臉上之故。

本則傳說 padain 和下 paiwan 人戰爭時，白天都是下 paiwan 贏了，夜晚都是 padain 獲勝。主要的原因是因為他們的眼睛生理不同之故。

《生蕃傳說集》，佐山融吉、大西吉壽著，大正十二年，余萬居譯：（註十）

古時，Ibakas 社的頭目很英勇，一次，他在院子裡，把很多 damunimuni 草的果實擺在平石上，排成圓形，並放一顆在中央處，覺得美觀，便聯想到要社人排成那種隊形，將人頭放在中央，便開始到別社砍人頭。註：Parirayan 社則傳說，曾有人摘 raritsi 果實，以其裝飾頭巾，先將其排成圓形，甚美，便聯想到用人頭，於是有了出草之習。另 katepor 社則傳說，兩個不孝子殺其父，為獵頭之始，takobakoban 社的少年迄今仍有抓猴子來做為獵人頭作戰之練習，Masiriji 社則傳說，一為人父見其子女亂倫，一怒，砍下其頭，其後，凡做壞事，都會被砍頭。

本則敘述馘首之嚆矢與原因。

二、被出草死而復生

《原語による台灣高砂族傳說集》，小川尚義、淺井惠倫著（昭和十年），余萬居譯：（註十一）

> vavuluvulujan 家有個 pulalulalujan，同社的 kadayiayian 家有個 tukutuku。pulalulalujan 素愛老鷹，每訪 kadayiayian 家都呼叫其鷹（帶去了）。可是，途中 dalalu 之地有田，（有一次）pulalulalujan 經過時，有 linasalas 社的敵人埋伏著，鷹知有敵，說：「pulalulalujan 呀！回去吧！這裡有敵人！」pulalulalujan 卻說：「無妨！」然而，到了田地，pulalulalujan 遂被敵人槍殺而死。寵物老鷹（哀叫說）：「遺恨哪！pulalulalujan 兄！」（並說：）「我要如何才能使哥哥生還？」就生還了。（社人們聞知凶耗而）驚亂而來。（pulalulalujan 問：）「你們胡鬧什麼？」「我們以為你死了！」「男子漢，怎麼會死！好了！回家吧！」就回家去。母親哭著，（他說：）「媽媽！別哭！我還活著，男子漢，會怎麼樣呢？」

這是一則被敵人槍殺，死而復活的故事。

三、排灣族與矮人族之戰爭

李嘉鑫〈古樓意喻山涼風有聲〉載：（註十二）

> 相傳在遠古時候，台東卑南族某社，不堪矮人族長期巫術壓迫，翻山求助於古樓社頭目，並許以臣服納貢，否則田中收成皆落空的誓言。頭目派遣大軍，率數百隻狗，過去協助，據說只把狗兒拴在部落每一棵樹下，就把矮人族嚇跑了，從此這支卑南族即按年向古樓頭目納貢。

本則傳說故事敘述，台東卑南族某社長期被矮人族巫術壓迫，求救
於古樓社頭目，並願意臣服其下納貢。古樓社頭目於是派遣大軍，率數
百隻狗，就把矮人族嚇跑了。

四、牡丹社事件

在屏東縣下，有一個非常出名的部落，牡丹社。清朝末期，曾因殺
死了漂流上岸的琉球難民而引起國際糾紛，日本人竟藉口無理取鬧，大
兵壓境，製造了所謂「牡丹社事件」。

鴉片戰爭後，列強展現對中國的野心，清同治末年，日本人出兵台
灣攻打屏東牡丹社排灣族原住民，史稱「牡丹社事件」。

石門古戰場位於屏東縣車城鄉石門村，此地地勢險峻，為排灣族抵
抗日本人「牡丹社事件」的古戰場。不僅是當地排灣族牡丹社族人的精
神所繫之處，也與台灣開發有著密切關係，此處就是 1871 年（清同治
10 年）著名的「牡丹社事件」的發生地，當年日本政府藉由琉球漁民被
殺的事件，開始對台展開侵略行動，也才造成清朝政府對於台灣的重
視，並派遣沈葆楨來台經營，開啟各項開發建設。

石門古戰場位於車城鄉與牡丹鄉交界處，是進入牡丹鄉的主要通
道，東邊為四重溪山，西邊為虱母山，雙峰峭立，斷崖絕壁，形勢險
要。這處地形險要、儼然門戶一般的山區，當年曾發生牡丹社事件，
也因為這件風波，使得石門名聲大噪，同時被視為最具特色的軍事基
地。但時至今日，石門只是一個斷崖峭壁的絕佳風景帶，和供人憑弔的
歷史遺跡。

清同治 10 年（1871），琉球宮古島和八重山島的四艘貢船向日本進
貢，在沖繩回航的途中被颱風颳散，69 人中有 3 人遇溺，其餘的 66 人
漂流到台灣南端海岸，在琅嶠八瑤灣上岸登陸（按即今天的屏東縣滿州
鄉九棚村八瑤灣海岸，恆春古名為瑯嶠、琅嶠、郎嬌或浪嶠，這是排灣
族語，意為某種蘭科植物，原屬鳳山縣）。

由於遇難的琉球居民與排灣人因為語言不通，以致排灣人誤為海盜，結果 54 人遭殺害，並且搬走船上所有的貨物。其餘 12 人被漢人凌老生和鄧天保救出，藏在保力庄庄長楊友旺家中，一個月後由台灣府護送到福州，再由福建省總督把他們送回琉球。

死裡逃生的 12 名琉球人，回去後把整個事件向日本鹿兒島縣知事大山崗良報告，大山向日本政府建議：他願意駕戰船揚威太平洋上，消滅台灣土著原住民，為其琉球藩屬人民復仇。大山的意見並未得到日本政府的重視。後來，這 12 人再向鹿兒島駐軍營長樺山資紀少佐陳情，樺山便找到日本政要西鄉隆盛、西鄉從道及山縣友朋等人請願，經過內閣會議後，決定向台灣興師問罪。（註十三）

清朝到了同治年間，朝政又有了一個很大的改變。由於咸豐皇帝是病死在熱河的行宮中，事出倉卒，對皇位的繼承未能作深遠的考慮，只是援例傳位於皇子就算功德圓滿，誰知繼位的同治皇帝，當時年僅 5 歲，連啟蒙的年齡都還沒到，那裡知道什麼軍國大事，於是乃由他的生母慈禧太后垂簾聽政，主宰一切朝政大權，這是中國歷史上的第二位牝雞司晨，弄得朝廷上下七葷八素，元氣大傷。當時雖然有幾位傑出之士，如曾國藩、胡林翼等出來輔佐，平定了太平天國之亂，但他們終歸還是漢人，頗有格格不入的感覺，難怪曾國藩只好以「左列鐘銘右謗書」來自我解嘲了。差不多就在慈禧太后這位老佛爺當權的同時，在日本，也有個劃時代的轉變，1867 年（同治 6 年）日本幕府歸政天皇，著名的明治天皇即位，他努力從事政治的革新，遣派留學生赴歐美學習，建設現代化的海陸軍，訓練新式軍隊，改國體為君主立憲，又提倡新工業，在軍事、政治、經濟、學術文化多方面齊頭並進，實踐力行，於是國勢蒸蒸日上，逐漸富強了起來，這也就是歷史上著名的明治維新時代。日本經過明治維新之後，由於國勢日強，由其助長了他們當年海盜時期的貪婪心理，中國與日本既屬緊鄰，同時中國又素有地大物博、遍地黃金的美譽，正當兩國國力消長日見懸殊之際，台灣自然也就

成為日本垂涎的標的物了。剛開始，還很客氣，同治9年（日本明治4年）日本明治天皇派遣了外務大丞柳原前光到北京謁見李鴻章，要求正式建交，訂立通商條約，中國表示同意。第二年，慈禧太后命李鴻章與日本代表藤原宗城舉行會議，訂立了中日修好條約與通商章程。內容規定中日兩國人民可以彼此互在對方國家內的通商口岸居住貿易，彼此互有領事裁判權與協定關稅，比起和英法所訂的條約，實在是平等互惠多了。後來又經過幾次的磋商，於同治12年正式完成立約手續，這也是中日兩國正式建交立約的開始，但是不到一年，日本的海盜式面孔隱藏不住了，藉口琉球漁民漂流到台灣，被土著排灣族所殺，而伸出了第一次侵略海外的魔掌。……日本利用和中國建交訂約的關係，於同治12年指派外務卿（外交首長）副島種臣和外務大丞柳原前光來到中國，副島種臣除了一面窺探中國的虛實外，還特別令其副使柳原前光到總理衙門詢問了許多有關中國和藩屬間的外交問題，像對朝鮮、台灣和琉球的關係，以及台灣原住民殺害琉球人的處置態度等等，總理衙門的大臣卻一點警覺性也沒有，只是老老實實的回答說：「朝鮮世受中國的冊封，為中國之藩屬，但其內政外交由其自主，中國並不干涉。」又說：「琉球和台灣都是中國屬土，屬土之人相殺，裁決在我，不過原住民都是化外野人，時常殺人，也難以罪治。」那知這些閒話，便被柳原前光宇副島種臣紀錄了下來，作為日後侵奪琉球、朝鮮的口實。（註十四）

本來，琉球群島自明朝初期即隸屬中國，每年朝貢不絕，其關係比當時的台灣還要密切。明朝末年，日本侵略琉球，俘其國王，而將琉球收為藩屬，當時中國因為內亂，自顧不暇，也就沒有過問，從那時開始琉球就變成了一面稱臣日本，一面向中國納貢的兩屬地方。清同治13年（1874年）日本真正的面目終於展露出來，憑著台灣原住民為「化外之民」及藉排灣族人殺害琉球人，為懲辦兇手為由，遣派陸軍中將西鄉從道，率領海陸軍3千6百人從長崎出發，在今屏東縣車城南方的社寮登陸，同年的5月17日進入排灣族番社地區，與牡丹社和高士佛社排灣

族展開激戰。排灣人為抵抗日本人，奮勇作戰。

排灣族勇士憑著石門天險抵敵，把日軍重重挫敗，使日軍攻勢一度受挫，結果日軍死傷五百餘人，而牡丹社的頭目阿祿等二十餘人也陣亡。後來日軍請漢人帶路，採迂迴包抄的戰術，兵分三路夾攻，圍剿擊敗了排灣族抗日部隊，縱火焚燒牡丹社，大肆屠殺排灣族人，殺得牡丹社排灣人幾瀕絕種。這就是牡丹社之役。

日軍戰勝後，隨後在附近的龜山建督府、營寨、設醫院，並繪圖測量沿岸各地，打算準備久駐。日軍占領牡丹社後，以外交文書通知清廷，清廷感到事態嚴重，便命福建船政大臣沈葆楨為欽差來台處理此事件，他率領了一萬餘人的部隊來馳援，和駐守的日軍首領西鄉從道交涉，要對方撤軍，日方不理會，雙方差點又起戰爭，幾經交涉，最後英國擔心中日開戰會影響他在東方的貿易，英國駐華公使便出面調停，成立和議，終於在同治13年9月簽訂和約，賠償50萬銀兩。

和約簽訂後，日軍才肯撤軍，這個和約，除了賠償被害難民家屬撫恤銀10萬兩、補償日本在台灣修建軍房費用40萬兩外，最主要的是和約的第一條：「中國承認日本國此項出兵台灣乃為保民義舉，不以為非法」，而默認了琉球是日本的屬地；在條約序文之開始就加以「台灣生番曾將日本國屬民妄加殺害」等語句，等於承認琉球為日本所有，放棄了五百多年來中國對琉球的宗主權，琉球終併入日本。

光緒5年，日本更進一步的廢掉了琉球國王，將琉球的中山島改為沖繩縣，而正式成為日本直屬的領土。（註十五）

牡丹社事件中，日本人共支出軍費365萬元，從征戰士3658人，戰死的有572人，也算付出慘痛代價，而排灣人死守石門與日軍抗衡的精神也留下斑斑歷史，現在石門天險依舊，當年的血戰已遠，但是牡丹社事件所寫下的史實，可供後人憑弔及悼念。（註十六）

若自石門古戰場牡丹社紀念園區拾百階而上，可居高臨下，俯瞰整個牡丹村，此地又是四重溪進入牡丹鄉的必經之路，的確不愧是攻守俱

佳的據點，紀念碑的石材透著一股蒼勁，而整座城牆也有著一股荒古的氣息，讓人遙想起清同治年間所發生的牡丹社事件。

過去，石門古戰場建有兩個碑，一是日人建的忠魂碑，另一是光復後所建的碑。牡丹社紀念碑原為日人為紀念當年登陸陣亡將士所立的「忠魂碑」；而矗立的另一座紀念碑，題著「澄清海宇還我河山」的抗日紀念碑。此處也是眺望「石門天險」的絕佳位置，雖然該處因道路拓寬而使原本地形略遜當年。另一處與牡丹社事件、恆春地區開拓史息息相關的古蹟「琉球番民墓」（琉球番民54人墓），則位於抵達四重溪之前的統埔村內，該村也是恆春地區漢人最早開發之處。

牡丹社事件後欽差大臣沈葆楨，統籌台灣海防事務，並在隔年（光緒元年）在瑯嶠築城設縣，更名為恆春。恆春建城也就是這時，共建有東、西、北門，而南門稱為明都門，並有砲台四座，完成時是光緒5年，為台灣第二級古蹟。牡丹社事件後，清廷才察覺台灣的重要性，並開闢北、中、南古道，開山撫番，八通關古道也是其中之一。（註十七）

恆春築城設縣後，1883年又建立鵝鑾鼻燈塔，顯示清廷更加重視台灣尾的海防。

約300至500年前，恆春墾丁這一帶就住著以原住民為主的多種族群，而漢人是比較晚期的移民，相傳鄭氏軍隊在車城灣登陸，並在附近開墾了統領埔、射寮、大樹房（大光里的古代地名）、網紗等諸莊，主要是現在車城一帶，後又漸漸南下開墾，約在1877年（光緒3年）開拓到墾丁地區，也因明末早期漢人的移入，結束了持續五千年的史前時期，進入了所謂的歷史時期。

牡丹社事件時。日軍在琅嶠（今恆春）登陸後，由於水土不服，又受到原住民堅強抵抗，損失慘重。加上日本政府內部意見不一，而清廷也不願與日本開戰，在此種狀況下雙方終於在北京簽訂專約（北京專約）。此條約內容包括：

（一）日本立即撤兵。

（二）日本獲得補償款（最早對日賠款條約）。

（三）日本獲得清廷間接承認琉球人為日本臣民，琉球群島為日本
　　屬地。

　　恆春是台灣歷史悠久的古城之一，四座城門直至目前仍屹立原地，為二級古蹟。東門在古時是恆春居民通往滿州鄉的主要城門道路，外觀和南門的架構類似，只是保存得比南門完整，更接近當時的樣貌。目前的東門城樓約有半公里長，從城牆旁的樓梯登上城牆正屋，其登門樓、砲台、抱廈（城樓凸出的四柱亭）、馬道和慢道（登上城台的斜坡）等，也都保留得相當完善。北門其實是昔日恆春古城的正門，現在卻是四座城門中，位處最偏遠也最冷清的地方，和西門一樣，城門洞口現在是車輛行駛的通道，但因為地理位址遠離市區，北門四周幾是荒原草地，視野相當好。南門是恆春城的代表，卻也是恆春四座城門中，改變最多的一座，由於城區規劃，現在的南門成為恆春通往墾丁的一個重要圓環通道，構造頗為完整，不過沒有樓梯可以登上眺望台，現在的南門樓下，有一個城門的解析告示牌，遊客可以從此看出當年建樓時所用的建材及原因。西門是恆春四城門中，毀壞程度最嚴重的，如今的西門，只是中山路上一座拱門而已，因為中山路一帶，是從前恆春最熱鬧的繁華商區，所以周遭的住戶大樓，都依著西門牆而建，遠望西門，讓人只覺得是城區設計的一部分，頗有古今一體的時代感。恆春的古名是瑯嶠，在排灣族語是「蘭花之鄉」的意思，爾後因戰爭的原因，增加台灣南部的海防力量，清朝時期，恆春地區才因為軍事地理位置重要，而獲得朝廷的重視。於是光緒元年，恆春正式建城，牆基厚 2 丈，深入地下 3 尺 5 寸，並分有東、西、西、北四座炮台城門，因為著重軍事用途，遂與台灣其他城池不盡相同。恆春城的風水，一直是風水學上相當典型的龍脈氣勢，能夠藏風聚氣，北門是三台山，西門對著虎頭山，南門朝著龍鑾山，東門靠著大平頂山；這正好應了傳說中，保護縣城的四

靈：左青龍、右白虎、前朱雀、後玄武。而其中的西門朝北的趣事，也是因為風水之說。根據《恆春縣志》記載，恆春四個城門是以其方向命名，但後人發現，西門不朝西而朝北，這主要是風水關係，而且此四個城門，經證實為其所在方位，而非門口面對的位置。（註十八）

恆春稱琅嶠，是由排灣族語轉化而來，意思是「台灣的尾端」，後因此地四季如春，景物宜人，就改名為「恆春」。這裡最有名的風光就是建於光緒元年的四座古城門，分別是往墾丁方面的「南門」，佳樂水方面的「東門」，出三台山的「北門」及中山路的「西門」。

五、排灣族戰爭歌謠

排灣族戰爭歌謠〈勇士歌〉：（註十九）

　　恆春城牆那麼矮 我並腳跳 跨著走就輕易能進去

　　我的弓箭瞄準那些守門的衛兵

　　我的箭射出去如繁星 再遠也可以射到

　　我的長刀揮出去會閃耀光芒

　　光影照到我的短刀刀鋒 會閃耀彩虹般的光芒

　　向右望去 敵人眾多如排山倒海而來

　　你快帶巫師箱走開 以免被血滴沾到

　　當我飛奔 我頭巾的帶子就像在向海招手

　　辮子立起來像鋼絲一般

註釋

註一：高雄縣桃源鄉公所《桃源鄉鄉誌期末報告》，國立高雄應用科技大學，2003年。

註二：林道生《台灣原住民族口傳文學選集》，花蓮縣立文化中心，1996年6月。

註三：同註二。

註四：陳千武譯述《台灣原住民的母語傳說》，台北，台原出版社，1995年5月。

註五：同註四。

註六：內政部委託台灣大學人類學系研究《台灣山胞各族傳統神話故事與傳說文獻編纂研究》，1994年4月30日。

註七：同註六。

註八：同註六。

註九：同註六。

註十：同註六。

註十一：同註六。

註十二：李嘉鑫〈古樓意喻山涼風有聲〉，《中國時報》，1998年7月24日。

註十三：林勝雄〈石門古戰場風雲已息〉，國語日報。

註十四：老牛〈牡丹社事件〉，《訓練通訊》，台灣省訓練團。

註十五：同註十四。

註十六：同註十三。

註十七：蕭敏慧〈人文的恆春－－從牡丹社開始追尋近代史蹟〉。

註十八：張孜寧〈恆春〉。

註十九：周明傑〈牡丹村（sinvaudjan）的歌謠〉。

國家圖書館出版品預行編目（CIP）資料

排灣族神話與傳說 / 田哲益（達西烏拉彎·畢馬）著. --
二版 . -- 臺中市：晨星出版有限公司, 2021.12
　　面；　公分 . --（台灣原住民；49）
　ISBN 978-626-320-027-2（平裝）
　1. 排灣族　2. 神話　3. 文化研究
　536.3361　　　　　　　　　　110018303

台灣原住民 049
排灣族神話與傳說【新版】

作　　　　者	田哲益（達西烏拉彎·畢馬）
主　　　編	徐惠雅
執 行 主 編	胡文青
校　　　對	田哲益、胡文青
美 術 設 計	李岱玲
封 面 設 計	陳正桓

創 辦 人	陳銘民
發 行 所	晨星出版有限公司
	台中市 407 工業區 30 路 1 號
	TEL：04-23595820　FAX：04-23597123
	E-mail：service@morningstar.com.tw
	http：//www.morningstar.com.tw
	行政院新聞局局版台業字第 2500 號
法 律 顧 問	陳思成律師
初　　　版	西元 2021 年 12 月 10 日

讀 者 專 線	TEL：(02)23672044 / (04)23672047
	FAX：(02)23635741 / (04)23595493
	service@morningstar.com.tw
網 路 書 店	https://www.morningstar.com.tw/
郵 政 劃 撥	15060393（知己圖書股份有限公司）
印　　　刷	上好印刷股份有限公司

定價 490 元
（如有缺頁或破損，請寄回更換）
ISBN：978-626-320-027-2
Published by Morning Star Publishing Inc.
Printed in Taiwan